歷代皇朝風雲實錄

血濺龍袍

前言

皇帝這一名詞，秦始皇時才出現。秦二十六年（前二二一年），平定六國，統一了天下。秦王嬴政在稱帝前夕，下令：「寡人以眇眇之身，興兵誅暴亂，賴宗廟之靈，六王咸伏其辜，天下大定。今名號不更，無以稱成功，傳後世，其議帝號。」（《史記．秦始皇本紀》）丞相王綰、御史大夫馮劫、廷尉李斯等人遵令議定「名號」。他們三人找來一些博士，反復研討，參照古代三皇五帝的名號，最後確定上尊號為「泰皇」，「皇命為制，令為詔，天子自稱曰朕」（《史記．秦始皇本紀》）。秦王嬴政對此議案批示：「去泰著皇，采上古帝號，號曰皇帝。」（《史記．秦始皇本紀》）以示「德兼三皇，功高五帝」。由是，才有了至高無上的皇帝之稱，以及體現皇帝威嚴創禮儀。為了萬世一系、傳之久遠，嬴政稱始皇帝，其後則稱二世皇帝、三世皇帝……

在秦始皇稱帝之前，皇與帝通用，且不連綴使用。比如有天皇、地皇、泰皇（人皇）；有黃帝、帝顓頊、帝嚳、帝堯、帝舜。統稱為三皇五帝。皇、帝都是君。君是占有一定地盤、發號施令的尊者。天子、諸侯、卿、大夫都可稱君。

隨著皇帝這一新名詞作為至尊之稱出現之後，君也只限於偏指四海之主，進而與主連綴，成為君主（或君王），是皇帝的另一種說法了。而且皇帝是法定的書面語，君主則為習慣用的口頭語。

漢承秦制。「漢五年，已併天下，諸侯共尊漢王為皇帝於定陶。」（《史記．叔孫通傳》）「漢天子正號曰皇帝。」（《獨斷》上）劉邦稱皇帝以後，廢除了秦朝的禮儀法規。因此，皇帝的至高無上尊嚴也不復存在了。「群臣飲酒爭功，醉或妄呼，拔劍擊柱。高帝患之。」（《史記．叔孫通傳》）當年曾當過秦朝博士、熟悉秦朝及古代禮儀的叔孫通，在降服劉邦以後，因是一介書生，一直沒有什麼建樹，甘臣下僚。他一直在等待能發揮特長的時機。如今時機到了。他針對朝廷之上無禮儀的混亂狀態，建言劉邦制禮定樂，建立一套規章制度，先從樹立皇帝至高無上的威嚴開始。正為無禮儀而不堪群臣騷擾的劉邦，當即命令叔孫通制定禮儀。

叔孫通「采古禮與秦儀雜就之」，率領一群儒生及弟子演習禮儀，告成之日請劉邦「試觀」，得到了首肯，並在漢高祖七年（前二百年）正月，長樂宮建成群臣朝賀之時，按新制定的禮儀朝見皇帝。「先平明謁者治禮，引以次入殿門。廷中陳車騎步卒衛宮，設兵張旗志，傳言趨。殿下郎中俠陛，陛數百人，功臣列侯諸將軍軍吏以次陳西方，東向；文官丞相以下陳東方，西向。大行設九賓，臚句傳。於是皇帝輦出房，百官執職傳警，引諸侯王以下至吏六百石以次奉賀。自諸侯王以下，莫不振恐肅敬，至禮畢，復置法酒。諸侯侍坐殿上皆伏抑首，以尊卑次起上壽，觴九行，謁者言罷酒，御史執法舉不如儀者，輒引去。竟朝置酒，無敢讙譁失禮者。」（《史記．叔孫通傳》）面對尊卑有序，肅穆威嚴的場面，劉邦飄飄然了。他不由得脫口而出：「吾乃今日知為皇帝之貴也！」叔孫通因制定禮儀有功，升為太常，主管禮儀，還得到五百斤黃金的賞賜。

從秦漢至明清，皇帝的稱號一直未變；顯示皇帝獨尊的禮儀，代有增華，一直沿用。

秦始皇提出皇帝之稱，劉邦再定朝君之禮儀，決非偶然，是有其必備的歷史條件的。秦始皇統一六國以後，出現了前所未有的新局面，「昔者五帝地方千里，其外侯服、夷服，諸侯或朝或否，天子不能制。今陛下興義兵誅殘賊，平定天下，海內為郡縣，法令由一統。自上古以來未嘗有，五帝所不及。」（《史記．秦始皇本紀》）可見稱皇帝起碼要有三個條件：天下統一，政令統一，實行郡縣制。凡是做不到這三點，或缺其一二，皇帝的名實就不相符了。

皇帝做為至尊，權威是絕對的，權力是無限的，地位是獨一無二的。皇帝所具有的一切，都具有排他性，不可比擬性。皇帝的言詞、服飾、器物、行動等等，都有獨特的規範。比如：皇帝自稱為朕、孤家、寡人，皇帝的命令稱制、誥、詔，皇帝戴的帽子稱冕，使用的印章稱璽，朝見群臣的宮殿稱金殿或金鑾殿，與后妃寢息的房子稱宮（正宮、東宮、西宮之稱按后妃的地位而別），皇帝的車稱輅、輦，皇帝的儀仗儘管代有異同，但基本上分為大駕鹵簿、行駕儀仗、行幸儀仗三種（或稱法駕鹵簿、鑾駕鹵簿、騎駕鹵簿），分別用於不同場合，而各種旗幟、禮器、樂器、兵器及隨從人員等均有詳細規定。皇帝的后妃、宮女、太監的數目及品級也有明文規定。

總而言之，皇帝的衣食住行言語甚至嬉戲均獨具一格。無論什麼人，如果效法，則罪在不赦，屬於僭越叛逆性質。御用即皇帝專用，不許絲毫侵犯。之所以如此塑造皇帝這一社會角色的外部形象，製造獨一無二的效果，完全是為了樹立皇帝的絕對權威。

皇帝的內涵則是以無限制的權力來表現的。皇帝的話是最終的裁決，皇帝的意志高於一切法律、法令。任何人的富貴生死，任何事的可行與否，全憑皇帝一人而定。俗話說「金口玉牙，說什麼是什麼」，便是數千年來皇帝權力的形象寫照。

皇帝的權力不僅有主宰國家的作用，而且還被塗上了神祕色彩。儘管中國封建時代政教分離，但是抽象的天意。從來就是絕對的真理，而天意則往往體現為皇帝的意志。因此，皇帝又稱天子。皇帝是集神權、政權、族權、夫權於一身的獨一無二角色，權力是無限的。

皇帝是統治階級集團的最高代表，其社會地位是無以復加的，處於封建等級制度的最高點。任何人不敢列在皇帝之前。晚清西太后掌政時，西洋汽車傳進中國，只因為司機座位在前面，西太后就從不坐汽車。這一事例今天看起來實屬荒唐滑稽，但當時囿於皇帝的地位是至高無上的這種意識，現代化的交通工具「汽車」，在洋務運動的時代竟被拒之於宮廷大門之外，此被視作是天經地義的事，國內的一切都屬於皇帝，一切均歸皇帝支配。

絕對的權威、無限的權力、至高無上的地位，使皇帝這一社會角色既具有現實性又具有神祕性；既是不可離開須臾的，又是高不可測的。皇帝被視作聖人、神人，其權威、權力、地位是天賦的。皇帝是封建主義中央集權制國家的必然產物。

正因為如此，皇帝的政治活動與私人生活都直接關係到國家興亡，社會安危。所以統治階級、統治集團在神化皇帝的同時，也制定出一整套皇帝的行為規範，其核心則是封建的倫理，即修身齊家治國平天下的經驗。而皇帝吸收經驗，學習規範的途徑主要有兩條，一是在即位之前由師傅輔導，二是在即位後由大臣輔佐。

一般說來，歷代皇帝都比較重視皇子教育。太子宮中設有專門的官職，而負責皇子讀書的均是當代大儒。以清朝為例，亦可見一斑。清代對皇子的教育制度承襲明朝，明朝的太師、太傅、太保等官，專為太子而設，「掌以道德輔導太子」（《明史．職官志》）。清代的皇子從六歲起便在上書房讀書，「選翰林官，分侍講讀，日有課程，特命大臣為總師傅，以綜領其事。」（《皇朝掌故匯編．官制》）「定制，卯入申出，攻五經、史、漢、策問、詩賦之學。」「日課詩賦，雖窮寒盛暑不輟。」「故列聖學問淵博，固皆天縱，亦一時師保訓迪力也。」（《嘯亭續錄．上書房》）。

皇帝雖說是至尊，但大臣們對皇帝的決策或失德均有義務進行諫諍。表面上看起來，似乎有礙皇帝的權威，其實不然，因為諫諍可以避免皇帝的過失，對國事及皇權乃是最不可少的維護。勸諫制度有時確實令皇帝難堪，例如漢成帝時的槐里令朱雲，在誅殺奸臣的問題上與皇帝發生爭議，朱雲的勸諫惹怒了漢成帝，命武士把朱雲拉下殿斬首。朱雲拼死力用雙手抓住殿上的欄杆不放，口中仍不住地諫諍，結果把欄杆都扯斷了。此舉震動了皇帝，不僅沒有殺他，而且還下令不要修復欄杆，以此表彰敢於犯顏直諫的朱雲，並倡導眾臣向朱雲學習。再如，唐太宗的大臣魏徵，屢屢犯顏直諫，唐太宗盛怒之下，數次要殺他，但終為他的正直忠貞所動，不僅未殺他，還寵信有加，在魏徵病死之後，感慨道自己從此失去了一面鏡子。類此勸諫匡輔皇帝的直臣事跡歷代多有，無論是因觸龍鱗而死或直諫而擢升，都被視為忠臣義士，為封建倫常所推崇。其根本原因就在於諫諍既可匡正皇帝的一時失誤，又可起到確保國家長治久安的作用。因此，諫諍成為封建王朝一項不成文法，深受君、臣、民的重視。

皇帝作為最高的統治者，其社會職能自然是多方面的，人們常用「日理萬機」來形容。其實概括起來，則主要有兩項，一為祭神，二為治人。祭神是天子的義務，治人則是君主的權力。祭神也包括祭祖先，因此可以稱作「敬天法祖」，含有神祕性；治人則是統馭臣民，尤側重在馭臣，透過臣去統民，帶著強烈的現實性。

如果按人的社會職能劃分，在封建社會，人可分為君、臣、民三種類型。君只有一個，臣有一定數量，而民則是多多益善了。君是統治者，民是勞動者，臣既是君之意志的執行者，又是民情的上達者，屬統治者範疇。君臣民構成了君民、君臣、臣民三對矛盾。君臣矛盾屬於統治階級內部矛盾，在個別情況下也可以變為對抗；君民、臣民這兩對矛盾屬於階級矛盾，其本質是對抗性的。在君民、君臣的矛盾中，君總是處於主導地位。因此，在評論皇帝時，總離不開對君民、君臣矛盾的分析。

古往今來，對皇帝均有評論。而在評論的過程中，又主要針對皇帝的政治行為及人格。在判定皇帝的政治行為時，歷史上的用語很多，諸如有道、無道，英明、昏聵……都著眼於君對民、對臣的態度。而在判定皇帝的人格時，則簡單得多，只重仁、暴，勤儉、荒淫，僅著眼皇帝以禮自律的情況。古代中國，頌揚有文治武功的皇帝、勤政愛民的皇帝、納諫如流的皇帝；抨擊殘暴的皇帝、昏庸的皇帝、荒淫的皇帝。

在現代，以辯證唯物主義來評論皇帝，則著眼於他的政策與行為是否有利於發展生產及社會進步。在辯證唯物主義史學家看來，那種以英明、昏聵，仁義、殘暴，勤儉、荒淫來作為衡量皇帝的尺，實在是失之過分的簡單化了。因為，這種類型區分能否概括得了中國歷朝歷代的皇帝，姑且不論。僅以英明、仁義、勤儉與昏聵、殘暴、荒淫兩大類或六種，也不是依據明確、界限清楚的。這些概念，往往是交叉的。比如，秦始皇是暴君，也是明君，更是勤而不儉之君；唐太宗是明君，但不能算作仁君，而說他淫亂也不算過分；明成祖朱棣自然不是仁君，但絕不昏聵；康熙皇帝可謂英明，仁義，但也有糊塗、殘忍的一面。更何況，還有相當一部分皇帝在其早年與晚年又判若二人。所以，不能對皇帝進行機械的區分。

那麼，今天如何才能避免對皇帝評論的簡單化傾向呢？首先，研究者必須克服長期形成的左派觀念影響。既要承認歷史不是皇帝的家譜，也要充分認識皇帝在歷史上的作用。要敢於正視禍國殃民的皇帝確實有，但是富國強兵的皇帝也同樣存在。皇帝是地主階級的最高代表，但不能據此便把皇帝一律視作罪惡的淵藪。要想肅清左的影響，歸根結底還是人，人都會說而卻不是人人都能做到的那四個字：實事求是。如果不能真正貫徹實事求是原則，對皇帝的評論就不能深刻，更不能正確。

其次，還必須注意研究方法。一定要具體問題、具體分析，不能脫離歷史背景。長期泛濫的貼標簽式的方法必須廢止。具體分析，決不是單一分析，相反，應是綜合分析，諸如階級分析、人格分析、角色分析、心理分析……都是不可或缺的，切忌單打一。

最後，必須避免非此即彼的形而上學結論。不能以靜止、孤立、不變的好、壞二字對皇帝進行蓋棺論定，而是要透過皇帝的社會地位看其歷史作用，也就是說，對皇帝的政治行為、性格特徵都要進行分析並得出結論來。

近年來，對皇帝的研究大有形成熱潮之勢，有關皇帝的傳記出了一些。雖然對簡單化的研究有所突破，但仍感不足。主要表現是對皇帝的政治行為談論的多，而對皇帝的性格特徵分析的少；對皇帝的歷史作用談論的多，對皇帝的社會角色分析的少；對皇帝的社會活動談論的多，對皇帝的心理分析的少；對皇帝作為具體的歷史人物研究的多，而對皇帝作為在一定社會歷史發展階段普遍存在的政治制度研究的少。如果從宏觀和微觀的結合上來研究皇帝，當會彌補對皇帝問題研究的不足，得出一些規律性的結論。

研究皇帝，還不應忽略皇位的變遷。從西元前二世紀的秦始皇到西元二十世紀初期的溥儀，中國共出現了二百九十九個皇帝，如果加上袁世凱，則整整三百個。這些人是如何登上皇位的呢？

概括起來，有三種情況。第一，靠武裝鬥爭統一天下，自封為皇帝。如秦始皇、漢高祖劉邦、漢光武帝劉秀、唐高祖李淵、元世祖忽必烈、明太祖朱元璋及清世祖福臨等開國之君都屬此類。第二，靠繼承父兄之業而自然成為皇帝。如漢惠帝劉盈、漢武帝劉徹、漢明帝劉莊、晉惠帝司馬衷、唐高宗李治、宋欽宗趙桓、明毅宗朱由檢、清聖祖玄燁等。第三，靠發動政變篡奪來的皇帝。如西漢末的王莽、南北朝的劉裕、隋文帝楊堅、隋煬帝楊廣、唐太宗李世民、武則天、宋太祖趙匡胤、明成祖朱棣等等。

第一種情況，新皇帝上台往往借用農民起義的力量，達到改朝換代的目的。這些開國之君一般多有建樹，大有作為，起到了緩和尖銳的社會矛盾之作用，使殘破的社會經濟得到恢復發展，有利於社會前進。第二種情況，新皇帝多是嫡長子，或兄終弟及，或為族人繼統，但基本上透過合法的形式，獲得朝臣們的認同。第三種情況，則較為複雜了。新皇帝獲得帝位的手段基本上不是光明正大的，伴有陰謀詭計。他們或殺死在位之君，或搞掉應當繼位之人，取而代之。

長期以來，對於君權的轉移問題研究得很不夠，而對於篡奪君權的問題研究得更不深。君權的轉移實質上是統治集團內部圍繞財產與權力再分配鬥爭的一種表現。不研究或少研究統治階級內部矛盾，就不可能全面深透地理會社會矛盾。

無論為了全面理解社會矛盾，或為了深刻認識階級矛盾或統治階級內部矛盾，研究篡奪君權問題都是必要的。鑒於廣大讀者的實際情況，寫一本有關的通俗讀物尤為必要。

本書透過再現歷史上篡奪君權的事例，展示封建社會統治階級內部矛盾的一個側面。於再現與展示的過程中，力求符合歷史的本來面目，反映歷史的發展規律。對歷史人物及事件的描寫均有歷史依據，而沒有虛妄之辭。對人物與事件的評議，則本著歷史唯物主義的態度，實事求是。

篡奪君權是以陰謀手段達到非常目的的一個複雜的社會歷史現象。僅從靠篡位上台的皇帝來看，也足以證明那種簡單地把皇帝劃分好、壞兩類的偏頗，因為透過篡權登極的人並不都是壞人，而被篡奪帝位的人也並不都是好人。例如：隋文帝楊堅決不是壞皇帝，儘管他是靠篡位上台的；漢平帝的帝位被篡奪，可是他卻不是個有作為的好皇帝。隋煬帝既是個篡位者又是個被篡位者，他雖有一定作為，卻不是好人。因此，對於篡奪君權的人，就不能視為個人的罪孽，不能以手段的不正當來否定政治上可能有的進步性。而應重在探討是何種力量與思潮把這種篡位的人推上了歷史的舞臺，使他成為時代寵兒。要看這種人當了皇帝後，對社會、對歷史發揮了什麼作用，產生了什麼影響。

當然，限於作者的水準，能否實現上述願望，還有待實踐的檢驗，有賴於讀者的批評。

魏鑒勛

目錄

劉邦鏟除異姓諸王

劉邦平定天下以後，為了穩定局勢，確保自己的統治，便大封功臣，以一些財產、部分權力來安撫那些跟隨自己出生入死打天下的人們。曾幾何時，「功高震主」猶如惡夢一般纏繞著他，令他食不甘味，寢不安席。當年，自己那些手下為自己爭天下，大效犬馬之勞，不惜拋頭顱灑熱血。如今，倖存者被自己封為王爵，坐鎮一方。有誰能保證這些與自己一樣的「無賴」們不會對自己搗蛋，又有誰能料定這些殺人不眨眼的「魔王」在自己死後不起來爭奪皇帝的寶座？

「怎麼辦？自己應該怎麼辦？」深深地困擾著當上西漢皇帝的劉邦。終於，他從「狡兔死，走狗烹；飛鳥盡，良弓藏；敵國破，謀臣亡。」這古訓中受到了大大的啟示。

劉邦把他的「三尺劍」指向了他親封的那些手足般的異姓諸王。

首當其衝的是功勞最大的齊王韓信。

韓信是個奇才。劉邦之所以能統一天下，大半是韓信的功勞。韓信為劉邦制定了建功立業的大計，平定三秦，擒魏王豹，奪取代國，征服趙國，吞併燕國、齊國，最後垓下一戰滅了楚國。劉邦對韓信則是解衣衣之，推食食之，言聽計從，情過兄弟。兩人之間裂痕的產生，是在漢高祖四年（前二〇三年），韓信率軍滅掉齊國之後。韓信俘虜了齊王田廣以後，派人給遠在滎陽，正與楚軍苦戰的劉邦送去一封信。韓信在信中說，齊國一向詭詐多變，是個有名的反復無常的國家。如今雖然已被攻下，但局勢不容樂觀。其南部邊界與楚國為鄰，請求批准自己為代理齊王，坐鎮這裡，否則難以安定齊國。從當時的全局看，韓信的這個主張沒有錯誤，如果說有點問題，就是韓信要求權位之心太急了一點，儘管如此，韓信也還是留有餘地的，他只要求當個代理齊王。

劉邦接到這封信時，正與張良、陳平研究如何突破楚軍的包圍，軍情很急，心情更急。劉邦一見韓信要當代理齊王，不由得把桌子一拍，怒沖沖地罵道：「老子被圍困在這裡，日夜盼望你小子來解圍，你小子卻要當什麼代理齊王！」

張良、陳平不約而同地踢了踢劉邦的腳尖，示意他不要再當著送信人的面說什麼了。劉邦立即止住了話頭，瞅了二人一眼。張良、陳平湊到劉邦的耳邊說：「目前我們陷入包圍，情況很不利，難道還有法子約束韓信嗎？不如送個順水人情，讓他當齊王，使他全心全意守住齊國，否則，他要叛亂的。」

劉邦一聽，不由得打了個冷顫。他急忙開口罵說：「他娘的，大丈夫平定諸侯就該當個正經的王，當什麼代理王！」

說罷，當場命令張良負責去鑄齊王大印，然後親給韓信送去。

隔年二月，張良趕到齊國，代表劉邦把齊王大印授與韓信，任命他為齊王，並命他調動軍隊去攻打楚軍。

這時，楚霸王項羽為了拉攏韓信，派武涉到齊國遊說。武涉見到韓信便說：「天下被暴秦折磨已經很久了，所以人們紛紛揭竿而起，聯合反秦。推翻秦朝以後，本該按功勞分封諸侯，馬放南山，刀槍入庫，可是，萬萬沒料到劉邦又挑起戰爭，打出函谷關，還要消滅楚國，他是不吞併天下決不會罷休的。劉邦是個無賴小人，項王本有許多機會可以輕而易舉地殺了他，每次他都花言巧語，甚至起誓發願，項王可憐他，給他一條活路。可是，他一脫離危險，立刻變卦，背信棄義地攻擊項王。將軍您與他交情很深，為了他，您出生入死，依我看，將來有一天，將軍您也要落在他的手中，沒有好下場。當前，他之所以不動您，是因為有項王在，他要依靠您攻打項王。在楚漢相爭的過程中，將軍您的作用是有決定性的，您偏向誰，誰就獲勝。我敢斷言，一旦項王失敗，劉邦獲勝，他馬上就會向您開刀。將軍您與項王是老相識了，為什麼此時不站出來與楚國聯合呢？這樣一來，天下就形成三分之勢，齊、楚、漢各自稱王又有什麼不好呢？如果將軍失去這個機會，仍像從前那樣站在劉邦一方，與楚國作對，我實在不敢首肯哪！以將軍的遠見卓識，肯定也不會如此吧？」

韓信聽罷，微笑著說：「從前我曾侍候過項王，在他部下當過執戟郎，人微言輕，進言不聽，獻計不納，所以我才離開項王投奔漢王。漢王授我上將軍大印，統率全軍，把自己身上穿的衣服脫下來給我披上，把自己吃的食物推到我面前叫我吃，對我是言聽計從，所以我才有今天。漢王對我如此有恩，我怎能背叛他呢！我至死也不會對漢王有貳心，請您代我向項王表示歉意。」

武涉說不動韓信，只好灰心地走了。

武涉去後，謀士蒯徹以給韓信相面為由，勸說韓信獨立。蒯徹對韓信說：「看大王的臉，不過是個諸侯相貌，而且註定要遭到許多危險；看大王的背啊，那可是大貴之相，無法形容。」

韓信認真地問：「先生，你這話是什麼意思？」

蒯徹認真地答：「當初天下英雄起兵反秦時，想的只是如何才能推翻秦朝。現在楚漢相爭，為時已久，天下百姓遭殃，生靈塗炭，屍骨遍地。楚霸王曾威震天下於一時，現在困在京縣和索邑之間，再也無力前進一步；漢王率數十萬大軍據守鞏縣和洛陽之間，一天數戰卻毫無戰功，連受挫折，無力自救。綜上所述，智者、勇者都已經陷入困境。百姓無以為生，怨聲載道。據我的看法，如果不是聖賢出世，天下是沒辦法了。當前，楚霸王和漢王兩個人的命運就懸在大王您一人手中。您為漢出力，漢就獲勝；您為楚出力，楚就獲勝。大王如果聽我的話，莫如讓楚漢兩家都存在，大王與他們三分天下。一旦出現鼎立局面，誰也不敢先動手。那時，憑大王的賢才聖德，文韜武略，以齊國之大，戰士之多，聯合燕國和趙國，占領楚漢的中間地帶，扼住薄弱環節，箝制他們的後方，順天應人呼籲楚漢停戰，天下各國誰能不聽從，誰敢違抗大王命令？然後，將大國領土分割，增加新的封國，眾諸侯得到封賞，哪個不感激大王？大王坐鎮齊國，控制膠河、泗水流域，交好各諸侯，則天下國君便都爭先恐後來齊國朝拜了。大王切記天意不可違，機會不可失啊！違背天意受懲，失卻機會遭殃呀！」

韓信說：「先生差矣。漢王待我恩重如山，我怎麼能貪富貴而忘道義呢！」

蒯徹接著說：「大王一定記得，當年常山王張耳和成安君陳餘曾是布衣之交、換命的朋友，可是，後來常山王還不是殺了成安君？此二人的交情乃是最深厚的，為什麼最終反目成仇了呢？原因就在於欲望多而人心難測呀！現在，大王與漢王的交情肯定不會比當年張耳與陳餘的交情深，而大王與漢王之間將要出現的矛盾肯定比張耳、陳餘的矛盾大。因此大王認為漢王將來不會加害自己，肯定是錯的。從前，文種拯救越國，使勾踐成為霸主，功成之後，文種還不是被殺了。狡兔死，走狗烹啊，古今一理！大王與漢王之間，交情不如張耳、陳餘，忠誠不如文種對勾踐。歷史上的教訓可要借鑑啊！常言說功高震主，大功不封。現在，大王的處境就是如此，危險不請就要自到了。望大王三思。」

韓信對蒯徹說：「先生的意思我明白了。請暫時回去，容我仔細考慮。」

蒯徹起身告辭走了。

幾天以後，蒯徹又來見韓信。一進門，蒯徹就說：「聽取正確的意見，是成功的預兆；周密的計畫，是成功的關鍵。聽取錯誤的意見，計畫失誤，想長治久安可太少了。做事果斷才算明智，猶豫遲疑難以成功。在小事上用盡心計，就會忽略天下大事。憑智慧知道事情該怎樣做，但決定之後又不實行，這是失敗的根源。成功很難，失敗卻很容易啊！時機得來不易，失去就不會再來呀！」

說罷，盯著韓信。韓信仍然猶豫不決，總以為自己功勞大，漢王不會虧待自己，下不了決心背叛漢王。蒯徹見狀，急忙告辭，連家也沒回就出逃了。

漢高祖五年（前二〇二年）十月，劉邦率大軍追擊項羽至固陵（今河南淮陽縣），事前與齊王韓信和魏國丞相彭越約定，二人率軍前來會戰，可是到時卻不見二人前來。結果楚軍還擊，大敗劉邦。劉邦只得深溝高壘堅壁自衛。焦急萬分的劉邦向張良求計。張良建議劉邦增加韓信的封地，晉封彭越為王，明確封地，二人肯定領兵前來解圍。劉邦立即下令把淮陽以東直到海濱的大片土地劃歸韓信，把淮陽以北至東阿縣的土地劃給彭越並封他為梁王。

韓信、彭越聞訊後，立即提兵前來參加會戰，兩個月之後，在垓下消滅了項羽。

劉邦消滅項羽之後，感到必須解決功臣宿將尾大不掉的問題了。對韓信、彭越這樣的人，如果再遷就，後果就不堪設想了。因為韓信的影響最大，所以他選準了韓信下手。十二月，漢王在消滅項羽凱旋路過定陶（山東定陶縣）時，突然進入韓信的大營，在猝不及防的情況下，奪了韓信的兵權。不久，又下令把韓信改封為楚王，把他從山東遷到淮北，以下邳為楚國的都城。韓信被調離齊國心情自然不舒暢，但是，對劉邦的忠誠還沒有改變。

漢高祖六年（前二〇一年）十月，有人向劉邦上書告發楚王韓信謀反。劉邦立即召集眾將研究對策。眾將異口同聲地說：「立即出兵把韓信那小子宰了！」

劉邦又問陳平，陳平卻反問劉邦：「別人揭發韓信謀反，韓信知不知道？」

劉邦說：「他不知道。」

陳平又問：「陛下的兵力與韓信的兵力比較誰強誰弱？」

劉邦沉吟一會兒，說：「咱們的兵力恐怕抵不過。」

陳平還問：「陛下的領兵將領有超過韓信的嗎？」

劉邦說：「沒有。」

這時，陳平掃了大家一眼，才慢條斯理地說：「既然我們的兵不如韓信的兵，我們的將也不如韓信的將，如果現在去攻打韓信，這只能加速韓信造反。我深為陛下不安。」

劉邦急不可耐地問：「那你到底認為該怎麼辦呢？」

陳平說：「依臣愚見，陛下可學古代天子巡狩的樣子，宣布去雲夢澤巡視，在陳郡（今河南淮陽）會見各國王侯。陳郡在楚國北部邊界，韓信肯定應召前來，他以為陛下外出巡遊，不會存什麼戒心。陛下可趁他前來朝拜之時，用一名衛兵就可以把他活捉了。」

劉邦採納了陳平的建議，派使臣四處宣布自己出遊雲夢澤，在陳郡會見各地諸侯。使臣剛離京，劉邦也緊跟著動身了。

韓信得知劉邦出遊並會見諸侯的消息後，心裡也開始琢磨，懷疑劉邦可能對自己又要採取行動了，自己不知如何是好。他的謀士建議殺死項羽的降將鐘離昧，再去拜見劉邦，劉邦一定很高興，就可以免去一場是非了。韓信於是把鐘離昧叫來，問他對劉邦此行有何對策。鐘離昧已感到韓信要出賣自己了。於是，就對韓信說：「朝廷所以不出兵來攻打，是因為我在大王您這裡。我今天死了，明天大王也就垮了。」說罷，拔出佩刀抹了脖子。

第二天，韓信前往陳郡會見劉邦。劉邦一見韓信，立即命令武士把他綁上，拴在自己座車的後邊。韓信這時才感到自己又幹了一件蠢事，他仰天長歎：「狡兔死，走狗烹；飛鳥盡，良弓藏；敵國滅，謀臣亡！現在，天下已經平定，該我韓信掉腦袋了！」

劉邦扭過頭來向韓信喝道：「有人告你謀反！」說罷，命令啟駕返回洛陽。回到洛陽後，劉邦沒有殺韓信，將他降為淮陰侯，軟禁在京。

被降了級的韓信心裡明白，這是劉邦猜疑畏懼自己所致。一想到現在自己與遠比自己低下的周勃、灌嬰等人為伍，心裡就悶悶不樂。因此，只在家中待坐，從不外出，就連朝拜皇帝的例行公事，他也不參與。

漢高祖十年（前一九七年），陽夏侯陳豨被劉邦封為丞相，離京去趙國、代國邊境。出發前，陳豨來向韓信告別。韓信拉著他的手，單獨與他在庭院中密談。韓信說：「你能和我談談心嗎？」

陳豨說：「任何時候我都聽從將軍的命令。」

韓信說：「你這次離京，責大任重，要監控趙國、代國的軍隊。燕趙之地是精兵屯聚之處，你又是陛下的寵臣，這可是如虎添翼呀！你可曾想過，一旦有人指控你造反，第一次，陛下決不相信，可是第二次再告，陛下就要懷疑在心了，等第三次再告，陛下一定要親自帶兵去討伐你了。如果發生這種事，你也別慌，我在京裡起兵策應你，天下的大局也就定了！」

陳豨一向崇拜韓信，如今經他這麼一分析，真有不寒而慄之感。於是，陳豨連忙說：「多虧明公點撥，我一定按您的吩咐辦。」

陳豨離京不久，果然有人上報劉邦說他要謀反，依據是他門下多養豪傑之士。劉邦聞報後就派人北上去調查，結果查出陳豨的門客有許多違法事件，且與陳豨有關涉。對此，陳豨很害怕。投降匈奴的韓王得知這一情況後，立即派部下來遊說陳豨，想乘機把陳豨拉過去。

不久，劉邦徵召陳豨返京。陳豨擔心有去無回，便謊稱有病，不能進京。在九月份，他便在韓王使者的策動下叛變了，自稱代王。

劉邦親率大軍討伐陳豨，很快便抵達邯鄲。命令趙國丞相周昌在當地選拔將領，有四個應徵者被選中。當這四位壯士來拜見劉邦時，一進門就挨了劉邦一頓臭罵：「就憑你們這幾個小子還想當將軍嗎？」

這四個人被羞辱得無地自容，只有不斷地叩頭。結果更出乎他們的意料，劉邦罵完之後，就封他們為將，而且每人還賞封邑一千戶。對此，劉邦的侍從們也很不理解，劉邦笑著指點侍從的官員：「陳豨的勢力很大，趙國、代國被他占了許多地方。現在，我雖然緊急徵調各地的軍隊，可是哪個封國也沒派兵來！我現在只得依靠趙國的人力物力了。重賞這四個小子，趙國的百姓就會踴躍出征，為我所用了！」

同時，劉邦還用重金拉攏、分化陳豨的部將，使之多數都叛離了陳豨，投向了劉邦。半年以後，陳豨就垮了。

當劉邦離京討伐陳豨時，韓信以為時機已到，他裝病沒有跟劉邦上前線，積極策劃政變。他準備假傳聖旨赦免監獄中的犯人，解放京內的奴婢，依靠這些人襲擊皇宮及各衙門，殺死呂后和太子。準備就緒後就派人給陳豨送信，只等回信一到便開始行動。

正在這關鍵時刻，韓信的一個門客因得罪了韓信，被關起來並要處死。這個門客的弟弟為了搭救哥哥，便把韓信的政變計畫全盤報告了呂后。呂后就與丞相蕭何商議，如何除掉韓信。計議已定，便由蕭何出面去找韓信，說：「皇上已把陳豨處死了，報捷的使者剛到京城，呂后要接見群臣，以示慶賀。你雖然有病，也應勉強進宮打個照面，表表態度才好呀！」

韓信上了蕭何的當，毫無戒備便進宮去見呂后。萬萬沒料到，一見呂后的面，就被綁上了。呂后下令立即將他殺死。臨死前，韓信歎了一口氣，說：「我真後悔沒聽蒯徹的話，今天竟被一個女人算計了，這難道是天意嗎？」

韓信死後，呂后又下令剿滅了他的三族。

劉邦鎮壓了陳豨叛亂，返回洛陽，聽說韓信被處死，心情很矛盾，既高興又憐惜。他問呂后：「韓信臨死時留下了什麼話沒有？」

呂后說：「他說後悔沒聽蒯徹的話。」

劉邦把手一拍，說：「對啦，還有那個能言善辯的蒯徹！」說罷，立刻下令通緝蒯徹。

蒯徹離開韓信後，變裝流亡，靠相面算卦掩護。儘管如此，還是很快被捉住，押送到京城。劉邦親自提審他：「我問你，是你教韓信造反的嗎？」

蒯徹不慌不忙地答道：「是的，我給他獻過計，可惜這小子不聽，才送了命。如果當年聽我的話，陛下又怎能殺死他呢！」

劉邦一聽，氣得七竅生煙，連連拍著桌子喊道：「來呀，把這個王八蛋給我烹了！」

蒯徹也高聲喊道：「烹死我冤枉！」

劉邦瞪大了眼睛說：「不是你教唆他造反的嘛，你還有什麼冤枉？真他娘的！」

蒯徹慢條斯理地說：「亡秦無道，中原逐鹿，身手快的占先。古時盜蹠的狗對著堯也汪汪叫，不是堯不仁，而是盜蹠的狗忠實於主人。當年，我只知道韓信的才能，卻不知道陛下的才能，何況，天下英雄豪傑特別多，也都像陛下那樣爭天下，只不過能力有限才沒爭成，難道今天都要把他們烹死嗎？」

劉邦聽了這段話，沉吟一會兒，忽然噗哧一笑，對武士們說：「饒了這小子吧！」

劉邦在除掉了韓信以後，又接連除掉了梁王彭越、淮南王黥布和燕王盧綰。

彭越在秦末為生活所迫為盜，劉邦起義後，他參加了義軍。因為屢立戰功，甚得劉邦的倚重。彭越當了梁王之後，劉邦對他也很不放心。當劉邦征伐陳豨向各王國調兵時，彭越與其他諸王一樣，沒有出兵。後來，勉強派出一些軍隊前去，自己卻稱病沒有率軍前往。劉邦對此很生氣，從邯鄲派使臣責備彭越。彭越很害怕，連連向使臣請罪，並表示立即去面見劉邦。但是，他的部下卻反對他去邯鄲，勸他道：「大王開始不率軍前去，而受了責備之後又要隻身前去，一到邯鄲肯定要被逮捕，不如乘此機會也起兵造反。」

當時，彭越並未採納部下的建議。但是，也沒有去面見劉邦。

劉邦鎮壓陳豨，回到了京城長安，一直想找機會懲治彭越。恰巧，彭越手下的一個官員犯了法，為逃避彭越的懲處，就跑到長安向朝廷檢舉彭越曾與部將密謀造反。

劉邦在洛陽聞報後，表面上未動聲色，暗中派人去梁國，乘彭越不備，突然逮捕了他。然後，將彭越押在洛陽。這時，才命大臣調查彭越造反的問題。結果，彭越以謀反罪被判死刑。但是，劉邦卻將他赦免了。彭越被削去王爵，流放蜀地。

彭越在被押送到四川的途中，於陝西華縣碰上了由長安去洛陽的呂后。彭越見到呂后，痛哭流涕，表白自己確實沒有反心，哀求呂后把他送往故鄉昌邑為民，不去四川。呂后聽罷，滿口答應，並命令彭越跟隨自己一同去洛陽。彭越懷著希望跟呂后向洛陽前進。

呂后一到洛陽，便迫不及待地對劉邦說：「彭越是天下有名的壯士，陛下今天把他流放到四川，這不是留下個後患嘛！依我看，不如找個藉口把他殺了。因此，我把他帶回洛陽來了。」

劉邦聽後不住點頭稱是。於是，呂后就指使彭越的一個門客告發彭越又要謀反。彭越立即被送審，很快被斬首，家人也都被殺。他的頭還被掛在洛陽城頭示眾。劉邦還發布詔令：「誰敢為彭越收屍，與他同罪。」

不久，彭越被捕前派往齊國公出的大夫欒布回來了。他匆忙趕到洛陽，跪在懸掛彭越人頭的城樓下，大聲報告自己出使齊國的情形，報告完後，又痛哭流涕地祭奠彭越。欒布的這一舉動，轟動了洛陽城。他被逮捕，劉邦親自審訊他。劉邦一見欒布，就破口大罵，下令把他扔到滾油鍋裡烹了。當武士們把欒布拖到翻開的油鍋前時，欒布回過頭掙扎著說：「我要說一句話，然後再死。」

劉邦說：「你還有什麼話講？」

欒布平靜地說：「陛下可記得，當年被項羽困在彭城時，在滎陽、成皋間吃了敗仗，項羽他為什麼不能西進？就是因為彭越在梁地打擊項羽部隊，支持了漢軍的緣故。當時，彭越如倒向項羽，漢軍就必敗無疑；如果支持漢軍，項羽就必滅亡。再說，垓下會戰時，彭越如不參加，項羽也就不會一敗塗地。陛下平定天下，彭越被封為梁王，他也想世世代代地傳下去呀！萬萬沒想到，陛下一次徵調，他因病不能率軍前往，就被認為是謀反。究其實，他根本就沒有一點造反的跡象！陛下苛求，以小過斬大將，還滅了他的三族。我真擔心所有的功臣都會因此而寒心，人人自危呀！現在，梁王已經屈死了，我還活著幹什麼？我說完了，請陛下把我烹了吧！」

說罷，欒布扭過身去，朝油鍋大步走去。

「慢！」劉邦大喊了一聲。人們立刻靜了下來，只聽得鍋中的油在嘟嘟地響。「欒布，真有你的。朕免你一死，封你為都尉！今後好好效忠朝廷。」劉邦一字一板地大聲說。

欒布與在場的群臣都跪下來高呼萬歲。

韓信、彭越之死，嚴重地刺激了淮南王黥布。黥布，本姓英，在秦末因犯法被處以黥刑，在驪山服苦役。他率領犯人暴動，淪為江湖盜賊。後來，參加了農民起義軍，在項梁部下為將。項梁死後，他又在項羽部下。黥布擅長以少勝多，屢戰屢勝。後來，他因不滿項羽而投降了劉邦。漢高祖四年（前二〇三年）黥布因戰功卓著被封為淮南王。呂后殺死韓信，黥布內心就感到恐懼了。不久，彭越又被劉邦處死，黥布感到下個就要輪到自己被殺，終日惴惴不安。七月間，劉邦把彭越的屍體剁成肉醬送給各地諸侯，意在警戒他們。黥布正在打獵時，朝廷的使臣把彭越的肉醬送到了。黥布見狀，汗如雨下。當即就決心造反。他暗中調兵遣將，偵察鄰近郡縣的動態，只等部署好軍隊就公開扯旗造反。

正在這千鈞一髮之時，黥布家中發生了一件「醜聞」，打亂了他整個計畫。黥布有一個漂亮的姬妾，很得他的寵愛，因病常到一位名醫家中就診。而黥布的下屬中大夫賁赫正好住在這位醫生的對面。賁赫想巴結黥布的寵妾，以便她在黥布面前提拔自己，企圖以此達到升官的目的。賁赫既存此心，便留意寵妾的行蹤。一天，看到寵妾又來醫生家時，賁赫便帶著厚禮去見寵妾。寵妾收下了禮物，賁赫還陪她吃了一頓飯。寵妾認為賁赫這個人很熱情，很忠厚，便答應替他疏通關係。

一次，寵妾趁黥布高興的時候，便說：「中大夫賁赫這個人不錯，是個忠厚長者，有機會該提拔重用。」

黥布感到很奇怪，就追問了一句：「你怎麼認識賁赫？」

寵妾就把在醫生家見到賁赫的情況一五一十都對黥布講了。黥布一聽，大犯疑惑，認為自己的寵妾與賁赫肯定有了姦情。於是把寵妾臭罵了一頓，還要逮捕賁赫。賁赫聞訊後，連夜逃奔京城長安。一到長安，就向朝廷揭發黥布的造反陰謀，並建言朝廷先發制人，立即殺黥布。

劉邦看過賁赫的奏章後，就和丞相蕭何研究對策。蕭何說：「黥布不可能造反，這大概是仇人誣陷他。最好先把賁赫囚禁起來，然後派官員到淮南去調查核實。」

劉邦採納了蕭何的辦法，把賁赫關押起來。正在考慮派誰去淮南調查時，從淮南送來了黥布造反的報告。

原來，黥布發現賁赫逃跑後，感到問題嚴重，立刻把賁赫的家屬全殺了，當即出兵造反。劉邦接到黥布造反的報告後，立即釋放了賁赫，並升他為將軍。

同時，劉邦還召集諸將研究征討黥布的方略。眾將異口同聲地要求立即出兵，殺死黥布。但是，卻沒有什麼具體安排。汝陰侯滕公對劉邦說：「陛下，臣有一個門客叫薛公，是從前楚國的令尹，他很有頭腦，不妨叫他來談談。」

劉邦把薛公召來，向他問計。薛公說：「黥布造反是必然的。」

劉邦表示不解。薛公解釋道：「黥布、韓信、彭越是三位一體的人物，論功勞、論地位都是一樣的。他見韓、彭二人被殺，就懷疑自己也好不了。因此之故，他造反是必然的。」

劉邦點點頭，示意他繼續講下去。薛公說：「黥布造反後，有三種選擇。如果他採用上策，崤山以東可就全歸他了；如果他採用中策，朝廷與他的勝負還不能確定；如果他採用下策，陛下就可以高枕無憂了。」

劉邦被弄糊塗了，連聲問：「什麼是上策？什麼是中策？什麼是下策？快快講來！」

薛公不疾不徐地說：「所謂上策，黥布應向東攻占吳國，向西攻占楚國，向北吞併齊國，奪取山東，然後再發布文告命令燕國、趙國不要輕舉妄動，固守邊境，保證互不侵犯。這樣一來，崤山以東的廣大地方就不再屬於朝廷了。」

劉邦急忙插話：「中策又如何呢？」

薛公說：「黥布的中策，是東攻吳，西攻楚，向北攻占韓國、魏國，奪取敖倉的存糧，封鎖成皋的交通。這樣一來，朝廷能否獲勝在兩可之間。」

劉邦又追問：「那下策呢？」

薛公說：「黥布的下策，是向東攻吳，向西攻占下蔡，然後，把重要物資運到越地去，而他自己則在長沙。這樣，陛下就可以高枕無憂了。」

劉邦問：「據你看，黥布將會選擇哪種呢？」

薛公斬釘截鐵地說：「臣以為，黥布肯定選擇下策！」

劉邦問：「黥布為什麼不採用上策、中策，非要下策呢？你給老子說說！」

薛公竭力忍住笑，答道：「黥布是個苦役犯出身，突然間變成了王爺，他目光短淺，一心為己而不顧及百姓，也不為子孫後代著想，所以他一定採用下策！」

劉邦把手一拍，說：「有理，說的好！」說罷就封薛公為千戶侯。

之後，劉邦決定出兵征伐黥布，因自己的身體不好，準備叫太子劉盈掛帥出征。於是，封太子劉盈為淮南王，取代了黥布的爵位。

太子的幾個門客出於維護太子的利益，就一起去找太子的舅舅、呂后的弟弟建成侯呂釋之，他們異口同聲地說：「皇上命太子領兵出征，打勝了，太子也無法升官；萬一失敗了，可就遭殃了。請您見見皇后，把我等的意見轉報，為了太子著想，可別讓皇帝派他掛帥出征啊！」

呂釋之立即去見呂后，按太子的賓客教他的話說：「黥布，眾人皆知是天下有名的猛將，皇上命太子出征，這不是像用羊趕狼一樣嘛！再說，出征諸將都是與皇帝一起打天下的人，哪一個也不是安分的人，他們自恃是開國功臣，有誰會服從太子的調遣呢！叫太子出征，後果實在不堪設想啊！只有皇后出面去求皇上，才能改變皇上的決定，太子是國本，怎麼能冒險去呢？皇上雖說身體欠安，但是，可以躺在車上指揮。只有皇上去，諸將才能聽命令呀！」

呂后聽罷，感到很有道理，連夜向劉邦哭訴，要他關心兒子，為了老婆、孩子，必須親征。劉邦被呂后糾纏得無法可想，只得答應了。劉邦把劉盈喊來罵道：「我就知道你小子當不了重任，把你娘又抬了出來，得了，拼上我這把老骨頭，你老子替你去打黥布！」

黥布起兵後，對手下眾將說：「皇上歲數大了，身體又不好，打仗也打膩了，他肯定不能親自出馬。他不來，咱就不用怕。朝中諸將除了韓信和彭越，沒有抵得過我的。如今，韓信和彭越早變成了屈死鬼兒，你們就放心大膽地跟著老子幹吧！」

眾將一聽，個個磨拳擦掌，歡呼雀躍。

果然不出薛公之所料，黥布採用了下策，出兵打跑了荊王劉賈，吞併了荊國，然後渡過淮河打敗了楚國，一路西進。

漢高祖十二年（前一九五年）十月，劉邦統率的大軍與黥布的叛軍在蘄縣（今安徽宿縣東南）遭遇。黥布的軍隊兵精將勇，劉邦避其鋒芒堅守庸城暫不交兵。劉邦在樓頭上瞭望敵軍，只見叛軍在黥布的指揮下，布下的陣勢與當年項羽的陣法非常相似。突然，城下一陣鼓聲過後，黥布騎著高頭大馬，在眾將的簇擁下，衝出陣來。劉邦在城頭上，指著黥布，遙相問道：「你小子為什麼要造反？老子哪點對不住人？」

黥布哈哈大笑，高聲說道：「我想當皇帝！」

劉邦聽罷，破口大罵：「你這個驪山的苦刑犯，也不看看你的德行，就憑你還能當皇帝！」罵罷，下令兵士放箭。飛蝗般的箭齊向黥布射去。黥布退後了一段，劉邦便指揮軍隊衝出城去，與黥布的軍隊開始混戰。

兩軍廝殺，喊聲震天，煙塵蔽日，刀光劍影纏身，人仰馬翻，血流遍地。最後，黥布的軍隊不支，逃過了淮河。黥布指揮部隊幾次反撲，都被劉邦打退。黥布率領親兵百餘名逃往長江以南。劉邦派兵隨後緊追不捨。黥布逃奔越地，企圖向番君吳芮求援。在路過番陽（今江西鄱陽縣）時，被吳芮的兒子吳臣派人殺死。

與此同時，在北方，陳豨的殘部也被肅清。陳豨的一個副將被俘後供稱燕王盧綰與陳豨有勾結，曾派人參與陳豨叛亂。

劉邦在平定了黥布之後，派人徵召燕王盧綰。盧綰沒敢應召前來，謊稱有病拒絕進京。劉邦派辟陽侯審食其和御史大夫趙堯去燕國迎接燕王並順便調查。結果，查清了燕王盧綰從前上報朝廷處死的部下張勝，沒有被處死，而恰恰是這個張勝，充當了燕王與陳豨的聯絡員。

盧綰得知審食其、趙堯的調查結果後，嚇得躲藏起來。他對親信說：「外姓人現在封王的，只剩下我和長沙王兩個了。韓信、彭越接連被殺，都是呂后的主張。現在皇上患病，呂后專權，她是不會放過我的！」不久，劉邦派樊噲領兵攻打盧綰。盧綰藏身不住，投降了匈奴。

至此，異姓諸王全被清洗掉了。空出的王位，劉邦派自己的子侄出任。他滿心以為，除掉了異姓諸王，全由劉氏子孫當王，肯定會效忠朝廷，成為自己及未來繼自己當皇帝的兒孫們忠誠又得力的屏障，劉氏王朝便可無憂了。他萬萬沒有料到，他親口封的同姓諸王在他死後，便挺身而出，與他的子孫爭奪皇帝寶座。而他的子孫倒是在一些異姓大臣們的維護下保住了皇位。

歷史給劉邦提供了難得的機遇，可是又給劉邦開了一個天大的玩笑。

劉濞倡亂

漢高祖劉邦生前為了避免自己死後發生分裂，功臣宿將尾大不掉，確保劉家天下長治久安，他與權臣們殺白馬立誓，不准異姓封王，將來一旦出現非劉姓之人封王，要全國共討之。劉邦在不准異姓封王的同時，大封劉氏子孫為王，分駐全國各地，形成捍衛中央朝廷的藩籬。在劉邦看來，以血緣關係來維護劉氏王朝是萬無一失的了；稱王一方的劉氏子孫總不會出來挖劉家王朝的牆腳吧！

劉邦這種想法其實不過是一廂情願罷了。這種落後的分封制不僅不是中央集權國家安定的保證，相反，卻是破壞國家統一的禍根。

劉邦死後不到二十年，劉氏諸王便一個一個起來反對皇帝，都想取而代之。因為都是劉邦的子孫，爭起帝位來都理直氣壯。

漢文帝劉恆是西漢的第三代皇帝，他即位不到三年，淮南王劉長便向皇帝的絕對權威挑戰了。劉長是劉邦的「臨時夫人」生的。提起「臨時夫人」，還有一段風流而又血腥的故事。漢高祖七年（前二百年），韓國的王叛亂，劉邦親自率兵征討。第二年，劉邦勝利歸來，途經趙國。趙王是劉邦的女婿，為了討岳父的歡心，派自己宮中的趙美人給劉邦伴宿。劉邦離開趙國之後，趙王發現美人懷孕了。於是，趙王沒讓美人回宮，另外安排地方給她住。後來，趙王的丞相貫高陰謀刺殺劉邦，事發被捕，牽連了趙王入獄，美人也被押了起來。在獄中，美人報告獄吏，自己曾陪伴過漢高祖，並懷了孕。獄吏不敢怠慢，立即上報劉邦。當時劉邦因貫高謀反一事特別生氣，對美人懷孕一事未予理會。美人的弟弟趙兼為此去求辟陽侯審食其，請他向呂后說情。呂后由於嫉妒而未答應援救趙美人。趙美人生下兒子以後，便絕望地自殺了。獄吏把美人生的小孩給劉邦送去。劉邦見狀很後悔，給孩子取名劉長，叫呂后撫養。在漢高祖十一年（前一九六年）劉邦封劉長為淮南王。

淮南王長大之後，不僅身體強壯，武藝高強，而且力量大得驚人。他特別恨審食其，認為他應對自己的母親之死負責。一天，他袖筒裡藏把銅錘，去求見審食其。一見面，就拿出銅錘把審食其打死了。然後，他便去向漢文帝自首。漢文帝因為這個小弟弟自幼就失去了母親，而且劉邦與呂后生前對他均很疼愛，所以並沒有處罰他。劉長自此更加驕橫了。他常與漢文帝坐一輛車，不稱皇上而叫大哥。就連漢文帝的生母薄太后對劉長也讓三分。

劉長在自己的封地就更無法無天了。他的衣物器具全都仿效皇帝的規格，甚至自制法令，通行國內。對皇帝派來的官員，稍不中意就加以驅逐。漢文帝越是對他忍讓，他越是得寸進尺，後來竟然發展到要當皇帝了。

西元前一七四年，劉長接到漢文帝的舅舅薄昭規勸自己的一封信。他閱後不僅不思悔改，反而怨恨起皇帝來了。於是，他公然發動軍事政變。命令下屬七十餘人利用戰車四十輛準備從谷口（今陝西禮泉東北涇水流出山谷的地方）偷襲京城，同時還派人到閩越及匈奴地方聯絡。

劉長的這一陰謀被發覺，他被皇帝召進京城長安。朝臣主張將其處死，漢文帝批示赦免他的死罪，廢黜爵位，流放四川。途中，劉長絕食而亡。漢文帝於心不忍，封劉長的兒子劉安為淮南王。

淮南王劉長死後，中央與各王國的矛盾更加尖銳了。在朝廷方面，加大了限制各王國的力度，以避免藩王造反；在各王國，宗室諸王採取種種辦法進行反限制，甚至多個王國串通一氣，聯合對付中央，而有的藩王則變本加厲地謀劃政變。在漢文帝死後三年，暴發了以吳王劉濞為首的七個王國聯合反對中央的「七國之叛」。

漢文帝死後，由其子劉啟繼位，史稱漢景帝。諸藩王因景帝年輕，更不把他放在心上了；而景帝因剛即位，尤其擔心藩王們不聽朝廷詔令。中央與地方猜疑加深。大臣晁錯向景帝建言，推行削藩令，壓縮各個藩王的地盤，削弱他們的勢力，使其不敢與朝廷對抗。

當時，在眾藩王之中，齊王、楚王、吳王占有的地盤大，齊王封地達七十餘縣、楚王封地達四十餘縣、吳王封地達五十餘縣。在這三王之中，吳王最富有。所以吳王與朝廷的矛盾也最大。早在景帝即位之前，吳王對景帝就有了仇恨。景帝當太子時，一次吳王的兒子劉賢進京朝見，劉賢與太子劉啟下棋，二人因爭著走棋發生口角。太子劉啟一時性起，操起棋盤向劉賢砸去。說也湊巧，一下子把劉賢砸得腦漿四溢，當場死亡。

當朝廷把劉賢的靈柩送回吳國時，吳王劉濞憤怒地對使臣說：「天下姓劉的是一家，劉賢死了埋在長安不就行了，何必一定要給我送回來呢！」說罷，不由分說立即命令把劉賢的屍體再拉回長安。此後，劉濞便開始稱病不進京朝拜了，對朝廷的命令也都置若罔聞。

朝廷對劉濞這種態度不以為然，便把吳國的使臣押起來審問。對此，吳王深感恐慌，便想起來造反。後來，只是因為受審的吳國使臣向漢文帝說，吳王本來就沒有病，他是擔心朝廷要處置他，才不敢進京朝見，再說，吳王的兒子劉賢的確死得冤枉。漢文帝聽後，也自知理虧，於是就下令將吳國使臣放回，並宣布賜給吳王几案、手杖，念在他年老體弱，今後可免去親自進京朝拜。劉濞見朝廷採取了寬大態度，不追究自己，於是就打消了造反的念頭。但對太子劉啟打死自己兒子一事，一直耿耿於懷。

劉啟當皇帝後，採納晁錯的建議，削弱諸王的勢力，楚王劉戊、趙王劉遂、膠西王劉印先後受處分，被削滅了封地。劉濞深信，自己早晚也得挨整削地。舊恨加新仇，促使劉濞再萌反心。

於是，劉濞首先派人去聯合膠西王劉印。開始劉印還不敢造反，經使者遊說，劉印感到吳國地盤大，財力雄厚，造反可能成功，況且吳王應允事成之後與自己平分天下。在財產與權力的引誘下，劉印一反初衷，答應與吳國聯合起兵反對朝廷。同時，劉印還派人去聯絡齊王、菑川王、膠東王、濟南王。這些藩王均表態支持吳王與膠西王，答應共同出兵，統一行動。

接著，吳王劉濞又與楚王及趙王聯絡，二人一拍即合，都同意共同起兵。至此，吳、楚、膠西、膠東、趙、菑川、濟南七個王國結成了反對朝廷的聯盟。

西元前一五四年，朝廷削減吳國的會稽郡、豫章郡的詔書一下達，吳王劉濞立即起兵造反了。接著，膠西、膠東、菑川、濟南、楚、趙等六國也都興兵造反。

當然，在各王國內，反對造反的也大有人在，比如：楚國的丞相張尚、太傅趙夷吾都勸阻楚王劉戊不要反叛朝廷，結果二人被殺死；趙國的丞相、內史也勸阻趙王劉遂，結果被燒死。齊王本來是參與造反的，但臨期忽然反悔，退出了聯盟。濟北王劉志本來也打算起兵，可是被郎中令劫持，結果濟北王沒能如願。

吳王劉濞在吳國徵調了二十萬大兵，上至六十二歲，下至十四歲的男子都被強徵入伍。他還派出使者到閩越、東越，請兩國派兵參戰。吳王劉濞親率大軍由廣陵（今揚州）出動，西進渡過淮河，與楚國的軍隊會師，然後又向各地派出使者指控晁錯蒙蔽皇帝，離間皇族，遊說其他王國出兵「清君側」，殺晁錯。

吳楚聯軍北上攻打梁國（都城在今河南商丘），殺傷梁孝王兵士數萬人，兵鋒直逼商丘。膠西王劉印、膠東王劉雄渠則指揮大軍與菑川國、濟南國的軍隊會合，共同進攻齊國，將齊國都城臨淄團團圍住。趙王劉遂則集結將軍隊在西部邊界以待吳楚聯軍，同時派使者去匈奴聯絡搬兵。一時間，中國境內沸沸揚揚，西漢王朝大有朝不保夕之狀。

漢景帝也不示弱，任命周亞夫為太尉，統率三十六名大將出兵迎擊吳楚聯軍。同時，派曲周侯酈寄率軍攻打趙國，派將軍欒布率軍直撲齊國，命令大將軍竇嬰坐鎮滎陽。

這時，晁錯建議漢景帝率軍親征，而由自己留守長安，還建議把安徽泗縣東南、東北沒有被吳楚聯軍占領的地方劃給吳國。漢景帝對此感到不解，於是對晁錯有了猜疑。一向反對晁錯而又接受吳王賄賂的大臣袁盎，見有機可乘，便單獨求見皇帝，說：「吳楚七國之所以造反，全是晁錯逼的。如今要想叫吳楚七國退兵，不用大動干戈，只要把晁錯殺了，然後派使臣安撫一下，把七國的封地恢復，七國肯定俯首稱臣。」

漢景帝沉思有頃，說道：「不知七國有否誠意？我不會愛惜一個人的生命，必要時我也可以向天下道歉。」

袁盎聽漢景帝居然要犧牲晁錯換取七國休兵，心中大喜過望，可是，他卻不形之於外，又將了皇帝一軍，一字一頓地說：「陛下，臣就有此一計，請陛下深思。」

漢景帝當即任命袁盎為太常（祭祀時負責禮樂的官員），並派他祕密準備去吳國。十天之後，漢景帝授意丞相陶青等三名權臣聯章彈劾晁錯，罪名是欺君誤國，不能宣揚皇帝恩德，別有用心地主張把城池給吳國，大逆不道，無人臣之禮，應腰斬於市，抄滅全家。這道本章一遞上去，漢景帝立即批復「照辦」。晁錯此時尚被蒙在鼓裡，一點消息也不知道。

漢景帝派人傳召晁錯進宮議事，晁錯如同往常應召時一樣，換上官服乘車直奔皇宮。當經過東市的時候，預先埋伏好的武士們一擁而上，將晁錯從車上拉下來，當場將他攔腰斬斷。就這樣，一心為著鞏固君權的晁錯，稀裡糊塗地中了皇帝精心設計的圈套。

晁錯被處死後，漢景帝立即命令袁盎帶著吳王劉濞的侄兒劉通一起出使吳國，讓吳楚等軍隊各自撤回原地。

袁盎、劉通剛剛離京，校尉鄧公便從前線回來向漢景帝報告軍情。漢景帝詢問：「處死晁錯後，吳楚等國撤兵沒有？」

鄧公答道：「吳王蓄意謀反已有十多年了。削地只不過是個導火線，他們提出殺晁錯、清君側，不過是藉口。他們對晁錯之死，根本就不介意。如今，晁錯一死，天下的忠臣義士可都寒心了。」

漢景帝不解地問道：「這是為何？」

鄧公解釋道：「晁錯主張削弱各王國，是為了壯大朝廷的力量，這本來是利國利民的大好事。想不到，理想沒實現，自己倒先被處死。晁錯之死所起的作用，對內堵住了忠臣的嘴，對外替造反的諸王報了仇，真是一箭雙雕啊！臣以為這個做法實在是不利於陛下，實在是不可取啊！」

漢景帝一聽，茅塞頓開，後悔不迭，長吁短嘆地說：「你說得對，朕悔之晚矣！」

再說袁盎與劉通到達吳國時，劉濞不與袁盎面見，而透過劉通轉告袁盎：「我已稱東帝，我還拜受誰的詔書？」同時，還叫劉通勸袁盎投降吳國。袁盎一口回絕了吳王的勸降，吳王就把他扣留在軍中。後來，見袁盎堅決不降，吳王就要殺死他。袁盎見形勢凶險，就決心脫逃。一天，乘看守沒注意，他逃出了吳王的軍營，一路不敢停留，晝夜兼程逃回長安向皇帝報信，

漢景帝見吳楚等七國並不因為自己殺了晁錯和做出許多讓步而停止進攻，心中也很焦急。太尉周亞夫向皇帝建言：「吳楚的士兵剽悍善戰，一時難以與他們分出個勝負，依臣愚見，不如放棄援救梁

國，而以精兵深入敵後斷絕吳楚聯軍的糧道，然後才能打敗他們。」

焦急的漢景帝立即採納了周亞夫的建議。周亞夫離京奔赴前線路過霸上（西安市東南，白鹿原）時，趙涉攔住車隊，對周亞夫說：「吳王財力充足，長期豢養一批刺客。此番太尉東征，他一定派刺客埋伏在崤山澠池之間的險要之處。自古兵不厭詐，太尉何不由此向右轉走藍田（陝西藍田西）那條路，出武關（商南縣東南），祕密抵洛陽。走這條路不過晚到一二日。太尉到洛陽後立即進入武庫，命人擂響戰鼓。這樣一來，誰都會以為太尉是從天而降的。」

周亞夫採納了趙涉的建議，並任命他當護軍。周亞夫派出一小股部隊，在崤山澠池之間搜索，果然抓住了埋伏在險要路段的吳國刺客。

周亞夫到洛陽後，指揮大軍向山東的昌邑挺進。吳軍猛攻梁的睢陽，形勢嚴峻，梁國接二連三派人向周亞夫求救，周亞夫一兵一卒也不派出。梁孝王於是派人進京向漢景帝控告周亞夫見死不救。漢景帝立刻派使臣命令周亞夫出兵救梁，周亞夫仍按既定的方針辦，拒不執行援救梁國的命令。同時，卻派精兵奔襲淮河、泗水河口，深入吳楚聯軍背後，切斷了吳楚聯軍的後勤補給線。

梁國在外援無望的情況下，將士拼命防守，擋住了吳楚軍隊的進攻。吳楚聯軍在睢陽受挫，西進不得，於是調過頭東進，攻打周亞夫。周亞夫深溝高壘堅守不出。吳楚聯軍供應斷絕，有餓死的，有落跑的，士兵鬥志動搖了。周亞夫指揮若定，處變不驚，終於迫使吳楚聯軍撤退了。

周亞夫以逸待勞，見吳楚撤軍，立即指揮部隊追擊。吳楚聯軍在周亞夫的窮追猛打之下，狼狽逃竄，潰不成軍。吳王劉濞看大勢已去，在衛隊的保護下，連夜逃命；楚王劉戊身陷重圍，自殺身死。叛軍的兩個首領一死一逃，失去了指揮，紛紛解甲繳械，或向周亞夫投降，或向梁國投降。

吳王劉濞倉皇渡過淮河，逃到丹徒，這才稍作喘息，收集殘兵敗將，打算退守東越。

東越王感到吳王一旦來到國內，自己的地位肯定不保，於是表面上裝出熱情的樣子，派人告知吳王，請他前去慰問部隊；暗中布置刺客，只等吳王一來便將其刺死。

吳王劉濞中了計，毫無戒備地應邀前去慰問東越國的部隊。結果，被刺客用長矛刺殺。東越王命人將吳王劉濞的腦袋割了下來，派人晝夜兼程送往京城長安。劉濞死後，他的大兒子劉駒逃到閩越安身。

膠西王、膠東王、甾川王率三國兵馬圍攻齊國，歷時三個月，齊國都城臨淄也未被攻占。齊王派使者路中大夫進原向漢景帝請救兵，漢景帝命路中大夫速返齊國傳達詔令，命齊王堅守待援，並說周亞夫很快就能平定吳楚叛軍，以此鼓舞士氣。路中大夫回到齊國後，因臨淄被圍難以進城，正在徘徊之時，被三國聯軍俘獲。三國聯軍的將領正以攻不下臨淄犯愁，捉住路中大夫後，如獲至寶，強迫路中大夫到城下向城裡喊話，要他說朝廷的軍隊已被吳楚軍隊打敗，齊國應立即投降，否則城破之後，聯軍要大肆屠殺，一個活口也不留。路中大夫答應了聯軍將領的要求，於是，被送到城下。

齊王聽到路中大夫已到城下的消息，立即登上城樓。路中大夫遙望齊王大聲喊道：「朝廷派出百萬雄師，太尉周亞夫已擊敗吳楚聯軍，現在正領兵前來救援咱們。請大王一定堅守，千萬不要投降！」

聯軍將領萬萬沒料到路中大夫會是這個樣子，又急又氣，當場把路中大夫殺死了。

後來，吳楚聯軍潰敗，膠西、膠東、甾川三國匆匆忙忙各自撤軍歸國。結果，被朝廷派來的軍隊打得大敗。臨淄解圍之後，朝廷獲知當初齊王也曾參與叛亂，於是，命軍隊攻城。齊王劉將閭得到消息後，畏罪服毒而亡。

膠西、膠東、甾川三王帶領殘部回國後，分別向朝廷請罪，等候處分。膠西王劉印光著腳，睡在草席上，以表示服罪。他的兒子劉德勸他再與朝廷派來的軍隊交鋒，他說：「咱們的軍隊士氣低落，不堪一擊了！」

這時，朝廷的軍隊在弓高侯韓頹當的率領下已進抵膠西國都城。韓頹當給膠西王送去一封信，寫道：「我奉皇帝詔令，率軍誅殺叛逆。投降者免予處分，頑抗者堅決予以消滅。大王如何抉擇？我等您決定之後再行動。」

膠西王接到此信，立即脫去上衣，反綁雙手，徒步來到韓頹當軍營請罪。他以罪人的身分跪在韓頹當面前，說：「劉印不能遵守國法，驚擾了百姓，有勞將軍遠道來到敝國，懇請將軍依法嚴懲，千刀萬剮也是罪有應得！」

韓頹當威嚴地說：「大王為兵戎所勞，我想聽聽你為什麼起兵？」

膠西王叩了一個頭，往前爬行了一步，恭恭敬敬地答道：「晁錯成為天子的寵臣，獨攬大權，一再變更高祖的法令，削奪各王國的封地，我們認為他這樣做不合道義，更擔心他擾亂天下，所以七國才聯合起兵清君側。我等起兵目的只有一個，就是為了殺晁錯。現在聽說天子已將晁錯殺了，所以我們就撤兵歸國了。」

很顯然，膠西王這是在詭辯，為造反開脫罪責。因此，韓頹當義正辭嚴地反駁說：「大王你如果認為晁錯的行為不合道義，就應該及時報告皇上，請皇上處置。在沒有得到皇帝命令的情況下，為什麼擅自出兵攻打忠於皇上的王國呢？由此看來，你們的目的根本不是什麼殺晁錯！」

說到這裡，韓頹當站起身來，拿出皇帝的聖旨，向膠西王宣讀，之後，韓頹當說：「後果請大王自己考慮吧！」

膠西王跪著聽罷聖旨，連連叩頭，說：「劉印等人罪該萬死，死有餘辜！」

然後，膠西王就自殺了。他的家屬也都被處死。膠東王劉熊渠、甾川王劉賢、濟南王劉辟光也都相繼被處死。

朝廷的另一支部隊在酈寄的統率下攻打趙國。趙王劉遂在邯鄲堅守，酈寄攻打七個月也沒能攻下來。欒布在解決了齊國問題以後，率軍攻趙國，與酈寄合兵一處，採取掘溝用河水灌城的辦法，攻下了邯鄲。趙王劉遂畏罪自殺。

濟北王劉志深感必死無疑，為了保全妻子，想自殺了結。公孫玃對他說：「大王先別自裁，我去求梁王，請他向天子說情。如果我勞而無功，大王再自殺也不遲。」

公孫玃見到梁王，說：「濟北國東邊是強大的齊國，南面是吳國、越國，北面有燕國和趙國，根本無力自保，迫於吳王的壓力，濟北王曾說了一些錯話，幹了一些蠢事，但決不是發自內心的。如果濟北王當初不屈服於吳王，那麼，濟北國早就叫吳楚聯軍給滅了。一旦濟北國被吳楚聯軍占領，燕國與趙國的軍隊就可以和他們合在一起了，而崤山以東可就連成一片，在吳王手中豈不成了鐵板一塊？正因為濟北王在萬難中堅持，所以吳王才沒能把關東連成一片，因而也就失去了盟國的不少支持，才出現進展遲緩，孤軍深入的局面，最後終於一敗塗地。這中間未必沒有濟北國的貢獻呀！弱小的濟北國怎麼能與強大兇橫的吳楚爭衡呢？這不是如同羊羔對抗猛虎嘛！處此形勢之下，濟北國居然能保持大節，做出貢獻，可是卻遭到朝廷懷疑。濟北王終日如坐針氈，後悔當初沒有孤注一擲去拼死。濟北王如此處境，這對國家來講也不是一件好事。我真擔心將要引起忠於職守的藩王們的疑慮。我想，天下只有大王您可以途經西山直達長安皇宮，去伸張正義。果真如此，大王可以保全一個將亡的小國，積下無量的功德，使百姓有口皆碑，敢請大王深思！」

梁孝王劉武被公孫玃這番說辭所打動，「一頂高帽子」把他弄得昏頭暈腦。他當即派人給漢景帝送去自己的奏章，替濟北王辯解。因此，濟北王才逃脫了懲罰，改封為甾川王。

至此，七國叛亂完全被平定了。漢景帝在處理善後時，也網開一面。他把齊王的兒子劉壽封為齊王，繼承其父的封爵；把劉通封為吳王；把楚元王劉交之子劉禮封為楚王。

但是，竇太后卻極力主張不准吳國復國。她對漢景帝說：「劉濞資歷最老，本應成為皇族的榜樣，可是他卻帶領七國叛亂，擾亂天下，不能再封他的後人了！」

漢景帝遵竇太后指示，封淮陰王劉余為魯王，封汝南王劉非為江都王，令此二王治理吳國故地，將吳國取消了。

吳楚七國之亂，是地方封建割據勢力與中央集權鬥爭的必然結果，其性質是分裂主義。封建禮教作為封建社會的意識形態，一直宣揚等級觀念，樹立君主的無上權威，而等級觀念、君主權威又與血緣關係緊密相連。忠、孝、仁、義構成了封建意識的核心，而漢朝尤其強調孝。吳楚七國之亂，雄辯地證明瞭封建意識形態的虛偽性，在統治集團內部從來數第一位的是財產與權力，而決非什麼親情。為了爭權奪利，統治集團內部父子可以相殺，兄弟可以相殘，夫妻可以相叛，平時所宣揚的倫理道德規範可以變成一紙空文。

吳楚七國之亂決非偶然，更非特例。

吳楚七國之亂雖然很快就平定下來了，可是晁錯被殺一事，不僅在當時人們的心中烙上了不可磨滅的印痕，而且在後世也成為「伴君如伴虎」這句箴言的一個永久性的注腳。

倫理道德在統治者的心目中，從來都是騙人的麻藥，害人的枷鎖，他們本人是從未想認真履行的。

漢武帝殺太子

以英明君主著稱的漢武帝，到了晚年十分迷信，心甘情願的受方士們的愚弄，不惜花費無數金錢，到處求神訪仙，以期得到不死之藥，長生不老，永遠當皇帝。

在對神仙懷著無限的期望的同時，漢武帝又被死亡的恐懼所纏繞。他日裡夜裡都擔心有人謀害自己。征和二年（前九十一年）的一天，漢武帝午睡時做了一個惡夢，夢見數千木偶人手舉棍棒，朝自己劈頭蓋臉打來。他大叫一聲，從夢中醒來，心蹦蹦亂跳，汗順著臉往下直淌。此後，漢武帝在好長一段時日裡，精神恍惚，夜不成眠。他的心腹大臣江充，別有用心地對他說，這是巫蠱造成的。所謂巫蠱，是巫師給木偶人施法術，埋到地下，以此傷害活人。對神仙的迷信，對死亡的恐懼，對被人暗害的氣惱，使漢武帝喪失了理智。他當即命令江充負責，追查「巫蠱事件」，不管牽涉到什麼人，都要一追到底！

可是，他又哪裡料到，這個白日惡夢竟給國家帶來了巨大的混亂，給他的親人帶來了深重的災難，給他本人也帶來了不可名狀的痛苦。

江充是何許人？他為什麼提出「巫蠱事件」？為什麼漢武帝對「巫蠱」的這一說法確信不疑？

江充是邯鄲人，本來是趙敬肅王劉彭祖的門客。因為得罪了劉彭祖的兒子，畏罪逃往京城長安。進京後，他告發劉彭祖兒子的種種惡行醜聞，劉彭祖的兒子被取消了王子資格。漢武帝因此很賞識他，任命他為繡衣使者，專門負責糾查不法的皇親國戚及大臣們。江充執法如山，敢於碰硬，更加得到漢武帝的寵信。一次，江充跟隨漢武帝去甘泉宮，碰上了皇太子劉據派出的使者坐著車在專供皇帝行走的馳道上飛跑。這違犯了法規，江充把太子的使者連人帶車扣了起來。太子聞訊後，立即派人向江充表示：「我教訓屬下無方，該受到責備。我不是愛惜車輛馬匹，希望江老先生能寬恕。」

對此，江充沒予理會，照樣把太子的使者治了罪，並且還將此事報告了漢武帝。漢武帝嘉獎了他，並稱贊道：「作為人臣應如此忠誠！」

從此，江充更加受到皇帝的信用。他的威勢震懾了貴族和官僚。可是，太子卻對他懷恨在心了。江充深知將來皇帝死後，太子甚至皇后，肯定不會放過自己，為了自保，最上策就是找機會先把太子搞掉，只有這樣，自己才能保住性命和榮華富貴。因此，當漢武帝為惡夢所苦惱的時候，江充利用這個機會，製造了「巫蠱事件」以陷害太子。

漢武帝之所以輕信巫蠱為害，也是有緣由的。宮廷內部，在漢武帝的帶動下，許多人都迷信神仙。尤其那些不見天日，數以千計的宮女，更容易受女巫的騙。在宮女們甚至妃嬪的房間裡，差不多都有巫婆埋下的木偶人，這些痛苦無告的宮女及由於嫉妒而心理變態的妃嬪，以此來發洩怨恨。她們之中還有許多人互相告發，以達到個人的目的。巫蠱，在宮廷中早已屢見不鮮了。漢武帝也曾親自處理過宮女們舉報的用巫蠱詛咒皇上的案件。

另外，在漢武帝做惡夢數月之前，建章宮裡發生了一起非常事件。有一個男子手持寶劍闖進了中華門，漢武帝懷疑是刺客，就命令衛士去捕捉。那個男人扔下寶劍就跑了，衛士們到處追捕搜查卻不見蹤影。漢武帝十分氣憤，處死了守中華門的官員。這件案子直到「巫蠱事件」發生，也沒有破。

漢武帝輕信「巫蠱事件」最關鍵的因素，是他早就對太子不滿意，認為太子缺少才能，不像自己。

太子劉據是皇后衛子夫在漢武帝二十九歲那年生的。劉據剛出生時，漢武帝愛如掌上明珠，時常抱著玩。太子長大後，性情溫和寬厚，對此漢武帝很不欣賞，認為太子仁弱，不像自己，逐漸由愛變嫌了。

後來，漢武帝的妃子們接連生子，尤其太始三年（前九十四年）寵妃趙婕妤生了劉弗陵以後，漢武帝對太子劉據更不滿意了。劉弗陵是趙婕妤懷胎十四個月生的，對此，迷信的漢武帝欣喜不已，對旁人說：「聽說古代堯也是十四個月才出世的。」言外之意，自己這個兒子將來一定是個聖君，與堯一樣。漢武帝在高興之餘，把趙婕妤住的鉤弋宮的宮門改名為「堯母門」。並把趙婕妤視作堯母。

這樣一來，太子劉據及皇后衛子夫感到很大壓力，擔心自己的地位有朝一日會被劉弗陵及趙婕妤所取代。漢武帝發覺皇后與太子惴惴不安，便把皇后的弟弟大將軍衛青找來談話：「我漢朝百業待興，周邊的夷人又常內犯，朕如不變更制度，後世就不好辦了。因此，朕才勞苦天下百姓，興師出征。後世之人如果也照此行事，那豈不是重蹈秦朝的覆轍了嘛！皇太子溫柔敦厚，相信他一定能保證天下太平，不會使我有後顧之憂。朕需要的還是一位守成之君來繼承我的基業，作為守成之君，沒有任何一個人比皇太子更合格的了。聽說皇后及太子近來常惴惴不安，實在太沒有必要了。愛卿把我的想法轉告皇后與太子，莫作他想。」

衛青把這番話傳達給皇后與太子之後，皇后立即去向漢武帝謝罪、謝恩。太子也不再憂慮了。當漢武帝又派兵出征時，太子還屢次進行勸阻。對此，漢武帝笑著回答：「我勞苦給你換來安逸，這還不好嗎？」

漢武帝每逢外出，就把國事託付給太子。太子根據己意處理一些問題，漢武帝返京後也從不表示異議。於是，太子更放開手腳了。他甚至在漢武帝外出期間，平反一些冤案。此舉雖然很得民心，但卻為一些當權的大臣所不滿。漢武帝用法嚴苛，所重用之人也多為酷吏。圍繞太子平反冤案問題，這些酷吏們甚至散布流言蜚語。

皇后得知這些之後，很替太子擔心，唯恐這些權臣在漢武帝面前進讒言，陷害太子。所以皇后經常告誡太子：「你可要留心皇上的好惡，切不可擅自決定。」

可是，漢武帝對皇后的這種說法卻很不以為然，鼓勵太子照自己的想法行事。這樣一來，朝臣們很快便分成了兩派，一些主張仁政，性情寬和的官員擁護太子，而那些力主法治以嚴酷著稱的官吏則、反對太子。一些邪惡之輩甚至造謠中傷太子。

一次，太子去皇后宮中拜見母親，待的時間長了一些，太監蘇文就在漢武帝面前詆毀太子，說太子與宮女們調笑，都不想離開皇后的寢宮了。漢武帝聽後，立即下令給太子宮中增加宮女名額，多達二百餘名。後來，太子得知蘇文中傷自己，十分氣惱。蘇文非但不加收斂，反而變本加厲，竟然指使小太監暗中監視太子，常常羅織一些過失，向漢武帝打小報告。太子發覺後，把這些事和母親談了。衛皇后也很氣憤，就叫太子去報告皇帝，請求殺掉蘇文等三人。仁厚的太子卻對母親說：「只要孩兒沒有過失，就不怕蘇文之流。父皇英明，不會被讒言蒙蔽，不值得憂慮。」

還有一次，漢武帝生病時，派太監常融去找太子來。常融是蘇文的同夥，他從太子宮回來之後，對漢武帝說：「啟稟皇上，太子聽說陛下聖體欠安，卻面帶笑容。」

等太子應召來到漢武帝面前時，漢武帝注意觀察，發現太子臉上有眼淚痕跡，卻強作笑容。漢武帝當即盤問太子為何面帶淚痕，太子只好直說：「孩兒因父親生病，心中難過，沒等淚乾便急於來見父皇，惹得父皇盤問，孩兒該死！」

漢武帝一聽，就下令把太監常融推出斬首。皇后聽說此事後，除了提醒太子要處處留神，謹防暗算外，自己也更加小心，竭力避嫌。因此之故，皇后雖然早已失寵，但還能受到皇帝禮遇。這一時期，漢武帝與太子的關係是很微妙的。漢武帝雖然不滿意太子，但還沒下決心廢黜他。而江充製造的「巫蠱事件」，使漢武帝與太子的關係發生了根本性的變化。

江充接受漢武帝委派調查「巫蠱事件」後，立即行動了起來。他帶著一個女巫，領著兵丁在京城中逐家搜索。江充為凸出自己的「成績」，不惜採取暗害別人的手法，把一些在夜裡祭祀鬼神的人也誣為進行蠱惑，嚴加審訊；更為傷天害理的是，居然預先把一些木偶人灑上血污，偷偷埋到他準備害的人的住處附近，然後帶著女巫人等前去挖掘，結果自然人贓俱獲，對被捕之人酷刑逼供，甚至用燒紅的烙鐵烙皮肉，直到屈打成招為止。同時，還強逼犯人供出「同夥」，大肆株連無辜。不僅在京城內羅織罪狀，而且把「法網」擴張到京城以外，在不長的時間裡就殺了一萬多人。

江充製造的恐怖氣氛，不僅使得京城內外人人自危，更使得漢武帝疑懼重重。年事已高的漢武帝越發堅信有不少人在暗算自己，越發聽不進勸諫，到最後，已經無人敢說個「不」字了。

江充見時機已經成熟，便把矛頭指向了太子。他先與漢武帝講，根據他請來的女法師所觀察，皇宮內廷也充滿了邪氣，如果不及時驅除，對皇上將極為不利。漢武帝聽後，馬上命令幾位官員協助江充，領著那個女巫，帶著衛士們進宮搜索。江充有了這把上方寶劍，就更加肆無忌憚了。

江充領著人在宮中到處挖掘。首先從金鑾殿開始，為了深挖木偶人，甚至把皇帝坐的龍椅御座都拆了。然後，又在太監蘇文的引領下，在後宮開始搜索。先從不受寵的妃嬪住處挖起，依次挖到皇后及太子宮中。所到之處可謂一片狼藉，就連皇后睡的床都搬開了，到處都翻了個底朝上。最後，江充一行來到太子宮深挖，結果大大出乎太子意料，不僅挖出了木偶人，而且數量最多。這其中的奧祕只有江充、女巫和太監蘇文心裡明白，因為是他們三個勾結作的手腳，太子簡直都嚇呆了。江充得意洋洋地向漢武帝「如實」進行了報告。

太子劉據焦急萬分，急忙向師傅請問對策。少傅石德一則感到事態嚴重，二則害怕自己受株連，就向太子建議：「迄今為止，因巫蠱問題而遭殺戮的人可不在少數了，就連丞相父子以及公主都不能倖免。如今，太子宮中卻挖出了這些東西，究竟是誰放置的，咱們說不清楚，很可能是那個女巫搞的鬼，但咱們沒有證據啊！現在只好先發制人了，假傳一次聖旨，派人把江充等人抓起來，拷問他們的陰謀。反正皇上正在生病，住在甘泉宮，就連皇后與太子派去問候的使者都不見，誰知道皇上是否還健在呢？宮中搞成這個樣子，誰敢保證是皇上的旨意？奸臣們如此囂張，實在可疑呀！太子可要牢記秦朝太子扶蘇的教訓呀！」

太子劉據聽後不以為然，說：「我身為太子，怎能假傳聖旨，擅自亂來呢？不如去甘泉宮面見父皇，當面向父皇請罪，也許有一線生機。」

還沒等太子離東宮去甘泉宮，江充已經派人把太子監視起來了。面臨時刻都有被捉、被殺的危險局面，太子心亂如麻，毫無辦法可想了。太子被逼不過，最後心一橫，採納了少傅石德的建議。

七月初九日，太子派屬下人裝扮成皇帝的使者，帶人去捉拿江充。奉旨協助江充挖掘木偶的大臣韓說懷疑使者是假的，拒不奉命，當時便被假使者殺了。然後，把江充、女巫逮捕起來，宣布處以死刑，由太子監斬。太子指著江充咬牙切齒地罵道：「你這個趙國的逃犯，你害死了趙王父子還不滿足，又來挑撥我們父子，你真是死有餘辜！」

太子下令殺死江充後，又下令把女巫拖到上林苑燒死。

太子也深知這個「禍」闖得不小，於是連夜派人到長秋殿向母后報告，同時，又下令打開武器庫，把弓箭刀槍發給徵調來的衛兵。這時，長安城裡一片混亂，流言四起，都說太子起兵造反了。太監蘇文見勢不妙，早就溜之大吉，一口氣跑到甘泉宮向漢武帝報告太子殺江充，起兵造反的經過。漢武帝聽後，說道：「這是太子心裡害怕，又憎恨江充才演成的事變。」說罷，便派使臣去召太子。使臣不敢進長安城，只在城外轉了一轉便回到甘泉宮，向漢武帝打個假報告：「太子造反是實，還要殺臣下，臣下是逃回來的！」

漢武帝一聽，勃然大怒。恰巧，這時丞相派來的使者也到達了，也向漢武帝報告太子起兵造反。漢武帝怒氣沖沖地下詔令：「捕殺反賊有重賞。城裡要用牛車把街道堵上，不要短兵相接，以免殺害更多的人。關閉城門，不准反賊逃走！」

接著，漢武帝便起身返回長安。剛進城就看到了太子發布的通告：「皇上在甘泉宮病重，奸臣們乘皇上病情惡化乘機作亂。」漢武帝住進了建章宮，下詔徵調長安郊縣的駐軍，並明令由丞相統一指揮。太子也派出使者，以皇帝的名義赦免監獄中的囚犯，由少傅石德和張光二人統率，同時，還把長水、宣曲兩地的胡人騎兵調進長安。漢武帝派使臣把太子派去調胡人騎兵的使者殺了，並向胡人騎兵宣布：「剛才那個使者是假的，你們不能聽他調遣！」

漢武帝得知太子使用符節調兵的消息之後，立即下令在原來的符節上面加一條黃色的旄纓，以示與太子所使用的符節相區別，並通令宣布不加黃色旄纓的符節廢止使用。這樣一來，太子再用符節徵調軍隊時，有一些官員就拒不服從了。

太子的部隊連同囚犯和市民在內，不過幾萬人，在長樂宮西門外與丞相指揮的軍隊血戰了五天五夜，雙方死傷數以萬計，血流成河。太子的軍隊越戰越少而丞相統率的軍隊卻越來越多。

七月十五日，太子兵敗逃往城南覆盎門，把守城門的兵士放太子出了城。

漢武帝得知太子出逃，十分震怒，將守城部隊的主官處以死刑。他又派兩位官員到皇后宮中，把皇后的印信收繳了回來。皇后衛子夫在愛子下落不明，自己又即將被廢黜的情況下，自殺了。

漢武帝鎮壓了這場叛亂，立即加封有功人員，而對參與叛亂的人則予以嚴懲，甚至當初持觀望態度的官員也被處以死刑。

太子逃到湖縣（今河南省靈寶縣西北），躲藏在泉鳩里（今陝西潼關東北）一戶窮人家裡。這個窮人靠賣草鞋供養太子。太子為窮困所迫，就派人去湖縣找昔日一個老部下，結果被發覺。八月初八日，湖縣的官兵前來逮捕太子。太子知道難以逃脫，就在屋內上吊自殺了。這家主人被官兵砍死，太子的兩個兒子也被殺死。漢武帝聽到兒子、孫子的死訊，默默無語，長嘆一聲，流下了眼淚。

隔年（征和三年，前九十年）九月，經察實，去年在「巫蠱事件」中被江充定罪的官、民，多屬冤案。這對漢武帝不啻服了一劑清醒劑，他完全明白了，太子根本不是反對自己起兵奪權，而是由於受江充等人的陷害，出於惶恐和自保的心理，才鋌而走險的。這時，又收到大臣田千秋給太子辯冤的緊急奏本，上面寫道：「兒子玩弄父親的兵馬，論罪只該鞭打。皇上的太子誤殺了人，該判什麼罪呢？臣下昨天夢見一位白髮老人與我這麼說的。」

漢武帝召見田千秋，說：「父子之間的事，外人是很難說清的，你卻能說清楚。這是高祖皇帝在天之靈啟示你的呀！你是我的好輔臣。」當即把給漢高祖看守陵廟的田千秋破格提拔為大鴻臚，成為九卿之一，負責典禮及接待外賓。同時，漢武帝還下令把江充的家族論罪處斬，把太監蘇文押赴橫橋燒死，還把在湖縣傷害皇孫、威逼太子的官兵處死，並滅族。為了追思太子，漢武帝還下令在湖縣建造思子宮、歸來望思台。此舉，使不少人聞之落淚。

巫蠱事件，看是偶然，其實有著必然性。它是漢武帝迷信的惡果，也是統治階級內部矛盾的集中表現。巫蠱事件，再一次證實了統治者是多麼兇殘、昏聵、惡毒，更證實了皇帝所宣揚的所謂仁義忠信的封建倫理道德，不過是自欺欺人的把戲。在帝王之家根本就沒有什麼仁愛，為了權力和財產，父子可以相殺，夫妻可以成仇，君臣可以為敵，可以使百萬人頭落地。而一旦獲勝的一方牢牢地控制了國家權力，他們又會編出一套套忠孝仁義的神話，來麻痺廣大人民。像漢武帝這樣的明君，尚且逃不脫這個怪圈，其他等而下之的君王，則更是害人害己，殘民以逞的元兇了。

上官父子與霍氏母子

漢武帝生前，尤其在晚年，為了維護君權不受侵犯，不惜屢興大獄，屠戮無辜，甚至對自己的親兒子也不放過。但統治集團內部對至高無上的君權爭奪，是不以人的意志為轉移的，遲早要發生的，這是一條歷史規律。正是統治階級內部為了財產與權力的再分配無時不在進行鬥爭的這條鐵律，與漢武帝開了個不大不小的玩笑，就在漢武帝死後不久，他生前最信任的心腹權臣上官桀及其兒子上官安便策劃了一場篡位陰謀，險些把漢昭帝殺掉，把劉氏的江山變為上官家的天下。

後元二年（前八十七年），漢武帝病勢垂危，他滿懷著不能長生不老的遺憾，他更擔心死後政權不穩，江山易姓。儘管他為了鞏固漢朝的統治，曾毫不手軟地殺了許多大臣，甚至連太子也被他逼死了；他為了保證君權交接時太平無事，在自己死後不發生內鬨，忍痛把自己的寵妃置於死地。漢武帝的用心可謂良苦矣。

輾轉病榻的漢武帝，憑直覺感到這次患病非同以往，不僅茶飯不思，而且精神恍惚，尤其那些不願回憶的往事卻偏偏接二連三地浮現在眼前，甚至光天化日之下，自己的耳邊居然響起了那些屈死冤魂索命的聲音……，漢武帝一生從未服過輸，這次，他在死神的面前認輸了。他看著自己最心愛的兒子劉弗陵，不由得五內如焚，這個自己皇位的繼承人才只有八歲，他能駕馭那些大臣嗎？他能壓服那些皇族嗎？漢武帝越想這些，病勢越加沉重；病勢越加沉重，他就越想這些揪心的問題。

漢武帝不愧是一位大有作為的皇帝，在臨終前，他終於絞盡腦汁，為保證愛子劉弗陵順利繼位，物色了兩名托孤之臣；為保證天下太平，設計了一整套方案。精疲力竭的漢武帝睡著了，他再也不會醒過來了。

漢武帝物色的托孤重臣，一個叫霍光，另一個叫上官桀。把自己身後長治久安的希望寄託在這兩個關鍵人物的身上，認為自己的兒子劉弗陵有他倆輔佐，就會平安無事。漢武帝所以如此自信，也有他的道理。

霍光是大將軍霍去病的同父異母弟弟，十幾歲時就在霍去病身邊。由於霍去病的關係，他當上了郎官，不久又升為侍中。霍去病死後，霍光被漢武帝提升為奉車都尉、光祿大夫，成為漢武帝的親信。霍光為人小心謹慎，辦事認真，行動有節。同僚們曾暗中留心觀察他，發現他每次出入宮殿時，途經宮殿大門時，都在同一個地方落腳停留。有些好事的人在暗中做了記號，發現他在門口的落腳點今天的竟與昨天的分毫不差。霍光在漢武帝跟前從無過錯，甚得漢武帝歡心。因此，漢武帝早就選中他輔佐太子。當年幼的劉弗陵尚未被冊立為太子時，漢武帝就曾派人給霍光送去一幅畫，上面畫著周公輔佐年幼的周成王朝見各路諸侯的故事。用意很明白，告訴霍光要像當年周公輔佐成王那樣，輔佐未來的小皇帝。當漢武帝在後元二年（前八十七年）春天病危之時，尚未立太子，霍光便朝見漢武帝，詢問將來由那位皇子繼位。漢武帝睜大了無光的眼睛，上氣不接下氣地說：「你難道不明白我前幾年給你那幅畫的用意嗎？讓我的小兒子，趙夫人所生的弗陵為太子，我死後由弗陵繼位，你像周公那樣輔佐他，代行政事！」

霍光聽後，深為感動，但是考慮自己一個人勢力孤單，很多事情難以妥善處理，當時就在病榻前向漢武帝推薦金日磾，與自己共同輔佐太子。漢武帝沉思有頃，同意了霍光的請求。當場封霍光為大司馬、大將軍，金日殫為車騎將軍。同時，漢武帝又提出兩個人給霍光當助手，一個是上官桀，一個是桑弘羊，並當場宣布封上官桀為左將軍，桑弘羊為御史大夫。

接著，漢武帝命人將金日磾、上官桀、桑弘羊召來。漢武帝等三人到來後，就向霍光等四人安排後事。第二天，漢武帝就死了。

霍光等四人根據漢武帝的遺詔，擁戴八歲的太子劉弗陵繼位當了皇帝。朝政由霍光決定。對於霍光輔政，並不是所有的朝臣都贊同。侍中王忽便第一個跳出來反對。原來，漢武帝臨死前，還有一道詔書封霍光、金日磾、上官桀為侯。當霍光向眾臣宣讀這道遺詔時，王忽卻揚言：「老皇帝晏駕時，我守在身邊，我可沒聽說有什麼遺詔封他們三人為侯。這全是那幾個小人偽造的！」

霍光聽到這件事以後，深感事態嚴重，如不堅決處置，將來可就無法輔政了。於是，霍光把王忽的父親王莽叫來，王莽當時是衛尉，負責宮門警衛。霍光聲色俱厲地質問王忽說的這番話，王莽是何居心！王莽雖握有一定兵權，但畢竟不敢與霍光等人較量，他深知弄不好可能全家被殺。於是，王莽急忙地向霍光請罪，並說王忽是小孩子，不知好歹，所說的話全是一派胡言，自己回家後一定嚴厲處置王忽。對此，霍光沒再說什麼。王莽回家後，就用毒藥酒把兒子王忽毒死了。之後，又匆匆趕到霍光府上報告、請罪。霍光見王莽如此馴順，而且王忽已死，也就不再追究了。

霍光在處理朝政時，能夠以國家為重，而不以個人的好惡為轉移。比如，有一次霍光在宮中值宿，忽然聽見有人亂喊：「妖精，妖精來啦！衛士們紛紛操起兵器，值夜班的大臣們也個個心驚膽戰，剎時，宮裡亂了套。霍光怕有人乘機圖謀不軌，就急急忙忙趕到存放皇帝玉璽的地方，把保管玉璽的官吏叫來，命令把玉璽交給自己看管。但是，負責保管玉璽的官吏拒不服從，認為霍光這一命令違背了朝廷的有關規定。霍光焦急萬分，伸出手就要搶奪玉璽。掌璽官員刷的一聲拔出寶劍，嚴厲地說道：「我的頭可丟，玉璽決不能丟！」

霍光見狀，立刻住了手，微笑著點點頭，表揚掌璽官克盡職守，忠勇可嘉。然後，霍光就回到自己辦公的地方。

宮中的混亂局面漸漸平定了下來，本沒有什麼妖精，不過鬧了一場虛驚。

第二天，霍光下令把掌璽官員的俸祿提了兩級，以示嘉獎。此舉，博得朝臣們的稱許，都贊揚大將軍不以個人好惡為準繩，能以國事為先，不愧顧命之臣。

與霍光相反，上官桀則是另一番情形了。上官桀年輕時給漢武帝當警衛，官職是羽林郎。他在一個偶然的機會中，得到了漢武帝的青睞，才平步青雲。一次，上官桀跟隨漢武帝去甘泉宮，途中忽然遇上了大風，皇帝座駕被大風吹得不能前行，最後只得把車蓋卸下來，減輕阻力，以便繼續前進。車蓋卸下來之後，由上官桀拿著。上官桀高舉著車蓋，緊緊跟著漢武帝的座車，頂著大風昂首前行，一步也不落後。突然間，天又下起了大雨。上官桀頂風冒雨，高舉著傘狀車蓋，給漢武帝擋風遮雨。漢武帝很賞識上官桀的忠勇，當場提升他為未央廄令，負責給皇帝養專用的馬匹。

事情過後，漢武帝也就把上官桀忘懷了。過了一段時間，漢武帝生了一場病。病癒後，信步走到馬廄，就進去看看自己平素喜愛的幾匹大宛馬。漢武帝一看馬，不由得勃然大怒，連聲叫把養馬的傳來。原來，漢武帝發現，在自己患病期間，幾匹心愛的寶馬居然都掉膘了。身為未央廄令的上官桀，聽到皇帝傳喚，不敢怠慢，三步併作兩步，跑過來跪在地上叩響頭。漢武帝指著上官桀罵道：「你好大的狗膽，居然把我的馬餵成這個樣子，難道是要把寶馬餓死，存心讓我再也見不到心愛的馬匹不成？」

說罷，呼呼地喘粗氣，看樣子非要將上官桀治罪不可。上官桀沒等皇帝再開口，連叩三個響頭，一邊流淚一邊抽咽著說：「啟奏陛下，小臣上官桀聽說皇上龍體欠安，日夜憂慮，廢寢忘餐，更甭說餵馬了，所以……」他趴在地上泣不成聲。

這時，漢武帝猛然想起，面前跪著的這個人就是頂風冒雨給自己撐車蓋的那個衛士。另外，再聽他剛才講的那番話，深深被上官桀對自己的耿耿忠心所打動，立刻轉怒為喜，哈哈大笑起來，當場嘉獎一番，提升他為侍中，隨侍左右。

後來，上官桀因跟隨二師將軍李廣利攻伐大宛，搶馬有功，晉升為少府。不久，又提升為太僕，成為皇帝的車馬總管，位列九卿。後來，上官桀又與霍光一道在平定莽何羅、莽通兄弟叛亂時，立下了功勞，被封為安陽侯，成為漢武帝的心腹重臣。漢武帝病危時，他是臨危受命的四大臣之一，與大將軍霍光一起輔佐太子。漢武帝死後，上官桀在朝中的地位僅次於霍光。

工於心計的上官桀為鞏固自己的地位，他與霍光結成了親家，將霍光的女兒嫁給兒子上官安。有了這層關係，霍光對上官桀自然就倚重非常，每逢自己休假時，便叫上官桀代行自己的職權。

上官安的詭詐，絕不亞於乃父。他為了個人的前程，居然想把僅六歲的女兒送進宮裡給漢昭帝劉弗陵當皇后。他為了達到此目的，就去找岳父霍光合計，請他做主。可是，霍光因為外孫女年紀太小，表示不同意。上官安碰了一鼻子灰，仍不死心。他轉而去找自己的酒肉朋友丁外人。丁外人吃喝嫖賭樣樣精通，尤令上官安眼紅的是，他居然能成為漢昭帝的大姐蓋長公主的情夫。蓋長公主是宮裡的實權人物，因為弟弟劉弗陵年幼，她便一直住在宮中照顧弟弟。漢昭帝對這位年長的大姐十分親近、敬重。蓋長公主與丁外人私通這件醜聞，漢昭帝與霍光都知道。漢昭帝為了博得姐姐的歡心，下了一道詔書，命令丁外人侍奉蓋長公主。這道詔書輕輕地把蓋長公主的醜行遮蓋住了，無異於是給了蓋長公主與丁外人曖昧關係合法化的證書。

上官安也是個聲色犬馬之徒，與丁外人早就臭味相投，兩人過從甚密。上官安為了能和蓋長公主拉上關係，就對丁外人格外阿諛奉承。上官安為了實現當皇帝老丈人的美夢，就請丁外人出頭向蓋長公主說項。他特意去見丁外人，低聲下氣地說：「聽說蓋長公主要給咱們的皇上選皇后，我有個女兒，是大將軍的親外孫女，德言工貌無一不佳，如果您老先生能出面向蓋長公主說說，我這個女兒一定能被選中。那時，我可就是國丈了，以我們上官家在朝廷的地位，再加上皇親國戚這層特殊關係，我也就別無所求了！可是，要想如此，非老先生您成全不可呀！老先生如果肯在蓋長公主面前美言幾句，玉成此事，不僅我和我父親對老先生的大恩大德沒齒不忘，就連大將軍也要對您老先生感激不盡啊！一旦咱的孩子進宮當了皇后，我保證，我和我老爹一定出面向皇上進言，一定封您老先生為侯！咱們漢朝有老規矩，凡是娶公主的人都要封侯的哪！」上官安說到最後這句，還猥褻地朝丁外人擠擠眼睛，言外之意是：你幫我女兒當皇后，我就幫你娶蓋長公主為妻。

丁外人聽罷，會心地哈哈大笑起來，連連鼓掌，忙不迭地說：「上官家的千金，霍大將軍的外孫女，本來就是金枝玉葉嘛！依我看，這當今皇后，非令嬡莫屬了！老先生放心，放心……我立刻就去報告蓋長公主。至於封侯一事，將來還要請老先生幫忙了。哈哈哈……」丁外人還真是說辦就辦，前腳送走上官安，後腳就去見蓋長公主。

丁外人一見蓋長公主，沒說話先給蓋長公主道喜。他的這個突如其來的舉動，把蓋長公主都弄糊塗了。丁外人給蓋長公主道過喜之後，才不慌不忙地說：「我打聽清楚了，上官桀的孫女、霍光的外孫女美貌賢淑，堪為后妃。公主現正為皇上選皇后，這可是個最佳人選！」

蓋長公主一向對丁外人言聽計從，現在聽他提這門親事，也感到十分合適，如果自己做主把上官桀的孫女選為皇后，上官家及霍家都要感激自己，而這兩個家族可是漢朝的兩根支柱。自己有這兩個家族的支持，任何時候都可以高枕無憂了。想到這裡，蓋長公主順手拍了丁外人的肩頭一把，笑吟吟地說：「我的眼力果真不差，你辦事無一不合我的心！」

丁外人連忙作揖鞠躬，嘻皮笑臉地對蓋長公主說：「全憑蓋長公主厚愛！」

當下，蓋長公主就下令召上官安的女兒進宮，一見面，就封她為婕妤。一個月之後，就立她為皇后了。上官安借女兒的光，先被封為騎都尉，後來又晉升為車騎將軍，賜爵桑樂侯，食邑一千五百戶。

上官安暴發以後，驕橫跋扈不可一世，生活更加糜爛。每次從皇宮中出來，都大言不慚地對人們講：「嘿！剛才我又和我女婿一塊兒喝酒來著，這才叫痛快。這酒醉得真痛快呀！」他在家中就更沒人樣了。一喝醉，便把渾身上下衣服全脫光，赤條條地滿屋亂竄，見到女人就姦污，就連他的後母及他父親的小老婆也不放過。

上官安為了籠絡丁外人，在當上國丈之後，還真的去找霍光商量，要封丁外人為侯爵。霍光為人正直，沒答應女婿這個要求。上官安見自己說話不靈，就把老爹上官桀搬出來，爺兒倆一起去找霍光為丁外人封侯說項。霍光仍是不應承。上官桀父子就糾纏不休，三天兩日便去霍光家一趟。最後，把霍光惹惱了，就斬釘截鐵地說：「別說我沒有封侯這個權，就是皇上發話封丁外人為侯，我也要抗旨。丁外人實在不配封侯呀！朝廷的官爵怎麼能隨隨便便給人呢？你我都是顧命之臣，可不能幹對不起先帝的勾當呀！」

上官氏父子也惱羞成怒，結果不歡而散。回到家中，這爺兒倆仍大罵霍光不講人情，不識時務，目中無人。父子倆冷靜下來之後，便商量對策，但實在拿霍光沒辦法。今後來日方長，有霍光這個攔路虎、絆腳石，就不可能為所欲為。上官安牙一咬，說道：「既然他無情，就怪不得咱無義了！丁外人封侯不封侯倒是小事，今後，有他在，就沒有咱爺們的好，乾脆把他……」上官安把下面的話咽了下去，本能地向左右看了看，見旁邊沒有外人，這才把手往下一揮，作出了一個砍頭的動作。上官桀盯著兒子的一舉一動，聽著兒子的一字一句，不住地連連點頭，最後，幾乎是在兒子舉起的手落下的同時，從牙縫裡蹦出一個字：「好！」

接著，這父子倆把頭湊到一起，小聲地嘀咕起來……

第二天，上官桀父子就去聯繫燕王劉旦。劉旦是漢昭帝的哥哥，因為沒當上皇帝，心懷不滿，對霍光也一直有反感。上官桀父子為了整霍光，首先想到他。在與燕王劉旦祕密聯繫的同時，上官桀父子暗中大量搜集有關霍光的資料，對他的一言一行也不放過，然後專門揀選出有關過失的部分，進行渲染，整理加工後就給劉旦送去，透過劉旦把這些攻擊霍光的證據送給漢昭帝。上官桀父子還請劉旦出面與皇帝說情，達到丁外人封侯的目的。劉旦一看上官桀父子如此曲意奉承自己，也昏昏然、飄飄然了。對上官桀父子是言聽計從。他找一個機會，去見漢昭帝，先敘手足之情，然後話鋒一轉，說：「咱哥倆只有一位大姐，大姐對咱不亞於父母。陛下十分敬愛大姐，甚至下過詔令讓丁外人侍候大姐，既然如此，按咱們漢朝的傳統規矩，應封丁外人為侯，這對咱姐也是個安慰呀！」

漢昭帝聽後雖感到此話有一定道理，但丁外人畢竟不是蓋長公主的丈夫，可否對他封侯，心中無數。於是，就把霍光找來詢問。霍光堅決反對封丁外人為侯，漢昭帝被霍光說服，駁回了劉旦的建議。劉旦原本就嫉視霍光，這樣一來，變嫉視為仇視了。於是，便把上官桀父子送來的那些整霍光的資料歸納了一番，湊成五大罪狀，劉旦親自寫奏章呈皇上，請求將霍光治罪。這五條罪狀是：一、擅自檢閱羽林軍，並在路上戒嚴；二、擅自命皇帝的御廚房給自己準備飯菜；三、任人唯私，就連他的小祕書楊敞，也被提拔為搜粟都尉；四、擅自增加個人的衛士；五、專權，居心叵測。這五條只要落實一條，霍光也要受處分。最後，劉旦還聳人聽聞地提出：「為了預防政變，自己要離開封地進京保衛陛下。」

在劉旦上奏章彈劾霍光的同時，上官桀父子進行了精心的配合。上官桀趁霍光休假之機，把劉旦的奏章直接呈給皇帝。在他想來，只要皇帝一點頭，他就可以命令親信桑弘羊領兵去逮捕霍光。可是，出乎他意料的是，皇帝閱過劉旦的奏章後就壓下了，根本沒予批示。

第二天早朝時，霍光便得到了消息。因此待在朝房裡，沒有去朝見皇帝。漢昭帝不見霍光，就問：「大將軍哪裡去了？」

上官桀立即搶著回答：「他因為燕王彈劾，不敢上殿。」

漢昭帝聽罷立即宣召大將軍上殿。霍光來到金殿，摘下帽子，跪在地上，邊叩頭邊說：「微臣有罪！」

漢昭帝說：「大將軍請把帽子戴好，朕瞭解這道奏章是偽造的，大將軍沒有罪過。」

霍光站起身後，問道：「皇上怎麼知道這奏章是偽造的呢？」

漢昭帝說：「第一，大將軍你去檢閱羽林軍是祕密前往，僅宮中的警衛知道。第二，大將軍增加衛隊才不過十天，燕王遠離京城，怎麼會立即知道此事？大將軍如果要謀反，也用不著增加衛隊呀！」

上官桀父子聽皇帝這麼一講，立即傻眼了。皇帝接著下令逮捕上奏章之人。上官桀父子怕露了餡，連忙向皇帝建言：「對這件小事，不必追究了。況且，上奏章的人早已不見了。」

皇帝不予理會，仍嚴令追捕已逃亡的上奏章者。

上官桀父子一計不成，又生一計。不久，又唆使黨羽告霍光的黑狀。漢昭帝對此十分惱怒，對眾臣說：「大將軍是位忠臣，先帝遺囑命他輔佐朕。今後，如果再有人膽敢誹謗、誣告大將軍，罪當反坐！」此後，上官桀父子收斂了，不敢再議論霍光短長了。

但是，上官桀父子賊心不死。見霍光除不掉，就把矛頭一轉，直接對準了漢昭帝。於是，上官桀、上官安、與蓋長公主、丁外人、桑弘羊等密謀，決定由蓋長公主出面請霍光喝酒，在酒席宴上將他殺死，然後宣布廢黜漢昭帝，對外宣布擁戴燕王劉旦繼位當皇帝，等劉旦進京後，也將他幹掉。然後，由上官桀登極稱帝。一切計議妥帖之後，突然有人問道：「這樣幹，好倒是好，但怎麼安置皇后呢？」

上官安連忙插嘴道：「追麋鹿的狗可不能顧小兔子！我們是可以借皇后的光，可是，如果皇帝一旦變了心，我們這些外戚想當個普通小百姓也不成了。現在可是千載難逢的大好機會，不能因小失大，絕不能動搖！」

人們見上官安連親生女兒都不顧了，自然也就沒有什麼可說的了。這樣，上官桀父子策劃的「殺霍光，廢昭帝」的陰謀就開始付諸實施了。

出乎意料，這個陰謀被稻田使者燕倉知道了。燕倉急忙報告了上級大司農楊敞。楊敞本來是霍光一手提拔起來的，但他膽小怕事，一聽到報告，連忙請了病假。同時，他把上官桀父子陰謀篡位的事告訴了諫議大夫杜延年。杜延年聞訊後，立即向霍光匯報了。

霍光當機立斷，立即採取行動，先發制人，粉碎了這場篡位陰謀。上官桀、上官安被斬首、抄家。上官皇后因為年幼，而且沒有參與政變，又是霍光的外孫女，未被追究；桑弘羊、丁外人均被滿門抄斬；蓋長公主和燕王劉旦自殺。

上官桀父子野心膨脹，妄想篡位當皇帝，弒君不成，害人不果，自己反丟了腦袋，家族也跟著遭了殃，落得個身敗名裂的下場。

一般說來，皇帝是不能隨便廢黜的，尤其異姓的大臣如果廢黜皇帝，往往被視作謀反，那是要遭到舉國上下聲討的。因為封建的倫理綱常堅決禁止以下犯上。臣子反對君父，是十惡不赦的罪狀。

但是，世上的事情是複雜的，有時，統治階級的根本利益與君主個人行為發生衝突時，尤其君主的行為危及統治階級根本利益的時候，異姓大臣起而廢黜君主，另立皇族為新君而不是由自己取而代之，封建的倫理綱常對此是予以肯定和贊賞的。

前者如上官桀父子，被封建史家釘在了恥辱柱上，因為他們純為一己之私利，不惜使用骯髒的手段，陷害別人，所以儘管時代變了，他們的恥辱卻得不到洗雪，遺臭千古，永世不得翻身。

後者如霍光，他在漢昭帝死後，因為繼位的新君荒淫無道，危及了國家，危及了統治階級的根本利益，他將新君廢黜了，又立新君，挽救了漢朝，維護了地主階級的根本利益，所以他被封建史家所稱道，留名青史。直至今天，人們對霍光基本上還是予以肯定的，尤其他那「公忠體國」的精神，是被認同的。他與上官桀父子形成了鮮明的對照。

漢昭帝在位十二年，弱冠之時便一命嗚呼。他死後，因為沒有兒子，所以由誰繼位成了大臣們議論的中心，更為霍光所關注。有人主張從漢武帝的兒子中即漢昭帝的兄弟間選一個新君。漢武帝共有六個兒子，當時只剩下廣陵王劉胥一人。劉胥長得膀大腰圓，很有一把力氣，武勇非常，能空手抓野豬、狗熊，特別喜歡遊樂，言談舉止非常粗俗，從不把禮儀放在心上。當年漢武帝在冊封他為廣陵王時，曾在冊書上特別提示他不要擅作威福，要恪守法度，要敬上愛下，不要沉湎酒樂，凡事要小心謹慎，不要給自己惹麻煩，否則要蒙受大恥大辱，追悔莫及。知子莫若父，漢武帝對劉胥的認識很符合實際，從沒給以重任，早早就把他打發到封地去了。

漢昭帝繼位後，對劉胥給以禮遇，增加封地，多賜金銀。劉胥見漢昭帝沒有兒子，就打定主意將來有朝一日自己當皇帝。於是，他大造輿論，甚至請巫婆神漢來給他宣傳。湖北有個巫婆叫李女須，頗有名氣，劉胥就把她請來下神。李女須早已識破了劉胥的用意，於是，在裝神弄鬼時，她淚流滿面地說：「孝武皇帝叫我傳話！」

圍觀的人一聽漢武帝下神了，立即跪倒在地，側耳傾聽。李女須裝腔作勢地說：「我是漢武帝，我一定讓我兒劉胥將來當皇帝。」

人們信以為真，到處傳布女巫的謠言。劉胥見此情景，高興萬分，賞給李女須許多銀錢，並叫她到巫山去作禱告，祈求神仙顯靈，叫漢昭帝早日死掉，以便劉胥繼位當皇帝。

偏偏事有湊巧，這時從京城傳來了漢昭帝的死訊。劉胥一聽，樂得蹦起老高，擼胳膊挽袖子地大喊：「李女須真是個活神仙呀！」立刻吩咐殺牛宰羊祭神還願。同時，做好動身的一切準備，只等使臣來迎接自己進京了。

不出劉胥所料，京中大臣們多數主張請劉胥繼位。而霍光卻力排眾議，他認為漢武帝生前就不重用劉胥，而劉胥也不具備當皇帝的素質。他主張由漢武帝的孫子，昌邑王劉髆的兒子劉賀繼位稱帝。結果，劉胥空歡喜了一陣子。朝中大臣們被霍光說服，一致擁戴劉賀繼位。

劉賀一點也不比劉胥強，其驕奢淫逸的程度比劉胥有過之而無不及。他在應詔進京的路上，急著進京當皇帝，出盡了醜。他半天便跑了三百五十里地，拉車的馬累死就扔在道旁，沿途死馬相望於道。走到濟陽時，聽說此地產的雞打鳴聲音長，人稱長鳴雞，他便派人四處搜求。途中只要聽說有好玩的，便派人搞來。到弘農時，劉賀又派人買了一些美女，讓她們坐在自己的座車內，隨自己進京。到達長安東門時，按禮儀規定，劉賀應痛哭致哀。可是，劉賀卻說：「我嗓子疼，不能哭。」

劉賀當上皇帝後，更加肆行無忌。不顧國喪期間不准奏樂的禮節，日日夜夜在宮中宴飲作樂，酒醉之後就與妃子、宮女胡搞，把宮廷弄得烏煙瘴氣。

對此，霍光十分氣憤，更深恨自己看錯了人。於是，就與親信大司農田延年商議辦法。田延年為人有主見，有魄力，當年在鏟除上官桀父子的鬥爭中，曾起過關鍵作用。他對霍光直言不諱地說：「大將軍您是國家的柱石，既然看透此人不堪為君，為什麼不立即奏明太后，乾脆把他廢黜！另外再選賢明之人當皇帝，豈不很好？」

事關重大，霍光下不了決心，疑疑遲遲地說：「照你所說，在古代可有先例？」田延年朗聲答道：「豈止有先例，而且例子太多了。商朝宰相伊尹見君主太甲荒淫無道，就把太甲放逐了，更立新君，史書上說伊尹是商朝的大忠臣。大將軍如能像伊尹那樣幹，不就是漢朝的大忠臣嗎？不就是當今的伊尹嘛！」

霍光聽後，下定了決心。立刻派人把車騎將軍張安世找來，三人共同商議。

第二天，霍光就召集丞相、御史、將軍以及俸祿在二千石以上的大臣在未央宮開會。霍光首先發言：「昌邑王劉賀荒淫無道，大家也都有耳聞吧！讓他如此鬧下去，漢朝就垮了，大家也完了，諸位有何高見？」

群臣一聽，大驚失色，深感事態萬分嚴重，都含含糊糊不敢明確表態。這時，田延年挺身而出，手握寶劍，厲聲說道：「先帝把小皇帝和國家大事託付給你大將軍，這是有遺詔可證的，也是人所共知的。先帝之所以如此器重大將軍，還不是因為大將軍你能忠於朝廷，保衛劉家嘛！如今，民怨沸騰，國家眼看就垮了。漢朝的傳家寶是一個孝字，所以才能綿延不絕，長有天下。如今，把孝字丟了，國家能不亡嘛！你大將軍死後有何面目見先帝？今天應速議速決，不要沒完沒了的，誰不同意，我請求讓我的寶劍和他商量！」

霍光站起身，朝田延年深深行個禮，說：「田先生責備我很對！我應該對今天這個混亂局面負責。」

大家見狀，立刻紛紛搶著表態：「大將軍是國家棟梁，我聽大將軍的吩咐！」「國家興亡、百姓死活，全憑大將軍，大將軍下令吧！我們堅決聽命！」……

當下決定廢黜劉賀，大家一起去面見太后。

霍光見大勢已定，就派人去請太后到未央宮承明殿。太后是霍光的外孫女，是漢昭帝的皇后，當時只有十八歲，自然要聽霍光的了。太后到來之後，霍光把群臣的意見說了一遍，然後就下令：除皇帝外，其他任何人一律不准放進宮門。劉賀接到通知來朝見太后，一點也沒有別的想法，與太后見過禮，他就坐上自己的輦回宮了。當他來到自己的宮門時，發現警衛森嚴，兩個太監手把著兩扇大門，表現十分緊張。劉賀照舊大模大樣進了宮門，他剛一進去，只聽身後「碰」的一聲，兩扇大門便緊緊關上了。劉賀回頭一看，自己的隨從全被關在了門外。劉賀感到很奇怪，就問：「這是幹什麼呀？」

霍光聞聲走過來，跪在劉賀面前，說：「皇太后有詔，不准昌邑王的隨從進宮。」

劉賀未察覺出危險，大大咧咧地說：「可以慢慢關門的嘛，幹啥嚇了我一跳？」

霍光站起身，不再理他了。吩咐門外的禁衛軍把昌邑王的隨從一律趕到金馬門外去。車騎將軍張安世早就率領部隊等在金馬門外了。一見到劉賀的隨從，立即把手一揮，喝令軍士將他們全都捆起來。一共抓了二百多人，全都送進監獄去了。

在宮內，霍光命令漢昭帝生前的侍衛們將劉賀嚴加看守，並嚴肅地囑咐道：「千萬小心，決不能讓他自殺。你們可別叫我背上弒君的罪名啊！」

昏庸的劉賀至此尚不瞭解自己被廢黜了。他對看守們說：「我的隨從犯了什麼罪？為什麼大將軍把他們都抓了起來？」

人們誰也不理他。過沒多久，太后派人來傳劉賀。這時，劉賀才感到不妙，上牙敲著下牙說：「我有什麼罪過，怎麼太后傳我？」

當劉賀被衛士們押到太后面前時，那個場面把他嚇呆了。只見太后身穿大禮服，端坐在大殿之上，由數百名全副武裝的羽林軍保衛著，朝臣們按部就班站列兩側。劉賀被人帶至殿中跪好，尚書就開始宣讀由大將軍霍光、丞相楊敞、車騎將軍張安世等領銜的三十多名大臣聯名要求廢黜劉賀的奏章。奏章中列舉了劉賀種種罪狀，當尚書宣讀到「昌邑王與孝昭皇帝宮人淫亂，還威脅太監們不准洩露，否則腰斬」時，太后厲聲喝道：「停下。」然後指著劉賀怒斥道：「你這個繼承人就如此悖亂嘛？」

劉賀嚇得大氣也不敢出，只有連連叩響頭的份。

接著，尚書又繼續宣讀。最後，當尚書抑揚頓挫地讀到：「劉賀上不可以奉宗廟，下不能治理百姓，應予廢黜」時，太后又發話了：「應該廢掉！」

劉賀癱軟在地，渾身抖個不停。當霍光叫他叩頭領旨謝恩時，劉賀才清醒過來，硬著頭皮掙扎著說：「我聽說過，天子有七個好大臣，就是再糊塗也不會把天下丟了。」

霍光二目圓睜，高聲地打斷了劉賀：「皇太后已下詔令把你廢黜了，你沒資格稱天子！」說罷，邁開大步走到劉賀面前，用一隻手抓住他的雙手，用另一隻手把他身上佩帶的玉璽解了下來。然後，雙手捧著玉璽獻給了太后。之後，轉過身，拉著劉賀就朝殿外走去。

霍光一直把劉賀拽出金馬門，後面跟著一大群朝臣。劉賀到了門外，完全絕望了。他朝西行了一個禮，說：「我傻乎乎的，幹不了這朝廷的事！」說罷，登上早已給他備好的車子。霍光押著他直奔昌邑王在京城設的府邸。霍光在與劉賀分手時，含著眼淚說道：「弄到這步田地，全是王您自己搞的，我寧可辜負王您，也不能辜負漢朝。請王今後珍重自己，我不能來看您了。」

很快，劉賀又被送回原來的封地，太后還下詔，賞給他二千戶人家，而他的隨從則全被處死。

當了二十七天皇帝的劉賀被霍光趕下了台，天子寶座又空虛了。霍光再次召集大臣們商議擁立新君，最後確定擁戴漢武帝的曾孫，戾太子的孫子劉詢繼位，史稱漢宣帝。

地節二年（前六十八年）春天，霍光病死。漢宣帝親手撰寫詔書，稱他「功如蕭何」。霍光對漢朝可稱得上全始全終，無論是輔佐幼君或是廢黜昏君抑或是擁戴新君，霍光主要考慮的是劉氏王朝，所以儘管他專橫跋扈，聚斂財富，但是當時人們對他還是給予了較高的評價，原因就在於他是為朝廷廢黜君主，而不是自己想篡位。

霍光死後三年，霍家便一敗塗地了。原因是霍光的妻子野心惡性膨脹，居然想搞政變，把漢宣帝趕下台，由兒子霍禹當皇帝。

其實，在霍光還活著的時候，霍家與漢宣帝就有矛盾了。霍光是三朝元老，又是太后的外祖父，漢宣帝一見他渾身都不自在。漢宣帝每次外出，霍光都與他同坐一輛車，漢宣帝就像背後扎了刺，坐不安席。霍光為了鞏固自己的地位，把自己的女兒送進宮中，給漢宣帝當妃子。可是，他萬萬沒想到，敗家的禍根就此栽下。

霍光的妻子總想叫女兒當皇后。於是，在漢宣帝的許皇后患病時，她買通女醫生，將許皇后毒死，女兒霍妃便當上了皇后。

不久，有人上書皇帝指控女醫生應對許皇后之死負責。因此，女醫生被捕入獄。霍光的妻子怕女醫生如實招供，後果不堪設想，便把勾結女醫生害死許皇后的經過告訴了霍光。霍光聽後大吃一驚，著實把妻子埋怨一通。霍妻說：「事已至此，說什麼也沒用了，我還不是為了女兒才這樣幹。你快點給審案的官員打個招呼，別讓他們逼女醫生招供，否則，咱們霍家得滿門抄斬啊！」

霍光深感問題嚴重，就利用職權，宣布女醫生無罪釋放，並向漢宣帝報告女醫生與許皇后之死實在無關。事情就這樣遮掩過去了。

經過這番「震動」，霍妻不僅不加收斂，反而更加肆無忌憚了。霍光一死，霍妻更加無拘無束，隨心所欲了。她先是嫌霍光生前修的陵墓太小，於是重新擴建；接著，又嫌住宅太窄，又大興土木翻蓋；還嫌車子不華貴，就用黃金裝飾座車，用皮革裹絲綿包住車輪，讓侍女們用五色絲繩拉車。霍妻又難耐寂寞，便與管家馮子都私通。她的兒子霍禹、霍山、霍雲都位居顯要，可是卻不願處理政事，日夜沉湎於酒色，不願上朝就叫奴僕到朝房應個卯。對此，無人敢過問。

霍光死後一年，漢宣帝打算立已故許皇后之子為太子。霍光的妻子十分惱怒，竟公然對人們說：「已故許后的兒子是在民間生的，怎麼有資格當太子？難道我女兒這堂堂正正的皇后，將來生兒子只能當個王嗎？」越說越氣，直氣得大口吐血，飲食俱廢。

霍光妻子在氣憤之餘，又生毒計，急忙進宮去見女兒，教女兒找機會把太子害死，以絕後患。霍女照母親的話做了。數次給太子東西吃，只是因為服侍太子的人要先嘗過，然後太子才能吃，所以無法下毒，太子才得以保命。

後來，有人向皇帝揭露，許皇后之死肯定與女醫生有關，而霍光又包庇女醫生，這裡面大有疑問。因為事關重大，證據也不充分，漢宣帝就沒有追究。但是，對霍家的人已開始不信任了。不久，便將霍家子弟及親屬從重要的崗位上調離。霍禹被免去右將軍之職，成了空頭大司馬，沒有了兵權；

霍光的幾個女婿有的被解除統率禁衛軍的官職，有的乾脆被調出京城。這一系列調動，震撼了霍家的人。霍禹稱病不上朝，每天都大發牢騷，抱怨皇帝，公開對眾人講：「我有什麼不是？當今皇帝要不是我家老將軍擁戴，還不是在民間待著，能有今天嗎？我家老將軍墳上的土還沒乾，他就把我們甩了，真叫人想不通！」

霍山也到處講：「如今丞相辦事，把我家大將軍當年立的規矩，全扔到一邊，這不是有意出我家大將軍的醜嗎？皇帝信任那群儒生，叫他們可以直接上書給皇帝。這幫窮酸天天上書，大談什麼大將軍在世時主弱臣強；大將軍死後，子孫當政，對朝廷不利。這不是衝著我們霍家來了嘛！」

霍光的妻子更沉不住氣了，她把子侄們召來，說：「當年許皇后之死，是我讓女醫生下的毒藥，聽說，皇帝又要追究了。」

霍禹、霍山、霍雲等人聽後，這才恍然大悟，異口同聲地說：「怪不得皇上疏遠我們，把咱們的兵權都奪走了！這可不得了，不早做準備，大禍就要臨頭了！」

於是，霍家的人決定搞一場政變，把漢宣帝幹掉。霍雲的舅舅李竟找好朋友張赦商量，如何使霍家擺脫困境。張赦獻計道：「如今朝廷的大權在太子的外祖父許廣漢和丞相魏相手中。可先請霍太后出面，把這兩個人殺了。然後，再把皇帝廢了。霍家的好與壞，就在霍太后一句話！」

這番話被一個叫張章的人向朝廷揭發了。開始，漢宣帝下令追查，張赦也被捕了。可是不久，皇帝又下令不再追究，把張赦也放了。

對此，霍氏兄弟們更加害怕了。他們認為皇帝是礙於霍太后才不追究了，問題已暴露，早晚難免抄家滅門的大禍。與其坐而待斃，不如先發制人。於是，把出嫁的姑姑奶奶們都請回娘家，告訴他們快快通知各自的丈夫，事到如今，只有破釜沉舟幹到底了。各親戚家都要做好準備，只等時機選準，便一齊動手。

同時，又擬出了政變計畫：請霍太后出面擺酒招待皇上的外祖母，讓丞相魏相及皇帝的岳父許廣漢等大臣作陪。席間由霍光的兩個女婿范明友和鄧廣漢把魏相和許廣漢殺掉，然後把漢宣帝廢黜，立霍禹為皇帝。

這一險惡的政變計畫尚未付諸實施，便被漢宣帝發覺了。霍雲、霍山、范明友畏罪自殺，霍光的妻子、霍禹、鄧廣漢被逮捕。最後，霍禹被腰斬，霍光的妻子及家中的男男女女被斬首。霍光的女兒霍皇后被廢黜，關在昭台宮。受霍家株連被抄家滅門的達數千家。

至此，出了兩個皇后、四個列侯，顯赫三朝的霍家，一敗塗地了。

從漢武帝死後，在十五年的時間裡，漢朝宮廷大事迭起，上官桀父子篡位、霍光廢黜劉賀、霍禹母子篡位，無一不暴露出統治集團內部鬥爭的殘酷與醜惡。在金錢和權力面前，野心家是從不講仁義道德的。

王莽篡漢

西漢王朝從漢元帝時起就走上了下坡路，而到了漢成帝時，國家已是衰形畢露了。土地兼併日趨嚴重，賦稅勞役繁多，造成大量農民逃亡或淪為奴隸。繁重的經濟剝削，殘苛的政治壓迫，逼得廣大農民不斷起來進行反抗鬥爭。封建統治已呈動蕩不安的局面。而在邊疆地區，由於民族矛盾尖銳，更是兵連禍結。西漢統治者已喪失了漢武帝時代的武功，只得靠「和親」妥協來換得暫時的安寧。

在統治集團內部，由於皇帝沉溺酒色或者年紀太小而不過問朝政，致使大權落在外戚手中。僅以漢成帝統治時期為例，在二十多年的時間裡，外戚王家就有十人封侯，五人相繼出任大司馬，如公卿、大夫、侍中、諸曹等要職也為王氏子弟占據，而各郡國的長官及藩王封地的相也都為王氏門中人。絕大多數的外戚只顧一家之私利，仗恃特殊的權力盤剝百姓，欺凌眾官員，排斥智士賢人，把朝政搞得一團漆黑，使得統治階級內部矛盾異常尖銳。

一些頭腦清醒的官吏，主張改良，藉以緩和社會諸矛盾，維繫危機四伏的西漢王朝。比如漢哀帝時，大司馬師丹就曾提出「限田」的主張，企圖緩解土地兼併及奴婢過多的問題。規定貴族、高官占有土地不能超過三十頃，占有奴婢依品級不同，最高不得超過一百人，一般以三十人為限。儘管這項改良措施對大貴族、大官僚多有優待，但仍遭到他們的反對，尤其丁、傅兩家外戚，反對得更兇。因此，師丹的改良也就流產了。改良的失敗，使更多的人失望。人心離散，使封建政權處於風雨飄搖之中。

在這種歷史大背景之下，王莽憑著外戚輔政的特殊地位，推行一些改良措施，博得了百姓的好感；同時，他又以謙恭、勤政、節儉的面貌出現，騙得了儒生的贊譽。最後，王莽利用人心思亂，對改朝換代的希冀，有計畫分步驟地篡奪了西漢王朝的最高權力。

可以說，王莽篡漢是有著歷史必然性的。因此，評價王莽也像評價歷史上諸多的篡位者一樣，主要不以他是如何取得最高權力為依據，而以他是如何運用這最高權力及對社會歷史所產生的作用為主旨的。

王莽（前四十五年至二十三年），字巨君，是漢元帝皇后王政君的娘家侄兒，是漢成帝的表弟。漢成帝繼位後，大封舅舅們，王譚、王商、王立、王根、王逢五人同日被封為侯爵。王莽的父親王曼早死，沒能趕上封侯，因此，王莽在家族中的地位最初並不顯赫。

論富貴奢侈、權勢壓眾，王莽不能與叔伯們同日而語，就是與兄弟子侄輩相比也相差甚遠。但是，王莽卻採取出奇制勝一招，使得世人對他刮目相看。他十分注意克制自己，生活很儉樸，衣著與普通士人毫無二致。這在驕奢淫逸的王氏族中，無疑如同烏鴉群裡立著一隻白鶴，反差特別大。王莽還努力攻讀，切磋學問，以自己的學識，博得了儒生們的稱道。王莽還特別注重孝悌，對守寡的母親小心侍奉，對亡兄遺下的兒子愛如己出，對族中人無不待之以禮，他成了遠近聞名的大孝子。王莽還廣交英雄豪傑，禮賢下士，頗受時人的好評。王莽的苦心沒有白費，就連深宮裡的皇上也知道他是一個有道德有學問的人才。而王太后更以自己有這樣一個侄兒欣然自得，對他偏存憐愛之心。

王莽得以步入仕途並飛黃騰達，也是憑著他的這番克己的功夫。大將軍王鳳是王莽的叔父，在患病期間，王莽日夜守候在病床前，在王鳳吃藥時，王莽都要先親口嘗過，才把藥碗送給王鳳。他忙得連臉都顧不上洗，一連數月都沒有脫衣服睡個囫圇覺。王莽的孝順，深深感動了王鳳。王鳳在臨死時，還念念不忘向漢成帝和王太后推薦王莽。因此，王莽被封為黃門郎，不久又被提升為射聲校尉。王莽官是有了，但財富還差得很多。可是，擅於克己的王莽，很快又來了財運。他的另一個叔叔成都侯王商主動向皇帝提出，願把自己的封地拿出一部分給王莽。不僅族人為王莽的富貴著想，就連朝廷的大臣們也紛紛給皇帝上奏章，請求重用他。在眾權貴的推舉下，王莽在永始（前十六年）五月，被封為新都侯，升任騎都尉、光祿大夫、侍中，成了皇帝的近臣。

王莽雖然官越做越大，但是待人卻越來越謙恭。他仗義疏財，用自己的財物周濟名士，甚至把自己的車馬、皮衣都送給了賓客。得到了他實惠的名士和賓客們，到處替他宣揚，稱頌他的美德。王莽的這一招真有奇效，不久，他的美名就超過了他手握大權的叔伯們。

王莽的行為是裝給別人看的，所以有時也難免露出馬腳。一次，他偷偷買了一名美女，供自己淫樂。不料，被族內的弟兄們知道了，消息立刻哄傳開，「王莽也玩女人呀！」

老練的王莽聽到之後，毫不驚慌，他找了一個機會對弟兄們說：「後將軍朱子元沒有兒子，我聽說這個女人有多子之相，所以我替朱將軍買了回來！怎麼能忍心朱將軍那樣的好人絕後呢！」

說完這番話，就派車馬把這個美女給朱將軍送去了。人們的嘴一下子被封住了。儘管有人懷疑此舉是否出於真心，但面對事實也不好再多議論了。於此可見王莽手段之老辣。

在一般情況下，王莽給人的印象是謙恭克己，禮賢下士，溫良恭儉讓。可是，在統治集團內部互相傾軋時，在王莽認為需要時，他完全變成了另一副模樣，是那麼兇殘、陰險，與平日的王莽判若兩人。王莽在與姑表兄弟淳于長爭權奪勢的鬥爭中，兇殘、陰險、毒辣的本性發揮得淋漓盡致。

淳于長是王太后姐姐的兒子，最初是黃門郎，由於大司馬王鳳臨死前的推薦而升官，比王莽略早進入仕途。在漢成帝立寵妃趙飛燕為皇后時，因為趙飛燕是歌女出身，遭到王太后的反對。淳于長靠著特殊身分，在王太后面前極力攛掇，終於說服了王太后，趙飛燕才得以立為皇后。為此，漢成帝十分感謝淳于長，封他為侯爵，十分寵信他。朝臣們對淳于長無不側目，不敢與他爭衡，紛紛依附他，收取的賄賂及賞金多達億萬。淳于長過著荒淫的生活。他與許皇后守寡的姐姐許孊通姦，後來又娶回家中為妾。因此與許皇后也攀上了關係。後來，許皇后被廢黜，想透過淳于長向皇帝求情，不斷送金錢給他。淳于長欺騙許皇后，他已向皇帝求情，並答應不久可封為左皇后。淳于長透過許孊與許皇后書來信往，久之，竟發展到用言語挑逗、調戲許皇后的程度。許皇后為求他歡心，也只得虛與周旋，長達數年。

漢成帝綏和元年（前八年）冬季，大司馬曲陽侯王根因久病要辭職。淳于長身居九卿之位，又是太后的外甥，還深得皇帝寵信，自然可以接替王根的職務了。王莽對淳于長十分嫉妒，就暗中搜集淳于長的資料，以便時機成熟，置淳于長於死地。

當王莽得知叔父王根辭職已被批准時，他以探病為名，去見王根，趁機說：「淳于長見您久病，十分高興，滿以為可以接替您的職務，到處封官許願，籠絡人心。」

王根一聽，自然很生氣。王莽見時機成熟了，就把平日搜集的證據一股腦兒講給了王根。對於接受許皇后禮物，與其書信往來，更是大加渲染。王根聽罷，怒沖沖地說：「情況如此嚴重，為什麼不早報告我！」

王莽連忙低聲下氣地說：「不知大將軍的想法，所以孩兒不敢貿然稟告。」

王根氣喘吁吁地說：「快，快進宮向太后報告，就說我讓你去的！」邊說還邊朝外揮手。

王莽不慌不忙地給叔父行過禮，又一再請叔父保重身體，然後才不疾不徐地走了。

王莽一出王根的府門，立即快馬加鞭進宮去見太后。王莽見到太后，就急忙把淳于長與許孊通姦以及與許皇后通信的事報告給了太后。還把淳于長急切要取代王根的事，加油添醋地描述了一番。王太后聽罷，非常氣憤，板著臉說：「沒想到這個孩子竟然墮落成這個樣子，太令我失望了。你快去報告皇上！」

於是，王莽打著太后的旗號，向漢成帝把淳于長的劣跡全部揭發了。漢成帝尚念舊情，又考慮淳于長畢竟是太后的外甥，只下詔令免去淳于長的官職，遣送回封地，沒有治罪。

淳于長在離京前，王莽的族弟王融向淳于長要車輛馬匹，淳于長便把自己的豪華座車送給了王融，同時，還拿出許多珠寶叫王融轉送他的父親紅陽侯王立，希望王立出面向皇帝講講情。王立從前與淳于長不和，認為自己沒當上大將軍，是淳于長在皇帝面前說了壞話。王立為此還曾向漢成帝聲訴，反映了自己對淳于長的不滿之意。如今，接到淳于長的重金以後，盡釋前嫌，立即給皇帝上奏章，請求不要免除淳于長的官職。漢成帝接到奏章後，產生了懷疑，便下令有關衙門查清王立為什麼一反從前的態度，出面給淳于長講情。於是，王融首當其衝，被關了起來。王立怕兒子招供牽連自己，就利用權力叫王融自殺，以達到滅口的目的。對此，漢成帝的疑心更大了，懷疑淳于長等人有更大的陰謀。於是，下令把淳于長抓進牢獄，嚴加審訊。

在刑訊之下，淳于長招認了全部罪狀。結果被判處死刑，妻子兒女被充軍廣東，母親王若被遣送回鄉，許皇后也被命令自盡。

王莽由於揭發了淳于長，很受皇帝賞識，王根就推薦由王莽繼任自己的職務。就這樣，王莽當上了大司馬，成了輔政大臣。淳于長至死還不知道是王莽把他送上了斷頭台。

當上大司馬的王莽，已成為眾臣之首，他此時所想的是，如何使自己的政績超過前輩。他的叔父王鳳、王音、王商、王根都當過大司馬，連王莽在內，外戚王家已先後有五位大司馬了。上任伊始，王莽也的確信心十足，要勵精圖治。所以他並不因為自己在一人之下，萬人之上，便稍有懈怠，仍一如既往勤政不息，嚴以自律，盡量克制自己的私欲，廣泛聘任賢人擔當自己的僚佐。如獲賞賜，仍像從前那樣，把財物分給士人，就連在封地內所得的稅收，也不獨吞，而和貧士共用。自己仍過著儉樸的生活。一次，王莽的母親患病，朝中公卿大臣的夫人們相繼前來問候。王莽的妻子出門迎接，穿著打扮與一般民婦毫無二致，致使前來問安的貴婦們把她誤認為婢女。當貴婦們得知眼前這位「民婦」居然就是大司馬夫人時，無不驚訝得瞠目結舌。王莽為官不驕的美名，傳遍了天下。如果說，王莽的這種行為有矯揉造作的成分，並不為過，但據此便得出他這是為了篡權，尚為時過早，與實際不符。須知，漢朝專權、篡權的權貴幾乎無一不驕奢淫逸，像王莽這樣的確實鳳毛麟角，而驕奢淫逸並不是篡權的障礙，王莽無需在這上面偽裝。不應以王莽後來篡權而否認王莽前此的節儉。

在漢成帝生前，王莽根本就沒有篡漢的想法，就是在成帝死後，漢哀帝繼位之初，王莽也能恪盡臣職，並無非分之思，這由哀帝繼位後，王莽歸隱一事便可足資證明。漢哀帝是漢元帝的庶出孫子，是定陶恭王劉康之子，他的祖母傅太后擅權，傅太后的堂弟傅喜出任衛尉，主管宮禁。哀帝的舅父丁明也以外戚之尊出任要職。太皇太后王政君擔心王莽與傅、丁兩家外戚發生衝突，按傳統朝政應由傅、丁兩家外戚輔佐，於是就指令王莽交權歸隱。對此，王莽欣然應命，辭職回家。

漢哀帝繼位後本想有一番作為，而傅喜、丁明二人也比較賢明，於是又請王莽出山，因為王莽在他們看來畢竟是個難得的人才，而且在官民之中還有著較高的威信。所以，王莽辭職時間不長，又應皇帝之命重新入朝為官了。王莽復出以後，銳意整頓朝政。於是與擅權而又頗有心計的傅太后發生了衝突。一次，高昌侯董宏上書，提議給尚健在的傅太后之母親丁姬上尊號。對此，王莽與師丹均持反對意見，而且彈劾董宏這個提議毫無道理，是誤國之舉。當然，不能讓傅太后滿意了。不久，王莽又與傅太后發生了一次直接衝突。漢哀帝在未央宮設宴，太監頭頭指令小太監把傅太后的座位與太皇太后王政君的座位並排在一起。王莽在開宴之前，到宴會廳巡視，發現座位擺放不合規矩，就把太監頭頭叫來，痛斥道：「傅太后本來是封國的王妃，怎麼能和太皇太后並肩而坐呢！」說罷，命令重新安排座次。

當然，傅太后很快便得到了報告，不由得勃然大怒，拒絕出席宴會。王莽見不好收場，迫於無奈向皇帝提出辭呈。漢哀帝懾於祖母傅太后的淫威，批准王莽辭職回家閑居。漢哀帝很看重王莽，儘管讓他回家，但還給予一些特權，如特準他每月初一、十五日上朝，禮儀與三公一樣，還封他特進、給事中名義，並賞給五百斤黃金、四匹馬拉的豪華專車，增加封地等。

王莽丟官一年，傅太后和母親丁姬都上了尊號。丞相朱博、御史大夫趙玄則提出要追究王莽當年反對上尊號一事，認為不處死他已很寬大了，應將他貶為平民，收回爵位及封地。漢哀帝被迫採取了一個折衷方案，不削奪王莽的爵位及封地，而讓他離開京城，遣送回封地。

王莽被攆回封地後，閉門思過，安分守己。一天，他的次子王獲殺死家奴，這是違法的。王莽命兒子王獲自殺謝罪。可見他克己到了這種地步。

王莽在封地一待就是三年，終日謹小慎微，當然是為了避禍，自然也不能排除他刻意保全自己是在等待復出之機。這期間，有許多官員和百姓上書朝廷，替王莽鳴不平。元壽元年（西元前二年）若干應舉的士人，在考試中竟然作文稱贊王莽的功德。漢哀帝見王莽眾望所歸，就乘勢將他調回京城，命他陪侍太皇太后王政君。王莽雖然沒有實任官職，但可以出入宮廷，這遠非一般大臣可比了。

王莽返京一年，漢哀帝便死了。而傅太后和丁太后則先於哀帝而死。因此，太皇太后王政君又控制了朝廷。在哀帝死亡的當天，太皇太后便趕到未央宮，收取了皇帝的玉璽，並下詔令眾大臣推舉可出任大司馬的人選。大司徒孔光、大司空彭宣推薦王莽，前將軍何武推薦後將軍公孫祿，公孫祿則推薦何武。最後，太皇太后決定王莽再次出任大司馬，得到百官的擁護。

這次王莽當政，才萌發了專權之心，並大耍手腕，一步一步達到專權的目的。

王莽為了保住自己的地位，他採取了兩個辦法。一是排除政敵，二是控制皇帝。王莽利用大司徒孔光膽小怕事的弱點，讓他做自己的代言人。王莽用高官厚祿把孔光的女婿甄邯收為自己的心腹，一旦王莽要幹掉自己不滿意的大臣時，就整理好資料，命甄邯交給孔光，由他上報太皇太后，對下則說這是太皇太后交辦的。同時，王莽又在太皇太后面前建言批准孔光的奏本。這樣，由王莽策劃，孔光出頭，太皇太后批准的一場場罷官戲就在王莽的導演下接二連三地上演了。首先倒楣的是何武和公孫祿，接著便是當年提議給傅太后上尊號的董宏兒子董武……，一批接一批被王莽看不中的大臣被免職，有的還被判刑。

王莽在肅清政敵的過程中，對自己家族中的人也不放過。他首先對叔叔紅陽侯王立下了手。王立雖然沒有任官職，但畢竟是太皇太后王政君的親弟弟，其影響無疑是巨大的。王莽擔心這位叔叔萬一在太后面前發了話，肯定就會限制了自己，自己是鬥不過這位叔叔的。王莽為了排除這個潛在的威脅，又讓大司徒孔光出面揭發王立的問題，說王立當年收受淳于長的賄賂，就包庇、說情，對朝廷不忠，且在立太子這大事上，王立曾主張立宮婢的私生子為太子，企圖重演當年呂后與少帝的故事，自己乘機撈好處，引起了天下的議論，因此，應把王立遣回封地。對此，太皇太后表示不同意，王莽卻從旁進言：「如今漢朝衰落，兩代皇帝皆沒有太子，太后獨自支撐，代幼主管理朝政，即使全力以赴，大公無私，也很難達到人人心服口服的境地。現在，因為考慮親兄弟而駁回大司徒的奏本，難保眾臣不產生誤會，從而離心離德，禍亂可就難免了。以孩兒愚見，應遣王立離京回封地去才妥當。更何況，王立又不擔任官職，離開京城也無妨。」

這一席話，把太后說得無言以對，只得依了王莽。之後不久，王莽又將大司徒彭宣擠下了台，「歸鄉養老」。王莽就這樣上下其手，以君權壓臣子，以臣子逼君主，自己則從中獲實利。

在漢哀帝去世三個月之後，在王莽的導演下，把年僅九歲的中山王劉衎扶上了皇帝寶座，史稱漢平帝。名義上由太皇太后臨朝聽政，其實朝廷大權完全掌握在王莽之手。王莽在朝臣中一方面打擊異己，一方面培植個人勢力，很快便形成了一個實力集團，王莽的一言一行，無不立即產生影響，可以毫不誇張地說，王莽已完全能夠挾天子以令諸侯了。

膽小怕事的大司空孔光雖說凡事聽從王莽，但是，他唯恐王莽遲早會整到自己頭上，就在漢平帝繼位不久，便主動提出辭職。正中王莽下懷，於是建議太皇太后免去孔光大司空的職務，改任他為皇帝師傅。就這樣，與王莽同時出任朝廷三公的，只剩下王莽一個了。可是，王莽仍不滿足。他又指使朝臣們給太皇太后上奏章，加封自己為安漢公，以與古代周公相比。當太皇太后批准之後，王莽又故作姿態，上奏章聲稱：「在擁立新皇帝的過程中，孔光、王舜、甄豐、甄邯都出了力，不應僅封我一個人，孔光等都應得到封賞，對我可不予考慮。」

王莽連續上書推辭封爵，朝廷自然照封不誤。王莽為了欺騙輿論，收買人心，最後乾脆稱病不上朝了。直到孔光、王舜、甄豐、甄邯也都加官晉爵了，王莽才接受「安漢公」的稱號。與此同時，王莽又提議，大封皇族，結果有三十六名皇族被封為侯爵，兩名皇族晉封王爵，而一些因罪被剝奪爵位的皇族，在王莽的建議下也都恢復了爵位。王莽還建議給已退休的官吏發津貼，相當原來俸祿的三分之一，對平民百姓也都給以實惠。這樣一來，王莽博得了舉國上下的好感。

王莽見時機已經成熟，他便指使朝臣給太皇太后建言，以太后年事已高，不適宜再管小事為名，請太后保養身體，一些行政事務可責成安漢公處理。太后當即表態：「今後只有封爵位的事上報給我，其他朝政悉由安漢公決斷。高級官吏的任免也由安漢公出面。」

這樣一來，王莽的權力已完全等同皇帝了。只是在此時，漢平帝元始元年（西元一年），王莽才萌生了篡權的願望。

王莽為了讓自己篡漢的野心得逞，他又向太后建言：「應吸取哀帝時外戚傅氏及丁氏專權的教訓，當今皇上年幼，更不應顧及私親。」言外之意就是要竭力限制漢平帝的舅家衛氏的權力。結果，由太后發下詔旨，授予漢平帝的母親、兩個舅父、三個妹妹爵位，但卻不准進京。從而解除了漢平帝的外戚對王莽的威脅。

王莽深知，嚴格說起來，他早就不是外戚了，只因太皇太后尚健在，他還沾點外戚的光，一旦太皇太后去世，他就不再有以外戚的身分輔政的條件了。因此，王莽想把女兒送給漢平帝當皇后，這樣，他就是名符其實的外戚了。於是，王莽給朝廷上奏章，聲稱皇帝繼位已三年，尚未冊立皇后，甚至連妃子也沒選。從前國家危難迭起，都是因為皇帝沒有兒子的緣故。現在應以《五經》為依據，制定迎娶皇后、選納妃嬪的制度。應給天子娶十二位后妃，以便多生皇子。而皇后及妃嬪應從商王、周王、周公和孔子的後代中挑選，另外，漢朝列侯其生長在長安的嫡系閨女也可入選。王莽的這個「建議」，立即被批轉到有關衙門，照此辦理。

很快，入選后妃的花名冊就做好了。王莽家族的大多數姑娘都上了名單。王莽擔心自己的女兒競爭不過，就採取以退為進的手法，給太皇太后上書：「兒臣王莽無德無行，小女少才無能，不應與眾多賢女一同入選。」

可是，大大出乎王莽意料，太皇太后居然認以為真，竟下了一道詔旨：「王氏家族的女孩兒，是我娘家的人，在挑選后妃時，不要選她們！」

王莽見自己弄巧成拙，急忙採取措施挽回，立即指使眾朝臣上書，連普通的儒生及平民百姓也發動起來了。每天都有成千的人跪在宮門外請願，聲稱安漢公功德顯赫，把他的女兒從候選皇后的名單上劃掉，天下人怎麼會答應。我們渴望安漢公之女當皇后。對於這種局面，王莽又耍起了兩面派，他表面上派出官員去勸阻，暗中卻加派人員到宮門前請願，所以王莽越勸阻，請願的人越多！

最後，太皇太后王政君在不得已的情況下，只好收回自己的成命，同意王莽的女兒參加選皇后。對此，王莽又假惺惺地推辭，朝中的眾公卿一致與王莽爭辯，說：「不應再選別人家的女孩了，那樣豈不破壞了正統！」更可笑的是，有不少朝廷大官，竟然為了讓王莽的女兒入選，與王莽爭得面紅耳赤，吐沫橫飛，出盡了醜態！最後，王莽也是在「不得已」的情況下，「勉勉強強」地同意了眾公卿的意見！

元始三年（西元三年）春，太皇太后派官員帶著禮物，去王莽家相看未來的皇后。眾官回朝後，異口同聲地說：「安漢公的女兒有德有才有貌，太適合當皇后了！只有像安漢公女兒這樣的賢女才能接續帝王世系，侍奉皇帝的家廟。」

接著，又由一群公卿進行占卜，得的卦都是大吉。經過這番折騰，選皇后的事總算走完了過場，宮中拿出兩萬斤黃金作聘禮，王莽堅決不收，最後「勉強」收下四分之一，把剩下的金錢分給了十一戶陪嫁女兒的人家及王氏家族中的窮人。

正當王莽沉浸在當上國丈的歡樂之中時，他的大兒子王宇卻公然與他作對。王宇一直反對王莽排斥漢平帝的外戚衛氏家族，害怕將來招致禍殃。於是，暗中與漢平帝的舅舅衛寶聯繫，並建議由漢平帝的生母衛后給太皇太后寫信，一方面譴責哀帝時丁、傅兩家外戚的罪惡，一方面請求進京探視皇上。王莽得知此事後，給太皇太后出主意，可加封衛后封地，但不准進京。對此，王宇與自己的老師吳章及妻兄呂寬商議辦法。吳章提出王莽迷信，可用怪異之事嚇唬他，逼他答應衛后進京，並由吳章出面，勸王莽將政權交付外戚衛氏。結果，王宇叫呂寬乘夜將血灑到王莽的家門口，以此來嚇唬王莽。不料，呂寬在灑血時，被王莽的門衛捉住。因此，計畫敗露。王莽把兒子王宇關進獄中，用毒藥害死了他；把懷孕的兒媳也關進監獄，等生產後再處死。同時，王莽還以謀反的罪名，把外戚衛氏家族中除漢平帝的生母衛后一人之外，全部殺死。吳章也被腰斬於市。還追究呂寬的同黨，並乘機大肆株連無辜之人，凡是王莽厭惡之人，一律被扣上呂寬同黨的帽子處以死刑。比如，漢元帝的妹妹、王莽的叔叔王立、王仁都被害死。至於朝臣受牽連的就更多了。剎時間，數百人頭落地。王莽的政敵幾乎全被清除掉了。劉家王朝成了王家的天下。

隔年（元始四年，即西元四年）二月初七日，漢平帝與王莽的女兒成婚，王莽成為名副其實的外戚，皇上的老丈人了。一些拍馬屁之輩，在夏天時糾集八千多人給朝廷上書，要求對安漢公王莽增加封賞。結果，王莽不但增加了兩個縣的封邑，還得到了新野及黃郵聚的田地，並得到了「宰衡」這一兼古代周公、伊尹二人所有的封號（周公被封為塚宰，伊尹被封為阿衡），位在三公之上。王莽的母親被封為功顯君，兩個兒子也都被封為侯。對此，王莽仍不滿足，表面上卻一再推辭。不久，在眾朝臣的「請求」下，皇帝又下詔賞賜王莽九錫，位在侯、王之上。所謂九錫，是九種器物，是為臣的最崇高的待遇。歷史證明，得到九錫的人，往往都取代了皇帝。

常言道，權大震主。漢平帝儘管是王莽的女婿，但是，面對王莽那有增無減的權勢，也日漸不安。尤其隨著年齡的增長，他開始忌恨王莽了。他深怨王莽殺害了舅父全家，阻斷自己和母親見面。

不滿之情，平時難免有所流露。王莽在漢平帝身邊安插許多耳目，因此，皇帝的一言一行都及時掌握了。王莽發現漢平帝對自己心懷不滿，便起了殺機。在年終時，王莽乘宮內祭祀眾神之機，給漢平帝送上了一杯毒藥酒。漢平帝毫無所知，喝了酒就病倒了。王莽還假惺惺地求天告神，請求神靈保佑皇帝，並請求天帝准許自己替漢平帝去死。

不久，漢平帝死了。在擁立新皇帝的時候，王莽竭力主張立幼小的人，其用意是不言自明的了。新皇帝還沒立出來，新奇的事卻發生了。武功縣縣長在淘井時，「意外」發掘出一塊白色石頭，上圓下方，石頭上還有紅色的字：「告安漢公王莽當皇帝」。王莽得報後，立即報告了太皇太后王政君，太皇太后不屑一顧地說：「這是騙局，不可信，不能行！」

王莽碰了個大釘子，只好灰心地離開了。緊接著，便由親信太保王舜出面向太后進言：「事情已到了這個地步，想阻止王莽也辦不到了。何況王莽也不敢有別的打算，只是想得到個攝政的名義罷了。他加強權力，也還是為了鎮服天下。」

太后權衡再三，明知不可，但也無能為力，最後只得違心地答應了。王舜等人又讓太后發下詔旨，稱：「平帝逝世以後，沒有太子，只能從皇族中選取，所選之人年幼，如無有德有才之人輔佐，朝政將受極大影響。安漢公王莽曾輔佐三代帝王，功業可與周公相比美。現在，武功縣發現符命，這是天意。所說『當皇帝』的意思是代行皇帝的權力，相當於皇帝。因此可以命令安漢公代行皇帝權力，就像古代周公輔佐成王那樣。群臣可制定典禮儀式，上報朝廷。」

眾朝臣對太后的這道旨意，一片贊頌之聲，都說太后英明，能上符天意，下合民心。安漢公應登上皇位，穿戴皇帝的衣冠，在背後要樹立畫有斧形的屏風，面朝南接受群臣跪拜，處理朝政。出入宮廷時，所經之路要戒嚴。總之，一切都應按天子的制度施行。在文告中自稱「假皇帝」，百姓和官員則稱「攝皇帝」。安漢公朝見太皇太后及平帝皇后時，仍行人臣禮節。安漢公在自己家中，按諸侯的禮儀行事。

朝臣們的這個意見，立刻被太皇太后批准了。

三月份，只有二歲的劉嬰被正式立為太子，年號改稱居攝元年（六年），此因王莽攝行皇帝權力之故。劉嬰是漢宣帝的玄孫，廣戚侯劉顯的兒子。他之所以在應選太子的二十三名皇族中被選中，名義上是在占卜時，他得的卦最吉利，其實，是因為他年紀最小，便於王莽專權。

王莽把劉嬰當作傀儡，凡事都由自己決斷。幫他登上假皇帝寶座的王舜、甄豐、甄邯等心腹均提升了官職。

王莽攝政稱帝，遭到了一部分皇族的反對。安眾侯劉崇就很不以為然，率領部屬百餘人起兵，結果很快就被鎮壓下去了。劉崇等「反叛」的家被毀為污水池塘。

劉崇被鎮壓後，朝臣們便上奏章，稱：「劉崇等人之所以謀反，是因為攝皇帝的權力太輕，應加強攝皇帝的權力，否則難以治國。」

於是，太皇太后又下詔，命王莽在朝見自己時稱「假皇帝」而不稱「臣」了。接著，又將王莽在宮中休息的地方改稱「攝省」，辦公的地方稱「攝殿」，住宅稱「攝宮」。至此，除了多一個「攝」字而外，王莽與皇帝沒什麼區別了。

王莽是事與願違。他越是變法加強權力，反對他的人卻越多。居攝二年（七年）五月，東郡太守翟義與都尉劉宇、嚴鄉侯劉信、武平侯劉璜結盟，乘九月考武士時起兵，殺死觀縣縣令，立劉信為天子，向全國發布檄文，聲討王莽篡權。此舉震動了天下，很快便攻占了河南山陽，隊伍擴大到十餘萬人。

王莽聞訊後，寢食難安。太皇太后王政君對身邊的人說：「人心相同啊！我雖然是個女人，也知道王莽為此一定很害怕。」

王莽驚魂甫定，就派出自己的親信統率大軍去進攻翟義。這時，長安郊縣乘京城空虛，也舉起了反對王莽的旗幟，從茂陵西至汧縣共二十三個縣同時起兵，由百姓趙朋、霍鳴為首，召集各地「盜賊」，攻城掠地，殺死官員。隊伍很快增至十萬人。就連在未央宮都能看到義軍的火光了。王莽又急忙派兵迎擊，並由王舜、甄豐等親信日夜在宮中巡邏。王莽則抱著小皇帝劉嬰每天都到祖廟去禱告。十月份，王莽為了欺騙人心，派大夫桓譚向全國宣布，自己一定把皇位還給劉嬰，同時，還大封前線將領，有五十五人一次被封為列侯。十二月，翟義兵敗被俘，慘遭車裂。第二年春季，趙朋等也被殲滅。

王莽在白虎殿設宴慶祝勝利，大封有功將士，一次獲侯、伯、子、男爵位者共計三百九十五人，獲關內侯者也高達數百名。而對叛逆則大加屠戮，把翟義的祖墳刨開，將棺材、屍骨燒成灰；把活著的親族全部處死，連嬰兒也不能倖免，將屍體堆在一個大坑中掩埋。還把翟義、趙朋、霍鳴的屍體依次放到濮陽、無鹽、圉、槐里、盩厔等地的大道邊上示眾，並插上木牌子，上面大書「反虜、逆賊被殺戮」。

王莽被勝利沖昏了頭腦，滿以為翟義、趙朋等被殲滅，是天意人心相助自己的結果。於是，決心把自己頭上「假皇帝」的假字澈底拋開，完全取代漢朝皇帝。

王莽首先把自己的兒子王安、王臨封為公爵，把孫子王宗封為新都侯，把侄兒王光封為衍功侯。當年九月份，他母親病死時，自己的孝服完全按天子的規格置辦，經過這一系列帶有試探性的舉動之後，王莽見人們沒什麼不同的反應，於是，他更放開手腳大幹了。

十一月二十一日，王莽向太皇太后王政君上奏章，說：「現在陛下即將遇上漢朝十二代二百二十一年的厄運，上天屢屢示警，七月在臨淄縣，昌興亭長一夜連做了幾個夢，夢見有人對他講：『我是天帝的使者，老天爺命我告訴你，攝皇帝應當做真皇帝！你如果不信，你這個驛亭明天就會出現一口新井。』該亭長早起一看，果然出現一口新井，深可百尺。十一月，巴郡出現石牛，雍縣出現碑文，這兩件東西都送到了未央宮前。我與王舜去察看時，忽然刮起了大風，天昏地暗，伸手不見五指。風停以後，面前發現一塊銅板，上面寫著『上天通告皇帝的符命，進獻的人封侯爵』。對此，我不敢違抗。今後，我要取消『攝』字，把年號居攝三年改為始初元年。我今天雖然取消攝皇帝的攝字，我將來還是要把皇位還給小皇帝劉嬰的。」

王莽取消「攝」字，也遭到部分朝臣的反對，期門郎張充等六人，策劃要劫持王莽，立楚王劉紆為皇帝。但事情敗露，張充等人被殺。

王莽擔心夜長夢多，加快了篡漢的步伐。

碰巧，有一個在長安讀書的四川人，名叫哀章，他喜歡吹牛拍馬，缺德少才，很為同學所不齒。可是，他卻摸透了王莽急於當真皇帝的心思。於是，他僱人打造了一只銅櫃，自己偽造了一道策書，畫了一道符。策書以漢高祖劉邦的口吻，命令太皇太后按照天意叫王莽當皇帝，另外，還開列了一張輔佐王莽稱帝的大臣名單，共十一個人，哀章把自己的名字也填了上去。在銅櫃的外邊，哀章還寫了兩道封條「天帝行璽金匱圖」、「赤帝璽某傳予皇帝金策書」，將銅櫃封好。然後，在當天黃昏，哀章換上黃袍子，捧著銅櫃，來到漢高祖的陵廟，把這個銅櫃交給守廟官員，自己便飄然而去。

守廟官員不敢怠慢，立即報告了朝廷。王莽親自到漢高祖陵廟去瞻仰銅櫃。他打開銅櫃，看了策書及名單，大喜過望。王莽回宮後，直奔太皇太后寢宮，把金櫃策書符命的事原原本本說了一遍，最後表示自己要登極坐殿，請太皇太后把漢朝傳國的玉璽交出來。太皇太后一聽，又驚又氣，沒想到自己的親侄兒要篡奪漢朝的天下。太皇太后堅決不交出玉璽。王莽回到未央宮前殿，一邊派王舜去再向太皇太后索要玉璽。一邊換上天子服裝，向全國頒布文告，宣稱自己雖然無德無能，但不敢不按照天意行事，決定接受漢高祖的策命，即天子之位，改國號為「新」，改年號為「始建國」，今年十二月初一日為始建國元年正月初一日。

王舜一見到太皇太后的面，便挨了一頓臭罵。太后把王莽一家人罵了個狗血噴頭，最後咬著牙說：「我是漢朝的一個老寡婦，早晚要死的，我要和這顆玉璽一同埋葬，他永遠別想得到！」

王舜看著淚流滿面的太皇太后說：「王莽一定要得到這顆玉璽，我們也沒什麼話可說的了。太后難道真能永遠不給他嗎？」

太皇太后知道王莽志在必得，這是先禮而後兵，看來玉璽是肯定保不住了。太皇太后抽泣著，從懷裡解下玉璽，狠狠地摔到地上，對王舜說：「我老得快要死了，你們兄弟也快要被抄家滅門了！」說罷，掩面痛哭不止。

王舜急忙從地上撿起玉璽，一溜煙朝未央宮前殿跑去。

當王莽從王舜手裡接過玉璽時，真是心花怒放。他仔細把玩，突然，發現玉璽掉了一塊角，王舜說這是剛才太皇太后摔掉的。王莽撫摸著殘缺的玉璽，興高采烈地吩咐：「在漸台擺宴！」

王莽當上新朝的皇帝後，覺得自己的姑母太皇太后王政君仍襲用漢朝的封號，實在令自己不堪，想給姑母更換封號，又怕她至死不從。這時，王莽的遠支族人王諫建言：「太皇太后不應使用漢朝封號，應使用新朝的封號，稱『新室文母太皇太后』為好。」

王莽一邊命人刻「新室文母太皇太后」的印，一邊把王諫的奏章送給太皇太后。王政君氣呼呼地說：「這個王諫說的太對了！」

王莽知道太皇太后這是說的氣話、反話，於是便順著太皇太后的口氣說：「這個王諫背離為臣之道，實在該殺！」

說來好笑，就在王莽把新刻的「新室文母太皇太后」的印交給太后的同時，下令毒死了王諫。

漢平帝的皇后，王莽這個不滿二十歲的女兒，自從王莽篡漢以後，深居定安宮，稱病不給王莽面見。王莽對這個女兒又怕又憐，在太皇太后改變封號後，王莽又把身為太后的女兒其封號改為「黃皇室主」，以此表示與漢朝斷絕關係。這個做法，真的把女兒氣病了。王莽想把女兒改嫁，就物色了一位「乘龍快婿」，讓他身著盛裝，在醫生的陪同下，以探病為名去見「黃皇室主」，藉以觀察女兒的意向。

大大出乎王莽的預料，未來的新女婿剛一邁進定安宮，女兒聞訊便勃然大怒，把身邊的宮女用鞭子打了一頓，然後躺在床上失聲痛哭。弄得那位「乘龍快婿」進又不敢進，退又不敢退，像泥塑木雕一般僵在了那裡。

王莽見女兒如此「執迷不悟」，此後便再也不管她了。

至於那個根本沒登極的小皇帝劉嬰的下場就更慘了。王莽封他為定安公，住進一間徒有四壁的房子，與外界完全斷絕來往，就連乳母也不准與他說話，劉嬰長大後成了一個白癡，連豬狗都不認得。

王莽篡漢之後，以聖君自居，接二連三地拋出改革朝政的方案，企圖以此挽救社會危機。王莽的改革是一場復古的鬧劇。一切改革措施都是依照儒家經典再加上他自己的穿鑿附會之意而形成，比如：他把官名、地名根據所謂的古籍改得莫名其妙，一塌糊塗，平空增添許多不便。而他的幾項重大改革，如恢復井田制、推行五均六筦、禁止私人鑄錢等等，雖然是針對社會矛盾而發的，但是或因遭反對實行不了，或因開歷史的倒車根本就無實效，結果也都以失敗告終。像恢復井田制，規定把天下土地均更名為王田，不准買賣，奴婢也不准買賣，重新按一夫一婦授田百畝來重新分配全國耕地。這無疑是針對當時土地兼併嚴重而提出來的，意在限制豪強兼併。可是，在大地主的反對下，又宣布取消，使井田制成為一紙空文；又如「五均六筦」，意在平衡物價及確立國家專賣，可是由於貪官汙吏借機盤剝，不僅沒能減輕人民負擔，反而加重了人民的負擔；再者，禁私錢，改幣制，意在穩定金融，可是卻造成了不利流通，破壞經濟的惡果。王莽復古改制的結局，反而使社會矛盾更加激化，「農商失業，食貨俱廢，民人至涕泣於市道」。

再加上王莽為了樹立個人權威，對邊疆少數民族肆意欺凌、壓迫，激化了民族矛盾，常年用兵邊地，給全國帶來了災難。王莽還在京城大興土木，耗費數百巨萬，工役死者以萬計，勞民傷財。王莽打著改革的旗號，大肆復古，而且還朝令夕改，造成了社會混亂，破壞了生產，人民在死亡線上掙扎。

由於階級矛盾的尖銳激化，農民起義的烽火此起彼伏，釀成了全國規模的大起義，王莽最後走投無路，葬身火海。

王莽由克己到篡權進而復古，演出了許多醜劇和鬧劇，儘管對他有不同的評價，但有一點卻是明確無誤的，王莽的活動，再一次證明了開歷史倒車的人是無前途的。

司馬昭之心

曹魏政權，是曹操父子篡奪東漢王朝建立起來的；而司馬氏晉朝，則是司馬昭父子篡奪曹魏政權建立起來的。歷史的發展有時真有驚人的相似之處。

曹魏政權由魏文帝曹丕經明帝曹叡到齊王曹芳，是每況愈下。而司馬氏家族由司馬懿到司馬師、司馬昭，勢力則越來越大。

齊王曹芳繼位稱帝時，年僅八歲。太傅司馬懿與大將軍曹爽共同輔政。論才幹、智謀，曹爽均遠不如司馬懿。但是，曹爽身為皇族，又握有兵權，而且還深得一幫知名之士（如：何晏、鄧颺、李勝、丁謐）的支持。這些名士出身世家大族，並擔任要職。司馬懿雖出身大族，但地位畢竟不如曹爽；雖握有重兵，但沒掌握由文人組成的官僚集團。所以，他的勢力還不能與曹爽相抗衡。以權謀著稱於世的司馬懿，採取了韜晦策略，稱病家居，積極籌劃，以待時機與曹爽爭雄。

嘉平元年（二四九年）正月初六日，皇帝曹芳在大將軍曹爽的陪同下，到離洛陽九十里地的高平陵去祭祀。司馬懿乘京內空虛，發動了一場政變。他指使擔任中護軍的兒子司馬師領兵進駐司馬門，自己指揮部隊占領了城內各處要害之地，並給太后上了一道奏章，要求清除曹爽。然後，他又統兵出城，在洛水北岸擺下陣勢。

曹爽得知司馬懿發動兵變的消息後，異常驚慌，急忙令所帶人馬在洛水南岸布防，並把大樹砍伐許多做鹿砦，阻擋司馬懿軍隊。

在曹爽驚魂未定之時，司馬懿以給皇帝上奏章的形式，宣布曹爽的罪狀，說他有篡權的野心和行動，生活荒淫奢侈；說自己奉了太后的旨意清除曹爽，保衛皇帝，安定國家。最後，又表明只要曹爽交出兵權，仍可以享受侯爵的待遇。這樣一來，不僅孤立了曹爽，借用皇帝的旗幟，而且還美化了自己。

曹爽急忙召集謀士商討對策，有識之士主張陪著皇帝去許昌，然後召集天下兵馬征討司馬懿。對此上策，曹爽不僅未採納，反而被司馬懿所騙，決意交出兵權下野，過貴族生活。於是，夜裡派親信去司馬懿兵營，探聽司馬懿動態，並與之討價還價。司馬懿對曹爽派來的使者把曹爽的罪過又數落一番，最後誠懇地表態，只要曹爽交出兵權，可以回家安享富貴。

隨後，司馬懿又派出平素與曹爽關係較密切的人充當使者，到曹爽營中通報司馬懿的決定，並指著洛水發誓，只要曹爽接受條件下台，保證他生命財產安全。

對此，曹爽動心了。他對周圍的人說：「司馬老先生不過是為了向我奪權，我下台回家還可以當侯，仍不失為富家翁！我答應他的條件。」

就這樣，曹爽乖乖地交出了兵權，辭去了大將軍職務，回家享受。可是，他怎能料到，奸詐的司馬懿焉能放過他，叫他當「富家翁」。曹爽回家不久，司馬懿就指使官吏揭發曹爽與張當、何晏等人謀反。司馬懿立即將曹爽兄弟及其黨羽全部投進監獄，以謀反罪處死。

司馬懿除掉曹爽以後，便當上了丞相。皇帝曹芳為了討好他，還賜給他八個縣二萬戶封邑，並賜給他九錫，上朝不向皇帝施禮，奏章不署姓名。司馬懿一人獨掌朝政，挾天子以令諸侯。

司馬懿死後，由其長子司馬師出任大將軍，輔佐朝政，另一個兒子司馬昭也手握重兵，駐守許昌。司馬氏兄弟是實權人物，皇帝在他二人掌握之中。司馬師儘管大權在握仍擔心皇帝要擺脫他的羈絆，特別留心，在皇宮內布滿了眼線，皇帝的一舉一動他都能及時知道。當時，中書令李豐、太常卿夏侯玄、皇后的父親張緝來往密切，而李豐還不時被皇帝單獨召見，進行密談。這一切自然逃不過司馬師的耳目，引起了司馬師的懷疑，擔心這幾個人將不利於自己。於是，司馬師便把李豐召來，詢問他與皇帝都說些什麼，李豐支支吾吾，不正面回答。司馬師見狀，勃然大怒，當場就把李豐打死了。然後又下令把李豐的兒子李韜、夏侯玄、張緝抓起來審訊。

嚴刑之下，這三個人供認：「李豐與太監蘇鑠、樂敦、劉賢陰謀策劃，在皇帝冊封妃子那天，布置禁衛軍當場捕殺大將軍司馬師，如果皇帝不同意，就劫持皇帝，以皇帝的名義假傳聖旨。成功後，由夏侯玄出任大將軍，張緝出任驃騎將軍。」

司馬師下令將李韜、夏侯玄、張緝、蘇鑠、樂敦、劉賢處以死刑，誅滅三族。

皇帝曹芳對司馬師此舉很不以為然，心腹官吏建議曹芳，乘安東將軍司馬昭出征西蜀姜維皇帝檢閱隊伍時，將司馬昭殺死，然後率領軍隊去攻擊司馬師，一舉將司馬氏兄弟除掉。曹芳甚表贊同，把鏟除司馬氏兄弟的詔書都寫好了。可是，曹芳臨期由於畏懼，沒敢行動。

然而，司馬師卻要採取廢黜曹芳的行動了。司馬氏兄弟經過一番密謀，突然以太后的名義召集文武百官開會，宣布皇帝曹芳荒淫無道，沉溺酒色，不配當皇帝，應予以廢黜，封為齊王，立即送出京城。對此，百官噤若寒蟬，無一人敢說個「不」字。

司馬師派郭芝進宮向太后及皇帝宣布這一決議。當時，太后正與皇帝在一起閒聊。郭芝對曹芳說：「大將軍已廢黜了陛下，另立彭城王曹據為天子！」

曹芳聽罷，一聲沒敢出，立即起身走了。太后見此情景，很不高興。郭芝便對太后說：「這是太后沒能很好教誨兒子的結果。大將軍主意已定，不能挽回了。為防意外，大將軍已命令兵士包圍了宮廷，應服從大將軍的決定，不要再說什麼了！」

太后無奈地說：「我想見見大將軍，有話與他說。」

郭芝說：「沒什麼必要見面了，把玉璽交出來就行了。」

太后無法，只得拿出了玉璽。

司馬師聽了郭芝的回報後，立即派人進宮收取玉璽。太后對來人說：「彭城王曹據是我的小叔子，如果立他當皇帝，我這個當嫂子的人住在什麼地方？再說，也不能讓魏明帝絕後呀！高貴鄉公曹髦是文皇帝的長孫，明帝的侄兒，按禮節規定，有資格繼承皇位，我希望大將軍與眾大臣再議一議。」

對此，司馬師沒有異議，因為曹髦只有十四歲。不久就派使臣去元城（今河北大名東部）去迎接曹髦進京即位。

司馬氏兄弟雖然大權獨掌，但鑒於當時外面吳、蜀並存，內部尚有人忠於曹氏，由司馬氏完全取代曹氏的時機尚不成熟，所以仍效法乃父採取挾天子以令諸侯的辦法，選個曹氏小孩當傀儡。

曹髦繼位後的第二年春天，魏國鎮守淮南的大將毌丘儉聯合揚州刺史文欽，起兵反對司馬師。司馬師病中親率大軍前去討伐。毌丘儉和文欽被平定之後不久，司馬師便臥床不起了。不久死去，由其弟司馬昭繼任大將軍，總攬朝政。司馬昭飛揚跋扈比起司馬師有過之而無不及。小皇帝曹髦為了討好他，賜給他只有王公才可以用的袞服、冠冕和紅色木底鞋，還加大都督的封號，用天子的黃鉞作儀仗。可是，司馬昭對這些卻不屑一顧。後來，曹髦又晉封司馬昭為相國、公爵，增加八個郡的食邑，並賞九錫。司馬昭拒絕接受封賞。這在明眼人看來，不過是故作態而已。雖然司馬昭推辭了九次，但是，在景元元年（二六〇年）四月份，終於接受了相國、晉公、加九錫等一系列封賞。司馬昭加了九錫，與皇帝寶座的距離只差一步了！

在甘露四年（二五九年）正月，寧陵縣（今河南寧陵東南部）的井中出現了兩條黃龍。在此之前，也有一些地方的井中出現龍，地方官紛紛向朝廷報告，都認為這是吉祥的象徵。皇帝曹髦卻不以為然，他對臣下說：「龍的出現象徵君主有德行，但是，今天龍不出現在天上，也不出現在地上，而是出現在井裡，委屈窩囊，恐怕不是什麼好兆頭。」

同時，曹髦還作了一首《潛龍詩》，以抒發自己受制於人的感慨。司馬昭見到這首《潛龍詩》後，瞭解這是皇帝有感而發，於是很反感。他對曹髦更加無禮，更加嚴密控制了。

對此，曹髦非常憤恨，並擔心自己隨時可能被廢，於甘露五年（二六〇年）五月初六日晚，曹髦召見侍中王沈、尚書王經、散騎常侍王業，對他們說：「司馬昭之心，路人皆知也。他控制朝政，我不能坐以待斃。今天，我召你們來，是想與你們一道去討伐他。」

王經說：「如今大權盡歸司馬昭掌握，這已不是一朝一夕的了。文武百官都給他效力而不對朝廷效忠，也是由來已久的了。宮中的衛兵人數少，武器不好，發揮不了大作用，現在如果去討伐司馬昭，就好比本來是要治病，卻使疾病加重一樣，後果可不堪設想啊！皇上要三思。」

曹髦從懷裡掏出一張黃紙，上面早已寫好了討伐司馬昭的詔令，使勁地往地上一摔，果決地說：「我已決定了，就是死，也沒什麼可怕的。何況，還不一定死呢！」

曹髦邊說邊站起身對三人說：「朕這就去稟告太后。」

王經等三人急忙出宮。王沈、王業對王經說：「快走，我們快去報告大將軍。」

王經痛苦地搖搖頭，王沈、王業二人也不相強，匆匆而去。

曹髦這時手舉寶劍，坐在車上，率領衛隊大呼小叫地衝出宮門。

司馬昭得到王沈、王業的報告後，立即布置軍隊，早已作好了準備。在宮廷東大門，由司馬昭的弟弟屯騎校尉司馬伷率領的部隊與曹髦一行人馬相遭遇。曹髦聲嘶力竭地大罵司馬伷，司馬伷及其部下被這個場面震懾住了，不敢前進。忽然，不知是誰拔腳便跑，結果其他人也潰散了。任司馬伷吆喝，也無人聽令了。形勢變得對曹髦有利了。

司馬昭的部下中護軍賈充率兵衝了上來，要與皇帝的衛隊搏鬥。曹髦揮著寶劍，衝在最前邊。賈充的部隊見皇帝衝上來，誰也不敢動作了，開始往後退。在這危急時刻，太子舍人成濟問賈充：「形勢危險，該怎麼辦啊？」

賈充大聲地吼道：「司馬大將軍平時對你不薄，養兵千日，用兵一時呀！今天的事，還用問嗎？」

成濟把牙一咬，揮戈催馬向皇帝戰車衝去。只見成濟大喝一聲，一戈將曹髦刺中。曹髦一頭栽到車下，全身抽搐一會兒，便氣絕身亡了。皇帝衛隊見狀，一哄而散。

司馬昭聽到皇帝被刺殺的報告後，倒在地上大哭小叫，痛苦萬般。他在眾將官的勸說下，進入宮殿，召集朝臣會議。大臣們陸續到了，只缺尚書左僕射陳泰。司馬昭派陳泰的舅父荀顗去催促，陳泰對荀顗說：「過去人們議論我可以比得上舅父，現在看來舅父是不如我了！」

陳泰拒不上朝。可是，在家中親人的逼迫下，不得已跟荀顗去了。

司馬昭一見陳泰，便淚流滿面地說：「陳先生，你替我出個主意，我該怎麼辦啊？」

陳泰鎮靜地答道：「只有把賈充殺了，才能平息民憤。」

大殿上靜悄悄的，眾官員瞅著陳泰，大氣不敢出。司馬昭沉思一陣，才開口：「陳泰，你還有別的辦法嗎？」

陳泰搖搖頭：「我的話就這麼多，沒別的可說了！」

最後，司馬昭以太后的名義頒布詔書，宣布曹髦的罪狀，說他企圖暗害太后，「悖逆不道」，「自陷大禍」，把他廢為平民，以平民的禮儀下葬。同時，還把王經處死，抄家。把告密有功的王沈封為安平侯；又以太后名義派司馬昭的兒子司馬炎到鄴城迎接燕王曹宇的十五歲兒子曹璜（後改名曹奐）進京為天子。

大局穩定以後，司馬昭以「大逆不道」的罪名將成濟及其全家處死。成濟萬萬沒有料到落得這種「卸磨殺驢」的下場。

曹奐即位後，司馬昭於景元四年（二六三年）滅掉了蜀國，自己當上了相國、晉公，並獲九錫之賞。一年之後，咸熙元年（二六四年）三月，司馬昭又晉爵為王；半年後，司馬昭之子司馬炎出任副相國、大將軍。司馬氏父子二人成為國家的決策者。這時，孫吳政權腐敗不堪，吳國主孫皓殘暴昏庸，吳國被滅已成定局了。

咸熙二年（二六五年）八月，司馬昭死去。司馬炎繼任相國、晉王。他感到全國統一在望，曹奐已沒有存在的價值了。於是，在十二月，司馬炎把曹奐趕下了台，自己當上了皇帝。至此，由曹操開創、曹丕建立的魏國，澈底滅亡了。

有趣的是，司馬炎把曹奐趕下台與當年曹丕把漢獻帝趕下台所採取的方式一模一樣，都是以「禪讓」為名的。

十二月十三日，在洛陽南郊，舉行「禪讓」大典。司馬炎穿著皇帝的衣服，高高端坐在事前搭好的台子上，台下站滿了文武百官，還有周邊少數民族政權派來的使節，連同參加盛典的兵士，總共達數萬人，台下還點燃了火堆。典禮開始，由大臣宣讀告天文，由堯舜禹說起，直說到曹魏代漢，最後則說晉代替曹魏（司馬炎的新政權稱晉朝），都是符合天意人心的等等。宣讀完告天文以後，另一位大臣把皇帝的玉璽呈給司馬炎。司馬炎這就算是奉天承運，合法地當上了皇帝。司馬炎封讓位的曹奐為陳留王，命他在金墉城居住，後又遷往鄴城。然後，又宣布大赦天下，更改年號為泰始，國號為晉。最後，司馬炎把祖父、伯父、父親都追封為皇帝。又大封一批功臣，其他官員也都加級晉爵。

司馬炎稱帝十五年以後，滅掉了吳國。至此，歷經九十餘年混戰、分裂的局面終於結束，中國又完成了統一。

由東漢到曹魏再到晉朝，搞了三次「禪讓」，陰謀家向陰謀家學習，螳螂捕蟬，黃雀在後。歷史曲折地前進，統治階級內部關於財產與權力再分配的鬥爭越演越烈，而廣大人民則付出了血的代價。

劉裕取代東晉

晉武帝司馬炎於西元二六五年建立晉朝，中經晉惠帝、晉懷帝、晉湣帝，歷經五十一年，中國出現了一個暫時的統一局面。可是朝政黑暗，生產凋敝，統治階級奢靡成風，官吏貪瀆。有識之士對政治喪失信心，致力於老莊之學，崇尚清談，對於傳統的儒家入世思想是個沉重的打擊，從而影響了一般士人的價值取向，不以兼善天下為意，而以獨善其身為心。廣大農民生活極其艱困，逃亡、起義一直不斷。少數民族不斷進入內地，遭受民族歧視，反壓迫的鬥爭此伏彼起，尤其在黃河流域鬥爭更為激烈。

晉王朝如處在火山口上，危機四伏。晉王朝終於在階級矛盾、民族矛盾和統治階級內部矛盾的激烈鬥爭中趨於衰亡。北中國又呈混戰局面，鮮卑、匈奴、羯、氐、羌等五個少數民族建立的政權互相攻伐，融成五胡十六國。晉朝的殘餘勢力逃往經濟、文化落後的江南，成偏安之局。新都建康（今南京）因在老都城洛陽之東，故稱東晉。

東晉從西元三一七年至西元四二〇年，歷經十一個皇帝，為時一百零四年，以長江為界，與北方形成對峙局面，史稱南北朝。東晉自建立之後，就不斷內亂。皇帝昏聵多為傀儡，朝中權臣擅政，地方握兵權者擁兵自重，互相攻殺。統治集團中多數人希望早日恢復中原，主張北伐，而一部分政治野心家更以北伐為招牌，收買人心，壯大實力，想以北伐的勝利作為個人走向權力頂峰的階梯，是實現皇帝夢的捷徑。把北伐與稱帝緊緊相連的想法，在東晉晚期尤為顯著。

因此之故，恢復中原進行北伐這一舉世矚目的大業，卻演變為東晉統治集團內部爭奪君權的一種形式，致使東晉最高當局不願支持北伐，主張北伐的人也都失敗而回。

東晉最高當局越是不願支持北伐，就越是失掉人心；北伐的人越是失敗，就越激發了野心家力主北伐。在這個矛盾的怪圈運動中，爭奪君權的鬥爭愈演愈烈，終於到了白熱化的程度。

例如，權臣桓溫積極主張北伐，他已計議妥當，一旦北伐成功，就篡東晉自立為皇帝。當然，他的這個野心也被東晉皇帝及桓溫的政敵所洞悉。正因為如此，桓溫在永和十年（三五四年）北上伐秦及太和四年（三六九年）北上伐燕，都因為缺乏軍糧及援兵，大敗而歸。桓溫雖然北伐失敗，但奪權篡位的念頭卻有增無減。在太和六年（三七一年）廢掉了皇帝司馬奕，另立司馬昱為君，自己則坐鎮姑孰（今安徽省當塗縣），遙控朝政，期望司馬昱將來傳位於己。可是，桓溫由於病死，而沒能登上帝位。

桓溫的兒子桓玄，繼承父志，時時以篡位為念。他不斷壯大實力，擴大地盤，最後竟和朝廷刀兵相向，終於在晉安帝元興二年（四〇三年）將晉安帝廢掉，自稱皇帝，改國號為楚。

劉裕、劉毅、何無忌等人在京口起兵討伐桓玄，使晉安帝得以復辟。劉裕等人當然是中興功臣，自然加官晉爵，掌握了朝廷大權。

劉裕是彭城人，出生後母親就死了。父親劉翹因為家中貧困，要把劉裕扔掉。劉裕的姨母得知消息後，趕往劉家把劉裕要來，用自己的乳汁餵養。

劉裕長大後，胸懷大志，武勇過人，因識字不多，只得靠做小生意糊口。劉裕好賭博，甚為鄉里人所輕。後來，劉裕投軍，在將軍孫無終屬下當司馬。在晉安帝隆安二年（三九八年），東南沿海地區爆發了孫恩起義。在鎮壓孫恩起義的過程中，劉裕嶄露頭角，以軍功由參軍升任下邳太守。

桓玄稱帝後，劉裕進京朝見。桓玄認為劉裕儀表不凡，有膽有識，是個人才。桓玄的妻子劉氏對桓玄說：「劉裕走路如同蛟龍和猛虎，雙目炯炯有神，絕非平凡之輩，不會久居人下，應早日將他除掉。」

桓玄對妻子說：「我現在要北伐，很缺人才，少不了劉裕，等平定了中原以後再說吧！」

劉裕倖免於難返回京口後，就以從前的槍傷復發為由，閉門不出了。但是，他暗中卻與何無忌、劉毅等人策劃起兵反對桓玄。

劉裕等人起兵後，連敗桓玄，攻入首都建康。劉裕被推為都督、徐州刺史。桓玄挾持晉安帝逃到九江，劉毅等隨後緊追不捨。桓玄軍隊又吃敗仗，桓玄與晉安帝繼續西竄。後來，桓玄在逃往北漢途中被殺。晉安帝在江陵宣布恢復帝位。於義熙元年（四〇五年）三月，在何無忌等護送下，晉安帝重返京城建康，大封功臣。

劉裕被封為侍中、車騎將軍、都督中外諸軍事。可是，劉裕卻堅決推辭，要求返回京口。晉安帝親自去劉裕府中挽留，都沒有成功。最後，改封他為都督荊、司等十六州諸軍事、兼任兗州刺史，准他回京口駐守。

六月，劉裕派遣使者到北方與後秦講和。後秦國主姚興對手下大臣們說：「劉裕出身微賤，能夠崛起誅殺桓玄，復興晉朝，對內治理朝政，對外整頓疆域，我們應成全他。」於是，答應了劉裕的要求，並將占領的南鄉、順陽、新野、舞陰等十二郡歸還東晉。可見劉裕當時威望之高。

此後，劉裕的影響更加巨大。這當然引起一些實力派的猜忌。首先，當年共同起兵的劉毅就堅決反對劉裕入京輔政。為達此目的，劉毅派尚書右丞皮沈到京口就劉裕今後的去向問題協商。皮沈帶去了兩項建議，其一，任命謝混為揚州刺史；其二，由劉裕兼揚州刺史，但朝政由孟昶負責。

皮沈到京口後，劉裕派錄事參軍劉穆之接待。皮沈把上述兩項建議告訴了劉穆之。劉穆之聽後，立即明白了其中的奧妙，這兩項議案的目的只有一個，即排斥劉裕過問朝政。劉穆之表面上不露聲色，以上廁所為名，離開大廳，匆忙寫了一張字條，派人送給劉裕。

劉穆之的字條上寫的是不能同意皮沈之言。劉裕看後，立即把劉穆之叫來，詢問底細。劉穆之替劉裕分析形勢，說：「朝廷不能控制局面，已非一日，君主早成傀儡了。大人您復興晉朝，功比天高。面對朝廷大權旁落的形勢，大人您可不能自謙啊！怎麼能接受擔任地方長官的命令呢？劉毅、孟昶這些人都是平民出身，與大人您一同舉兵匡復皇室，只是因為起兵有先後，才暫時推舉您為首領，並不是甘心服從。現在，他們的實力不小於大人，將來肯定要互相攻伐。揚州乃是天下的基地，不可給別人。一旦把揚州讓給別人，將來肯定要受制於人。權力一旦失去，就沒辦法再得到了。那時的危險則非言語所能形容的了。現在，朝廷提出這兩個方案，依在下愚見，可以這樣回覆：就說中心地區是國家的根本，丞相一類的職務對國事至關重要，事關大局，不可在外地討論，容進京後再仔細研究。您堅持進京，他們不便阻攔；您進京後，面對面商量，他們一定不敢越過您。丞相及揚州刺史這個官職，不會授給別人，這是很明顯的。」

劉裕聽罷，認為很有道理，就照此讓皮沈回覆朝廷。果然，劉裕進京後，被授予侍中、車騎大將軍、開府儀同三司、揚州刺史、錄尚書事，仍兼任徐、兗二州刺史。既控制了朝政，又主管富庶的要害之地——揚州。

劉裕大權在握之後，就謀劃北伐。當然，他北伐的目的也不僅僅在於收復失地，更主要的是想借北伐，為自己當皇帝搭好階梯。

義熙五年（四〇九年）春，劉裕北伐鮮卑人建立的南燕。第二年，朝廷便任命劉裕為太尉兼中書監，一身二職，既是全國最高的軍事長官，又是全國的最高行政長官。同時，還准許他使用皇帝的黃鉞儀仗。對此項封賞，劉裕自然是樂於接受的，也是他心目中所企盼的，但是，他出於緩解政敵攻擊的需要，力辭太尉和中書監的職務，只接受黃鉞儀仗。儘管如此，一些皇族眼睜睜看到劉裕的實力增大，為避免災禍，紛紛逃往北方。如皇族司馬國璠、司馬叔璠、司馬叔道兄弟三人便一起逃往後秦。後秦國主姚興問他們三人：「劉裕誅滅桓玄，輔佐晉朝，你們為什麼逃到我國？」三人齊聲答道：「劉裕削弱皇室，皇族中凡是有才能的人，就被他除掉。劉裕已成為國家的禍根，比桓玄還厲害！」

可見，劉裕的野心已然暴露，且產生了廣泛的影響。

義熙七年（四一一年）正月，劉裕從前線返回建康。三月，他就當上了太尉、中書監，這次他毫未推辭。他的地位因北伐而升高，僅次於皇帝了。

對此，當年一同起兵的劉毅內心很不服氣。在義熙八年（四一二年）四月，劉毅出任荊州刺史兼衛將軍、都督荊、寧、泰、雍四州軍事。劉毅雖說掌握了一方軍政大權，但畢竟離開了中央，心中悶悶不樂，認為受了排擠。所以，他牢騷滿腹，行為跋扈，故意與劉裕犯難。劉裕採取了忍讓態度，可是劉毅卻越發驕橫。

後來，在劉裕擊敗盧循起義以後，勢力更大了，劉毅更加不滿。在他看來，劉裕不學無術，僅粗通文墨，而自己則學富五車，受到名士們及文臣們的器重。現在，自己據有長江中上游，實力雄厚，可以和劉裕攤牌了。於是，劉毅向朝廷提出要兼任廣州、交州二州的刺史。劉裕為穩住劉毅，批准了他這一要求。接著，劉毅又請求任命自己的親信郗僧施為南蠻校尉、後軍將軍府司馬，毛脩之為南郡太守。劉裕也一一照准。

不久，劉毅又要求返回京口祭掃先人墳墓，然後再赴任所荊州。劉裕不僅批准，而且到仉塘（今南京東南）與他會面。劉毅的這一系列舉動，自然引起了人們的警覺。寧遠將軍胡藩就曾對劉裕說：「大人，您認為劉毅會服從您嗎？」

劉裕沉吟許久，才問道：「你認為該怎麼辦呢？」

胡藩答道：「劉毅所以服從您，是因為您指揮百萬大軍，戰必勝，攻必克。至於博覽群書，談吐吟詠，他卻自以為遠勝過您，文人、文官都願接近他。因此，他決不會甘心居您之下。不如乘此番見面的機會將他捉住。」

劉裕說：「我與劉毅都是復興晉朝的功臣，他的過錯也不明顯，不可自相殘殺啊！」

九月份，劉毅離京至荊州江陵。他下車伊始就撤換了許多郡守、縣令，安插自己的親信，並從豫州、江州抽調一批文官武將及一萬多士兵，帶到荊州。不久，劉毅患了重病。郗僧施等親信擔心一旦劉毅死去，劉裕是肯定不會放過他們這些黨羽的，於是，就建議劉毅向朝廷提議由堂弟劉藩做自己的副職，實際是叫劉藩接自己的班。

劉裕感到事態嚴重了。一旦劉藩接了劉毅的班，形勢將會對自己十分不利，此時是鏟除劉毅勢力的好機會。劉裕主意已定，表面上佯稱同意劉毅的請求。劉藩接到通知後，急忙從廣陵進京朝見。到京後，劉裕就將他抓了起來。同時，以皇帝的名義發出詔書，宣布劉毅勾結尚書僕射謝混與劉藩共同造反，然後，又逼令謝混、劉藩自殺。

第二天，劉裕又透過皇帝頒布大赦令，同時又宣布任命皇族會稽內史司馬休之為荊州刺史，取代劉毅。劉裕又進行了一番兵力部署，然後，便親率大軍直撲荊州。前鋒王鎮惡是劉裕的心腹，很有韜略，率一百艘戰船逆江而上。行前，劉裕指示王鎮惡：「賊寇可攻就攻擊，如不可攻，就放火燒他們的戰船，你率部停泊江邊等我。」

王鎮惡一路西上，沿途宣稱護送劉藩到荊州上任。當距江陵城僅二十里時，王鎮惡指揮部隊登岸，每艘戰船上只留二名士兵守船，在岸邊對著每艘戰船樹起六至七面旗幟，下面擺放戰鼓，吩咐留守的士兵：「估計我們到達江陵城，你們就猛擂戰鼓，營造來了許多軍隊的聲勢。」同時，又派一支部隊把江陵東南的船隻燒掉。然後，王鎮惡又命令前頭部隊逢人便講：「劉藩大人的部隊到了。」

做好這一切部署，王鎮惡便揮軍直撲江陵。渡口的守軍及沿途百姓聽說劉藩率軍來了，都安然如故。當王鎮惡離江陵城尚有五里地時，與劉毅的將領朱顯之不期而遇。朱顯之問來人道：「劉藩大人在哪裡？」

王鎮惡的部下答稱：「劉大人在後邊。」

朱顯之一直走到隊伍後邊，也沒發現劉藩，只見兵士扛著武器不斷從身邊過去，東南方又燃起了大火，戰鼓如雷，江津的戰船被焚了。朱顯之感到事情不妙，急忙調轉馬頭，向江陵城飛奔。他衝進城門便喝令守城兵士趕快關城門，然後又飛馬向劉毅報告。守城士兵還未來得及關閉城門，王鎮惡率領的先頭部隊已經衝進了城內。一場激烈的巷戰開始了。

從早飯時打到下午，守內城的軍士挺不住，紛紛逃竄。王鎮惡指揮兵士猛打猛衝，鑿開內城，派人把朝廷的大赦令及皇帝懲治劉毅等人的詔書以及劉裕的親筆信，一起給劉毅送去，劉毅看也不看，一把扔進火裡燒了。他與毛脩之指揮部隊抵抗。劉毅的部下與王鎮惡的部下不少是鄉親，有的甚至是親友，雙方很快便搭上了話。當劉毅的兵士聽說劉裕親自率軍前來，軍心立刻瓦解了，紛紛四散。到了夜裡，就連守衛劉毅衙署的衛兵也都逃光了。王鎮惡擔心在夜戰中，自己的士兵自相攻擊，於是下令停止戰鬥，把內城緊緊包圍，只在南門留個缺口。

半夜時分，劉毅率親兵三百名開始突圍。他見南門外無敵兵，認為肯定有埋伏，就下令部隊從北門往外衝。劉毅隻身衝出北門，一口氣跑到城北的牛牧佛寺，想收攏殘兵，稍事休息。

劉毅一見牛牧佛寺，不由百感交集。當年，他攻打桓玄時，曾因追擊桓蔚抵達牛牧佛寺。寺內有個昌和尚，把桓蔚隱藏了起來。劉毅下令搜寺，擒住了桓蔚，當場便把昌和尚殺了。沒想到今日自己兵敗，也跑到牛牧佛寺來了。劉毅上前敲寺門，想進寺內歇息。寺內的和尚隔著山門說：「從前，我們的師父昌和尚因為收留桓蔚而被劉將軍殺了。今天，我們實在不敢收留你了！」

劉毅聽罷，不由仰天長歎道：「唉，作法自斃，沒想到輪到了我的頭上！」

劉毅回頭一看，只見火光衝天，人嘶馬叫，追兵越來越逼近了。他把腳一跺，在寺門外的大樹上吊死了。

天亮以後，劉毅的屍首被發現。官兵把他的頭砍了下來去請功。劉毅的兒子、侄兒全被殺死。哥哥劉模逃到襄陽（今湖北襄樊），也被捉住斬首。

十一月十三日，劉裕抵達江陵，處死了郗僧施，赦免了毛脩之。採納劉毅的參軍申永的建議，減輕賦稅，減少徭役，任用名人，博得了荊州百姓的擁護。

至此，劉裕澈底消除了一個大威脅。

劉裕清除了劉毅之後，便把矛頭對準了諸葛長民。諸葛長民也是消滅桓玄，復興東晉的有功之臣，時任豫州刺史。劉裕西征劉毅時，為了穩住諸葛長民，下令叫他代理太尉府留守；為了監視他，同時任命心腹劉穆之為建武將軍，統率一部兵馬。當劉裕滅掉劉毅的消息傳到京城時，諸葛長民感到很緊張，他對親信說：「漢高祖殺了彭越接著便殺韓信啊！」言外之意，劉裕除掉劉毅，下一個該輪到自己了。

諸葛長民為了摸底，就去試探劉穆之：「外面很多人傳言，太尉對我深為不滿，怎麼搞到這程度了呢？」

劉穆之早就看破了他的心思，就安撫道：「劉公遠征，特命大人留守，把自己的老母及小孩子都託付給大人，如果有半點不信任，焉能如此呢！」

諸葛長民聽劉穆之如此說，才放下心來。

可是，諸葛長民的弟弟諸葛黎民卻不以為然，對哥哥說：「劉毅滅亡，諸葛家又怎能有好下場呢！依我看，趁劉裕還沒回京，我們應先發制人。」

諸葛長民猶豫不決，他便寫信給冀州刺史劉敬宣，說劉毅是自取滅亡，心懷異志的人都將被消滅，現在天下太平了，如果有榮華富貴，你我共用。意在拉攏劉敬宣。劉敬宣回信說，我近年來，出任三州七郡的長官，時常擔心福分過頭便引來災禍，我考慮的是滿招損，謙受益，您在信中提及共用榮華富貴，我實在不敢當。劉敬宣在回復諸葛長民的同時，還將諸葛長民的來信派人送交劉裕。劉裕見信後，高興地說：「阿壽（劉敬宣字萬壽）自然不會背叛我！」

這時，劉裕已成竹在胸，決定消滅諸葛長民。恰巧，輔國將軍王誕請求返回京城。劉裕對他說：「諸葛長民似乎已起了疑心，你一個人怎好回京呢？」

王誕說：「諸葛長民知道我是您栽培起來的，深得您的信任，今天我單人回京，他一定感到自己沒有危險了。這可以把他穩住，不致別生枝節，咱們便可贏得時間了。」

劉裕聽罷，拍手道：「好，你真是今天的孟賁、夏育了！」

王誕回京後，劉裕也著手準備返京，於義熙九年（四一三年）二月，從江陵啟程，事先並將預定抵京的日期通知了諸葛長民。可是，劉裕卻在途中故意一再滯留，不按時到京，而且每次又都通知諸葛長民自己抵京的新日期。結果，諸葛長民與京中文武百官左一次右一次去新亭（南京南邊）迎接劉裕，每次都沒接到。

二月三十日，劉裕沒有通知任何人，悄悄地乘快船返回了京城。第二天，諸葛長民聽到消息後，立即去太尉府拜見。劉裕把武士們埋伏在幔帳後面，然後才出去迎接諸葛長民。兩人進屋後，進行密談，把誤會全部解釋開了。諸葛長民很高興。突然，一名武士從幕後衝出，還沒等諸葛長民反應過來，就被擊斃了。劉裕下令把諸葛長民的屍首送到中央監獄，並命人逮捕諸葛黎民。諸葛黎民因拒捕被殺死，他的另外兩個弟弟也一起被殺。

就這樣，劉裕以迅雷不及掩耳之勢，消滅了另一個政敵。在地方實力派當中，已無人再敢與劉裕作對了。

最後，劉裕開始對付皇族中的實力人物了。首當其衝的是荊州刺史司馬休之。司馬休之頗有政績，得到江漢地區百姓的擁護，加之又是皇族，所以威望很高。可是，他的兒子譙王司馬文思卻是一個兇狠殘暴之人。於是，劉裕就拿他開刀。於義熙十年（四一四年）三月，以司馬文思擅自殺害屬下官吏為名，將其逮捕，送交司馬休之處理。劉裕此舉是想借父親的刀殺兒子。可是，司馬休之沒有殺司馬文思，只是給皇帝上奏章請求罷免司馬文思的官爵，同時還給劉裕寫了一封信，表示道歉，還進行了一番解釋。對此，劉裕深為不滿。不久，任命江州刺史孟懷玉兼任督都豫州六郡軍事，以箝制司馬休之。

第二年春天，劉裕又將司馬休之的二兒子司馬文寶、侄兒司馬文祖逮捕，並逼令他倆自殺。接著便出兵討伐司馬休之。同時，由晉安帝下詔任命劉裕兼荊州刺史。

司馬休之針鋒相對，一邊給皇帝上奏章揭發劉裕的陰謀與罪行，一邊組織力量抵抗。

劉裕派參軍檀道濟、朱超石率步兵、騎兵進軍襄陽；派女婿振威將軍徐逵之為先鋒，率部隊進攻江夏口（在今湖北監利縣）。徐逵之與魯軌交戰，兵敗陣亡。

劉裕駐軍馬頭（今湖北公安縣西北），聽到女婿陣亡的消息又痛又氣，催促大軍強渡長江。魯軌與司馬文思率四萬軍隊在峭立的江岸上布防，劉裕的軍隊失利，沒能登岸。劉裕見狀，披上鎧甲，抽出佩劍，帶頭衝鋒。太尉府主簿謝晦抱住劉裕，眾將也從旁勸阻。劉裕勃然大怒，掄起寶劍要殺謝晦。謝晦仍緊緊抱住劉裕，急急說道：「天下可以沒有我謝晦，不可以沒有太尉您呀！」劉裕聽後，放棄了自己帶隊登岸的念頭，派人去傳建武將軍胡藩，命他率隊衝鋒。胡藩沒有立即執行命令，劉裕便命人將胡藩抓來，要砍他的頭。胡藩對來人說：「我正要出擊，沒時間見太尉！」邊說邊用佩刀在峭立的江岸上挖洞，小洞僅能容下腳趾。胡藩踏著小洞，攀上岸去，身後的兵士也紛紛效法，很快也衝到岸上了。一陣衝鋒，逼得司馬文思的軍隊後撤。劉裕乘勢揮軍衝殺，司馬文思的軍隊潰散了。

司馬休之與魯軌棄城北逃。劉裕派兵隨後緊追。五月十二日，司馬休之、司馬文思、魯軌、司馬道賜等人逃到後秦避難。王鎮惡率部一直追到國境才收兵。司馬休之到後秦首都長安後，後秦國主姚興叫他帶兵騷擾東晉襄陽一帶。

劉裕打跑了司馬休之以後，晉安帝下詔晉升他為太傅，兼揚州牧，可以佩劍上殿，入朝時不必快走，奏事時不用稱名。之後，又不斷增加他的封地及官銜。對此，劉裕有時拒絕，有時接受。他內心深處一刻也沒忘記取東晉而代之。

義熙十二年（四一六年）十一月，劉裕暗示有關官員提出給他加九錫。十二月，晉安帝便下詔任命劉裕為相國，總管百官，晉爵為宋公，加授九錫，位在諸侯王之上。可是，劉裕又故作姿態，堅決不肯接受，一則以此試探民心，二則北方後秦尚未平定。

隔年春天，劉裕北伐後秦，一舉攻占長安、後秦國主姚泓投降。十二月，劉裕離開長安，返回彭城，接受相國、宋公、加九錫的封賞。

此時，劉裕取代東晉的時機已基本成熟了。就連北魏政權的君臣也看清了這點，感到東晉危亡之日已不遠了，而篡奪東晉政權的人就是劉裕。

當時，流行一句讖語，說「昌明之後有二帝」。晉安帝司馬德宗的字為昌明，劉裕認為讖語是天意，於是決計把晉安帝害死，再立一個皇帝，然後自己再行篡位。劉裕派親信中書侍郎王韶之勾結晉安帝的貼身侍從，伺機害死晉安帝。義熙十四年（四一八年）十二月十七日，王韶之乘晉安帝獨自一人在東堂休息時，用衣服擰成繩子，將晉安帝活活勒死。

晉安帝一死，劉裕聲稱自己奉晉安帝遺詔，立晉安帝的弟弟瑯玡王司馬德文為皇帝，史稱恭帝，改年號為元熙。

晉恭帝繼位後，一般人都認為劉裕篡晉只是時間問題了。所以，大批皇族紛紛逃往北魏避難。

元熙元年（四一九年）七月，劉裕晉爵為宋王，駐紮壽陽（今安徽省壽縣）。隔年正月，劉裕認為取代晉朝的時機已到，於是召集文武百官舉行宴會，酒過三巡，劉裕不動聲色地對大家說：「桓玄篡位時，晉朝已經亡了。是我首舉義旗，號召天下興兵勤王，才使晉朝得以復興。此後，我又西征北伐，屢建功勛，朝廷不斷封賞，直到晉為王爵，加九錫，位極人臣。現在，我已經老了，凡事都應忌諱過頭，滿招損啊！今天，我決心把爵位還給朝廷，回京養老，以享天年。」

文武百官不解劉裕真意，都為他歌功頌德，稱頌他太謙遜了。劉裕也不再說什麼了。這個宴會直到天黑才散。

中書令傅亮離開王宮回家，剛出大門，沒走多遠，心裡一動，恍然大悟，體會到了劉裕回京養老的言外之意。於是，他家也不回了，掉轉頭又奔劉裕王宮而來。這時，宮門早已緊閉了。傅亮使勁敲門，邊敲邊喊有要事求見宋王。劉裕聞報後，立即傳令接見傅亮。傅亮一見劉裕，便說道：「臣要暫時回京一趟。」

劉裕已明白了傅亮的來意，便問他：「需要幾個人護送？」

傅亮說：「只需幾十人即可。」

說罷，傅亮便告辭了。他剛走出王宮大門，突然一顆流星劃過夜空，傅亮把大腿一拍，自言自語說道：「我平日裡不相信天象，今天可是應驗了！」傅亮連夜趕回建康。他立即向晉恭帝進言，調劉裕進京。晉恭帝自然照辦了。

六月份，劉裕進京。傅亮在劉裕的指使下，暗示晉恭帝把皇位讓給劉裕，並把讓位詔書的草稿給晉恭帝看。晉恭帝強顏為笑，裝作高興的樣子說：「晉朝不叫劉公，早就亡了，今天對此還有什麼可遺憾的！」

說罷，便在大紅紙上把傅亮擬的讓位詔書稿抄了一遍，一個字也未改動。

元熙二年六月十一日，晉恭帝正式宣布退位，離開皇宮，回到瑯玡王府。十四日，劉裕在建康南郊建好了高台，舉行禪讓儀式，劉裕登基稱帝，改國號為宋，史稱宋武帝。

下台的晉恭帝司馬德文被劉裕封為零陵王，遷往秣陵（江寧縣）居住。劉裕宣稱給他種種特權，甚至可以繼續使用東晉的年號，可是所謂的種種特權不過一紙空文，一樣也沒兌現。司馬德文深知劉裕不會放過他，於是，他十分注意安全，吃的喝的全由妻子親手操辦，妻子日夜不離開他一步。

宋武帝永初二年（四二一年），劉裕把一壇毒酒交給郎中令張偉，命他給司馬德文送去。張偉曾是司馬德文未當皇帝時的屬官，不忍心加害故主，但又不敢不遵從劉裕，結果，他在途中把毒酒喝了，臨死時說：「毒害君主，求得自己苟活，還不如死了！」

九月二十日，劉裕又命司馬德文妻子的兩個哥哥褚叔度、褚淡之去探望妹妹，二人到了司馬德文的住所，在另外一個房間裡與妹妹閒談。這時，事先埋伏下的士兵跳牆進入院內，直奔司馬德文的住室。室內只剩下司馬德文一個人，兵士衝上去，把毒藥送給他，逼他喝下去。司馬德文不喝，對兵士說：「我信佛，佛教教義規定，自殺的人來世不能再托生為人。」

士兵聽罷，從床上拿過一條被子，把司馬德文活活給悶死了。

劉裕聽到司馬德文的死訊，還假惺惺地在朝堂上率領文武百官哀悼了三天。

劉裕害死司馬德文，才安下心來。他在位三年，頗有政績，社會比較安定，生產有所發展，廣用賢人，政治比較清明。劉宋政權，與北方的少數民族政權形成對峙局面，是南北朝的開始。

蕭道成坐收漁利

南北朝時的劉宋王朝只存在了五十九年，便被蕭道成建立的齊朝所取代。蕭道成是一介武夫，能征慣戰，他對劉宋王朝可稱得上忠心耿耿，在政治上他並無野心。在劉宋王朝年輕昏庸的君主面前，他非但不居功自傲、囂張跋扈，相反，倒顯得俯首貼耳，有時甚至可以說很窩囊。

既然如此，蕭道成又怎麼篡宋而建齊的呢？在某種程度上說，他取代劉宋王朝是被「逼」出來的。劉宋王朝時間雖不長，昏君卻很多。在九個皇帝中，昏幼之君就有五名，除開國之君劉裕外，只有宋文帝劉義隆在位三十年期間，局勢較安定，吏治較清明，史稱「元嘉之治」，號為南朝之盛世。可是，元嘉二十七年（四五〇年）開始大舉北伐，軍費開支龐大，消耗了國力，而不久之後北魏又大肆南侵，「元嘉之治」遂呈衰勢。而宋文帝之後，內政昏暗，統治集團內部爭權奪利愈演愈烈，皇帝接連被廢黜，至宋後廢帝劉昱元徽年間，劉宋王朝已衰微不堪，滅亡只是時間問題了。元徽五年（四七七年）宋後廢帝劉昱被刺身亡，宋順帝劉準繼位，劉宋王朝已經名存實亡，苟延二年之後，終被蕭道成所取代了。

蕭道成生於元嘉四年（四二七年），他的父親是劉宋王朝的龍驤將軍、男爵，歷任漢中、南山太守。他十四歲時離家投軍，十六歲就領兵作戰了。宋文帝劉義隆死後不久，他襲父爵，並出任建康縣令，以精明強幹著稱。宋明帝劉彧於西元四六五年繼位後，他任右軍將軍。從宋文帝死到宋明帝繼位，其間僅十三年，先後有三個皇帝，其中兩個皇帝被廢黜，可見政治動蕩之激烈。這一切蕭道成或耳聞，或目睹，對統治集團的內爭，感受自然是很強烈的。而他在宦海中浮沉，靠英勇善戰，不斷得到提拔，沒有主動介入爭權奪勢的鬥爭。

宋明帝是靠刺殺前廢帝劉子業而上台的，這自然要遭到一部分皇族及大臣的反對。宋明帝為了保住皇帝的寶座，自然要籠絡一批有實力的人物，而蕭道成就是其中之一。宋明帝接連提升他的官職，而他也甘心為宋明帝南征北戰。如：在征討以會稽太守為首的反叛勢力時，蕭道成立下了汗馬功勞，一天就攻破敵方十二座陣地，很快便將浙東一帶反對宋明帝的武裝勢力削平。當徐州刺史薛安歸附北魏後，派兵南下時，宋明帝又命蕭道成率部抗擊，大敗南侵之敵。蕭道成的武裝力量，成了宋明帝統治的一個有力的支柱。

常言道，功高震主。蕭道成儘管為宋明帝衝鋒陷陣，殺敵立功，宋明帝也一次次提升他的官爵，但是，隨著他權力的加大，流言也隨之而產生，說蕭道成要當皇帝。因此，宋明帝也開始對他產生了戒心。

一次，宋明帝派冠軍將軍吳喜給蕭道成送去一壺酒。蕭道成聽說皇帝派大將給自己送酒來，急急忙忙跑出大門迎接。當他接過密封的酒壺時，心裡犯了嘀咕，怕這是一壺毒酒，遲遲疑疑不敢開封，甚至想扔下酒壺逃走。吳喜看破了他的恐懼心理，就笑著對他說，這是美酒，儘管大膽喝，不要胡思亂想。說罷，自己先喝了一口，讓蕭道成解除顧慮。蕭道成這才放下心來，高高興興地向皇帝謝恩。宋明帝此舉是為了試驗蕭道成，如果沒有吳喜從中斡旋，蕭道成就要逃亡了。吳喜回朝向宋明帝報告說蕭道成接到酒之後，很高興，向皇帝謝恩。這樣，宋明帝才暫時放下了心。

從此以後，蕭道成處處留意，一舉一動以不引起宋明帝懷疑為準則。泰始七年（四七一年），宋明帝命令蕭道成離開淮陰，進京就職。蕭道成的部下勸他不要應召進京，怕進京後兇多吉少。蕭道成說：「皇帝召我進京是因為太子年幼，急需有人輔佐，事關大局，如果我不應召，便會使皇帝疑心。我不僅應召，而且立即就動身。」

蕭道成的判斷是正確的，進京後，他被封為散騎常侍、太子左衛率。西元四七二年宋明帝病死，遺詔中列出一批大臣輔佐太子登基，蕭道成也在其中。他當上了右衛將軍兼衛尉，不久又任侍中，率軍鎮守石頭城，成為參與朝廷機要的大員。

新皇帝劉昱剛繼位，皇族江州刺史桂陽王劉休範造反，小皇帝驚恐萬狀，眾權臣齊聚中書省衙門商量對策。桂陽王勢力很大，眾權臣各懷心腹事，誰也不吭聲。蕭道成挺身而出，說道：「從前占據長江上游造反的人，都因為行動遲緩而招致失敗，此番劉休範肯定要汲取教訓，輕兵急下，以求速戰速決。我請求率兵到新亭駐守，以抗反賊。」

中書舍人孫千齡是劉休範的同黨，他急忙插話說：「還是應該像以往那樣，派兵駐守梁山。」

蕭道成板起面孔，反駁道：「現在，賊兵已接近梁山了，我兵怎麼來得及去梁山！新亭是戰略要地，首當其衝，我不過是以死報國罷了。」

散會後，蕭道成被任命為都督，單人匹馬去了新亭。他一進入陣地，尚未來得及布好防線，叛軍的先頭部隊就到了。蕭道成在住所，脫去衣服，舒舒服服地躺在床上，以此來安定軍心。此舉還真有效，原本軍心動搖的守軍立即安定了下來。蕭道成命令陸上堅守，水上出擊。

劉休範自恃勢力大，不把蕭道成放在心上。他在戰鬥開始後，身著白色衣服，坐著輕便小轎，在幾十個護軍的保衛下，登上新亭城南的臨滄觀，俯視戰場。

蕭道成的部下屯騎校尉黃回與越騎校尉張敬兒見狀，兩人打算用詐降的辦法，出其不意將劉休範抓獲。張敬兒將此想法報告了蕭道成。蕭道成聽罷，對張敬兒說：「你如果能成功，我就把你所在的雍州賞給你！」

張敬兒與黃回潛出城南，丟下武器，奔向臨滄觀，口中高喊前來投誠。劉休範見狀很高興，把他倆叫到自己面前。黃回神祕地說：「啟稟大王，蕭道成想投降，派我倆來聯繫。大王如果同意，請派大王的公子去新亭與蕭道成接洽。」

劉休範信以為真，當下就把兩個兒子劉德宣、劉德嗣送到蕭道成兵營中去了。把張敬兒、黃回留在自己身邊。劉休範的兩個兒子一到新亭，就被蕭道成殺了。劉休範以為大局已定，自己很快便可以當皇帝。高興之餘，喝得酩酊大醉。張敬兒乘劉休範昏睡時，冷不防奪下劉休範的護身刀，將劉休範的頭割了下來。劉休範的貼身衛士見主人被殺，一哄而散。張敬兒和黃回乘混亂之機，帶著劉休範的頭跑回了新亭城內。

叛軍的攻城部隊不知劉休範已死，攻勢越來越猛。叛軍的敢死隊數十人在蕭惠朗的率領下衝進了新亭，很快便衝到了蕭道成所住的射堂。蕭道成指揮部下與叛軍敢死隊展開肉搏，蕭惠朗不支，又率隊退出新亭。蕭惠朗的妹妹是劉休範的妃子，哥哥蕭惠明當時正在蕭道成部下，也住在新城。可是蕭道成對蕭惠明仍照常信任，毫不懷疑。

叛軍的另一支部隊攻到秦淮河上的朱雀橋，與攻新亭的叛軍形成南北夾擊之勢。後來，攻新亭的叛軍放棄新亭，向北攻打朱雀橋。守軍失敗，紛紛逃向皇宮。石頭城的守軍也敗退下來，逃進皇宮。剎時間，皇宮裡亂了套，敗將紛紛傳說新亭也失守了。皇太后嚇得淚流滿面，拉著十歲的小皇帝，不住地喃喃自語：「完了，完了，天下丟了！」

五月二十四日，撫軍將軍府長史褚澄打開東府門，把南部的叛軍放進城。他擁戴安成王劉準占據東府，並假傳劉休範的命令：「安成王是我的兒子，任何人不准侵犯！」同時，中書舍人孫千齡也打開承明門，向叛軍投降。皇太后狠心把宮中的珠寶都拿出來，賞賜守軍，可是面對叛軍的攻勢，守軍已無鬥志，朝廷和宮裡亂成了一片。

這時，在叛軍中忽然傳開了劉休範的死訊。叛軍上下頓時做好了逃跑的準備。有叛將造謠說劉休範沒死，現坐鎮新亭，城內的朝廷官員紛紛跑到新亭，拿著手本（名片）請求拜見劉休範。一時間，前來表示效忠的官紳達數千名。

蕭道成聞訊，登上新亭北城樓，對前來求見劉休範的人們說：「叛逆劉休範父子已經被殺死了，屍體就放在南岡下邊。我是蕭道成，大家仔細看看。各位的手本我已經燒毀了，請不必顧慮！」

蕭道成立即派出軍隊從石頭城渡過秦淮河，從承明門進城，保護皇宮，與叛軍開仗。結果，叛軍被消滅，還攻克了東府。蕭道成率軍返回建康。百姓沿途圍觀，紛紛指點著蕭道成說：「保住朝廷的就是這位蕭將軍啊！」

在平定桂陽王劉休範的過程中，蕭道成忠於朝廷，孤軍支撐危局。因此，被任命為中領軍、南兗州刺史，留京任職，與袁粲、褚淵、劉秉共同決定朝政，人稱「四貴」。此時的蕭道成在政治上仍無野心，在昏聵的君主面前仍是畢恭畢敬。

小皇帝劉昱隨著年齡的增長，越加荒唐、兇殘暴虐。他經常化裝成平民出宮嬉戲，甚至夜不歸宿。有時光天化日之下，在街頭巷尾與地痞無賴流氓為伍，遭到他們的謾罵、踢打，不僅不怒而且很高興。有時率領衛士全副武裝出遊，沿途無論碰上男人或女人，老人或小孩，牛馬豬狗，都要斬盡殺絕。他隨身經常攜帶斧錘鑿鋸，不管官民，隨時隨地便親手殺砍，甚至剖腹取樂。直弄得人心惶惶，雞犬不寧。只要他上街，店鋪便紛紛關門，路斷行人。每逢他召集官吏，百官無不戰戰兢兢，不知何時喪生。就連值班的太監也不能倖免於難。每逢值班的下崗時，無不長吁一口氣，又平安度過了一天！

劉昱已到了嚴重變態的程度。他居然無緣無故地想殺死蕭道成。夏天某日，劉昱突然駕臨蕭道成家。當時酷暑難當，蕭道成光著膀子，躺在竹榻上乘涼。劉昱突然闖入，他連穿衣服都來不及，只得打赤膊接駕。劉昱盯著蕭道成的大肚子說：「這可是個好靶子！」

邊說邊向侍衛要弓箭，竟然瞄準蕭道成的肚臍，拉開弓就要射箭。蕭道成急忙說：「陛下，老臣無罪！」

侍衛王天恩勸阻劉昱道：「陛下，蕭將軍的大肚子果然是個好靶子，可是陛下這一箭射上去，蕭將軍就死了，以後陛下想找這樣的好靶子可就難了！臣想陛下不如改用響箭射，響箭的箭頭是圓形的骨頭，射不死人，下次還可以再射！」

劉昱聽後，便換了一隻響箭，朝著蕭道成的肚臍射去，一發即中。劉昱把弓扔到地上，哈哈大笑起來，並說：「這一手怎麼樣？」

由於王天恩的巧言勸諫，蕭道成才保住了性命。

可是，劉昱要殺蕭道成之心不死。一天，他帶領人馬把蕭道成的中領軍衙門團團圍住，然後就放起火來。他吩咐眾兵士，只要蕭道成往外一跑，當場就把他殺了。只是因為蕭道成堅守衙門沒有離開一步，所以才沒被殺死。

劉昱三番兩次要殺蕭道成，都沒有達到目的。於是，在宮中命人做了一個木頭人，和蕭道成一模一樣，在木頭人的肚子上畫好靶心。劉昱天天都用箭射靶心，還命令衛士們射靶心，射中者予以重賞。劉昱在宮廷內外，不管碰上什麼東西，都指著大呼蕭道成的名字，並且親自磨槍頭，邊磨邊說：

「明天非扎死蕭道成不可！」

劉昱的這些類似瘋癲的舉動，被他的生母陳太妃知道了。陳太妃把劉昱叫來，大罵道：「你這個不成器的東西，蕭道成為國家立下了大功，你今天把他害死了，明天誰還會給你出力效忠？」

劉昱從小就怕陳太妃，因為宋太宗劉彧生前有令，只要劉昱不聽話，陳太妃可以狠狠地打他。所以劉昱長大後仍然怕陳太妃。這次經陳太妃一頓痛罵，才不敢再提殺蕭道成的事了。

蕭道成幾次從劉昱手下死裡逃生，成天擔驚受怕，不知何時會死於劉昱手中。他被逼不過，才橫下心來，決意廢黜劉昱，以求個人無事，國家太平。於是，他與另外兩個權臣袁粲、褚淵商議廢黜劉昱，另立新君。袁粲說：「皇上年幼，偶犯小過，可以改正。今天想效法伊尹、霍光廢黜君主是行不通的啊！就是能夠成功，到頭來也將連個安身之處也不會有了。」

褚淵在一旁沉默不語。這次「碰頭會」就這樣毫無結果地散了。袁、褚二人走後，蕭道成部下功曹紀僧真說：「現在皇帝毫無人君的樣子，人人不能自保，不能把希望寄託在袁粲、褚淵身上！將軍您可不能坐等大禍降臨呀！生死存亡的關鍵，將軍可要深思熟慮哪！」

蕭道成認為紀僧真說的很有道理，決心不管袁粲、褚淵等人的態度，自己單槍匹馬也要拼一番。

蕭道成開始行動了。

他祕密派遣親信給青州、冀州刺史劉善明捎話說：「人們勸我去廣陵，我想這不是長久之計。現在秋風已起，您如果與垣榮祖太守向北魏挑釁一番，引起邊境衝突，我的一切計畫就可以實現了。」

與此同時，蕭道成給東海郡太守垣榮祖也捎去了同樣內容的信。

劉善明很快就給蕭道成回了信，說：「劉宋王朝將要滅亡，無論聰明人或愚蠢的人都知道這個。北魏一旦有什麼動作，不僅對您不利，反而會成為您的禍患。您英明神武，非常人可及，只要安心靜候時機，大事不愁成功。」

同時，垣榮祖也回信說：「將軍的府邸離朝廷不過百步之遙，您出走人家怎會不知道？再說，您單槍匹馬去廣陵，一旦人家閉門不納，您將往何處安身？您的一舉一動，難免沒有人向朝廷報告，那時一切便全完了！」

紀僧真對去廣陵也不贊同，他說：「皇上雖然荒唐無道，但是國家的元氣還沒大傷，將軍一家百餘口，將軍北上也不可能把家人全帶走。退一步說即使順利抵達廣陵，天子一旦把您定為逆賊，從京城發出一道詔令，將軍能躲得了嗎？這不是萬全之策。」

蕭道成的堂弟蕭順之及兒子蕭嶷也都認為去廣陵不妥。這父子二人主張趁皇帝離開宮廷到街上遊逛時下手，成功的可能性最大。如果跑到京城以外的地方起兵，則成功的把握很小，甚至會引火燒身。

蕭道成在眾人的勸說下，改變了去廣陵發動兵變推翻皇帝的主意。他決定在京城下手。越騎校尉王敬則主動夜裡到街上隱蔽，觀察皇帝的行蹤。蕭道成授意王敬則去結交皇帝的貼身侍從楊玉夫、楊萬年、陳奉伯等眾人，以便在宮中安下眼線，伺機動手。

元徽五年，（四七六年）七月初六日，皇帝劉昱在夜裡又換上平民衣服，帶上幾名衛士上街遊逛，信步走到蕭道成府門前，身邊的侍從說：「領軍將軍府內的人現在全睡了，陛下何不爬牆進去耍耍？」

劉昱搖搖頭，說：「今天晚上我要到別處痛快痛快，明天晚上再來這兒吧！」

劉昱與侍從的對話，被門內的蕭道成部下員外郎桓康等人聽得一清二楚，立即向蕭道成報告了。

蕭道成當機立斷，明天晚上動手。他叫王敬則速去與楊玉夫聯繫。

第二天，是七月初七，劉昱坐著敞篷車，到台岡玩，和侍衛比賽跳高後，前往青園尼姑庵又鬧了一陣，挨到晚上，又去新安寺偷狗，然後到曇度道人那裡煮狗肉吃，喝得爛醉才返回仁壽殿睡覺，把昨天夜裡在蕭道成家門口說的話，忘了個一乾二淨。

侍從楊玉夫早已和王敬則定好，今夜伺機幹掉劉昱。當劉昱返回仁壽殿時，吩咐楊玉夫到院內去觀察織女星過天河，並說：「看見織女星過天河立刻向我報告，你如果看不見，哼！我把你小子心肝肺挖出來！」

近期以來，劉昱一見到楊玉夫，就咬牙切齒地說：「看我不把你這小子宰了！」現在，楊玉夫又看到劉昱那副兇狠的模樣，不由得後背直冒冷氣，本來他還有點猶豫，如今一聽要挖出他的心肝，他橫下心今晚幹掉劉昱。

王敬則按照事先的約定，藏在宮門外面，靜候楊玉夫的消息。

楊玉夫等到劉昱睡熟，就與楊萬年一塊把劉昱的防身刀拿到手中，然後把劉昱的腦袋割了下來。對此，宮中任何人也沒有覺察。因為劉昱出入皇宮毫無規律，所以宮門，包括小閣的門一律不上鎖，晚上也敞著。值班警衛怕無故挨打，都躲在值班室內，不呼喚不願出屋。偌大的一座仁壽殿，空蕩蕩一個人影也見不到，所以楊玉夫才能毫不費事地刺殺了劉昱。

楊玉夫殺死劉昱後，讓侍在走廊上的樂師陳奉伯把劉昱的腦袋藏在袖子裡，帶出宮去。陳奉伯順利地走出宮門，把劉昱的人頭交給了王敬則。王敬則飛馬來到蕭道成府門，高喊得手了，叫快開門。蕭道成聽到，門軍報告後，擔心是劉昱騙自己，吩咐不准開門，並叫王敬則把人頭從牆上扔進來。蕭道成拿到人頭後，用水沖去鮮血，確認是劉昱的腦袋，這才准許打開大門。

蕭道成帶著王敬則、桓康等人趕往仁壽殿。進了宮門之後，過了幾重門，守門的禁軍個個低著頭，不敢察看來人。因為他們以為是皇帝回宮了。蕭道成一行順順當當地抵達了仁壽殿。這時，殿內的值班人員被驚動了，警衛也從屋中跑出來。正當人們驚恐不安之時，蕭道成大聲宣布劉昱已經死了。人們一聽先是一愣，接著便歡呼雀躍起來。

七月初八日一大早，蕭道成站在仁壽殿院中，以皇太后的名義下令召袁粲、褚淵、劉秉三個決策者進宮議事。三人到齊後，蕭道成首先朝皇族劉秉說：「這是你們劉家的事，你看怎麼辦？」

劉秉一聲不吭。

蕭道成氣得鬍子都撅起來了，瞪著兩隻閃閃發光的眼睛盯著劉秉。劉秉見此情形，無可奈何地說：「行政方面的事務可以交給我處理，軍隊方面的事務，則由您全權負責好了。」

蕭道成點點頭，轉臉向袁粲說：「軍隊的事由袁大人管吧！」

袁粲一聽，倒吸了一口涼氣，兩隻手不停地搖擺說：「別，別，蕭將軍請別推辭，軍隊的事非將軍您莫屬啊！我不成，實在不成……」

這時，王敬則從座位上跳起，嗖的一聲把佩刀拔出來，圓睜二目，高聲說道：「天下大事，都應稟報蕭公裁決，誰敢說個不字，讓他的血染我的寶刀！」

說罷，將條几上的皇冠一把拿起來，扣在蕭道成的頭上，說：「辦大事要打鐵趁熱，有誰敢亂動嗎？」

蕭道成對王敬則喝斥道：「你這是幹什麼？」

袁粲剛要張嘴，王敬則把刀一拍，向他喝道：「你要怎樣？」

袁粲連忙把嘴緊緊閉上。

這時，褚淵說話了：「依我看，不是蕭將軍，咱們任誰也不能收拾這個局面呀！」

說罷，把一些應該處理的奏章，全部雙手呈給蕭道成。

蕭道成一邊接過奏章，一邊說道：「既然你們都不肯出頭，我也就不能再推辭了。」

當下，蕭道成提出請劉準繼承帝位，眾人一致同意。蕭道成把手一揮，命令衛士們：「備車，到東府迎接皇上。」

「遵命！」衛士們雷鳴一般答應。一個衛士出殿去傳令，剩下的衛士們按照事先的吩咐，一齊拔出腰刀，迅速將劉秉、袁粲、褚淵圍上，「請」他們去東府迎接劉準。劉秉等三個人渾身打顫，乖乖地在衛士們的簇擁下，出殿上車奔東府去了。

在宮門外，劉秉與堂弟劉韞相遇。劉韞掀開車簾，對劉秉說：「今天的事，該歸兄長了吧？」劉秉沮喪地答道：「他們已把大權交給蕭領軍了！」

劉韞捶胸頓足地說：「哥哥呀，哥哥，難道你的肉中就沒有血嗎？用不了多久，就被抄家滅族了！」

當天，蕭道成以太后的名義宣布廢帝劉昱的罪狀，並說明這次廢黜皇帝是太后決定的，命令領軍將軍蕭道成執行。最後，還明確宣告由安成王劉準繼位當皇帝，追封已死的皇帝劉昱為蒼梧王。

新皇帝劉準當時只有十一歲，朝政由蕭道成、袁粲、褚淵、劉秉共同輔佐。時隔不久，蕭道成以司空、錄尚書事、驃騎大將軍的身分，兼管軍政大事，總攬朝政，廣置心腹。褚淵澈底投靠蕭道成，袁粲和劉秉被駕空，雖然心懷不滿，可是也無可奈何，只得俯首聽命了。

這時，蕭道成已產生稱帝的野心了。他開始進一步排除異己，於八月份把袁粲調任鎮守石頭城。袁粲看破了蕭道成的用心，一反常態，毫不推辭地出守石頭城。他的用意是，雖然離開了決策的中書監地位，但畢竟手中握有一部分兵權，可以便於暗中策劃推翻蕭道成的活動。

還沒等袁粲起兵，蕭道成的親家荊州刺史沈攸之已出兵討伐蕭道成了。

沈攸之與蕭道成本是好朋友，二人在宋孝武帝劉駿及宋前廢帝劉子業時期曾共同擔任宮廷警衛，蕭道成的女兒嫁給了沈攸之的兒子，二人可稱得上休戚相關了。可是，當蕭道成把宋後廢帝劉昱趕下台，掌握了朝廷大權之後，沈攸之開始嫉妒他了。沈攸之不只一次地對人們說：「我寧可像王陵那樣死去，也不當賈充！」

王陵是三國時代魏國的太尉，因要討伐司馬懿而被殺死；賈充是魏國的大臣，指使部下刺殺魏王曹髦，甘心情願地給司馬昭當鷹犬。沈攸之說這話，用意很明顯，充分表露出不與蕭道成聯手的決心。

沈攸之一面公開表態反對蕭道成，一面因力量不足卻對劉準繼位表示祝賀。暗中，他積極積蓄力量，等待時機起兵攻打蕭道成。同時，沈攸之還向親信們透露，他手中有一道宋明帝劉彧當年寫給他的密詔，言下之意是說自己的一切言行是有依據的，是在履行宋明帝的囑托。

在沈攸之起兵前夕，他的妾崔氏勸阻道：「大人年事已高了，怎不考慮全家百餘口的生死呢？」沈攸之指著身上的坎肩說：「當年宋明帝給我的密詔，我縫在這裡面，日夜不離身，時時刻刻都不忘皇帝的囑托啊！」

接著，他又說，昨天收到太后賞賜的蠟燭，剖開後，發現裡面藏有太后的親筆詔令，指示自己：「國家大事，全憑卿做主了。」正因為這些，自己才起兵討伐蕭道成。

十二月十二日，沈攸之點將出兵沿江東下，同時還給蕭道成寫了一封公開信，說：「少帝（劉昱）昏暴，你可以與眾位大臣會商，然後共同向太后建言，廢黜昏君。你怎麼可以勾結皇帝的侍衛刺殺君主呢？甚至暴屍不葬，致使屍體腐爛生蛆，蛆都爬到了門上。對此，群臣無不驚駭。你又隨意調動大臣，安插親信，連宮門、殿門的鑰匙也由你的家人們掌管。我真不知道，當年漢朝的霍光在輔佐幼主時是這樣的嗎？我更不知道，三國時的諸葛亮受先帝之托，輔佐後主是這樣的嗎？你既然想滅亡宋朝，就怪不得我以春秋時楚國的申包胥為榜樣，要到處借兵保衛國家了！」

京城眾官員見到這封信後，無不驚慌。蕭道成也很緊張，立即採取對策，命令侍中蕭嶷替自己鎮守東府，命令撫軍將軍蕭映把守京口。接著，又下令京城戒嚴，命令劉贊為荊州刺史，撤銷沈攸之職務，任命右衛將軍黃回為前鋒，率各路兵馬討伐沈攸之，又任命自己的兒子蕭賾為西討都督。

蕭道成部署妥當之後，就去探望袁粲。袁粲沒與他面見。於是，蕭道成就把褚淵叫來，與自己共同處理政事。褚淵對蕭道成說：「西部兵變不會成功，關鍵是你要防止朝廷內部的變故！」

這時，袁粲、劉秉正聯合因母喪回京的湘州刺史王蘊準備搞掉蕭道成，並取得了黃回、卜伯興、任侯伯、孫曇瓘、王宜興等將帥的支持。

對此，蕭道成也有所聞，加上褚淵的提醒，立即採取了一些防範措施，派蘇烈、薛淵、王天生等親信去石頭城協助袁粲，實則監視。任命王敬則為直閣將軍，與卜伯興共同掌管禁衛軍。

袁粲等人加緊了事變的準備，一邊將政變計畫告知了褚淵，以謀求他的支持；一邊決定假傳太后聖旨，派劉韞、卜伯興率禁衛軍攻打蕭道成。同時，決定劉秉、任侯伯趕往石頭城，於二十三日夜裡開始行動。

劉秉為人懦怯，本來約定夜裡動身，可是他卻提前在下午就收拾行裝，天沒黑就帶領全家老小趕奔石頭城去了。孫曇瓘聽說劉秉提前動身，他也跟著奔向石頭城。袁粲見劉秉等提前到來，驚呼：「為什麼提前行動？今天肯定要失敗了！」

果不出袁粲之所料。由於劉秉等人提前行動，引起了人們的懷疑，丹陽郡丞王遜等人紛紛跑去給蕭道成報信。蕭道成聞訊後，立即派人祕密通知王敬則。王敬則趕到中書省逮捕劉韞。這時，劉韞已準備妥當，只等夜裡準時動手。突然見王敬則前來，不由大吃一驚，慌忙立起身來說：「老兄為何在這麼晚前來？」

王敬則厲聲呵斥道：「你小子怎敢叛亂？」

劉韞一聽此話，感到事態嚴重，立即衝上去與王敬則廝打，結果被王敬則殺了。之後，王敬則又殺死卜伯興。

與此同時，石頭城內的蘇烈等人也接到蕭道成的命令，搶占了倉城，與袁粲對壘。

王蘊得知劉秉逃往石頭城的消息後，深深地嘆了一口氣，說：「大事休矣！」匆匆忙忙集合幾百名衛士，也逃往石頭城。按照事前約定，行動開始後，石頭城南門大開，以便劉秉、王蘊、孫曇瓘等人進來。由於劉秉提前行動，一切都亂了套。這時，南門已被薛淵控制了。當王蘊一行人來到石頭城南門時，見城門緊閉，尚未來得及喊話，城上便亂箭齊發，王蘊等人以為袁粲已經失敗了，於是便一哄而散，乘著夜色掩護，逃命去了。

這時，蕭道成派來的援軍已到，進了石頭城與蘇烈等一起攻擊袁粲。不久，袁粲的指揮部西門被焚，正在東門的袁粲急急忙忙趕往西門，與袁粲一同在東城門的劉秉和兩個兒子翻過城牆落荒而逃。當袁粲與兒子袁最來到西城門時，指揮部已被占領，袁粲父子被殺死。袁粲臨死之前，對兒子說：「我不失為忠臣，你不失為孝死。」

劉秉父子逃到額檐湖時，遭追兵抓住，當場被砍頭。

任侯伯並不知道事情洩露，仍依照原計畫按時乘船去石頭城，臨近一看，朝廷的軍隊嚴陣以待，立即掉轉船頭回去了。黃回的部隊已集合待命，只等天亮衝進宮城。當黃回聽到事情敗露的消息時，便不敢行動了。蕭道成對黃回仍如既往，未加追究。王蘊在逃跑途中被捉殺害；孫曇瓘一時不知去向。

就這樣，袁粲等人精心策劃的政變，以失敗告終。

閏十二月十四日，沈攸之率軍抵達夏口。留下一部分軍隊圍攻郢城，自己率大軍繼續東下。行前，又改變計畫，親自督戰攻打郢城，久攻不下。

宋順帝升明二年（四七八年）正月，沈攸之傾全力攻打郢城，屢屢敗陣。後來，他分兵攻打鄂城和黃岡東部，獲得勝利。不久，黃岡東部又被朝廷收復。

這時，沈攸之的部隊銳氣喪盡，逃跑者日益增加。沈攸之親自出馬到各營巡視、撫慰，逃兵仍有增無減。他氣急敗壞地召集各將領訓話：「我受太后委託率兵東下，如能成功，大家都可升官發財；若是不幸失敗，與你們眾將無關，朝廷只拿我一人問罪。近來，士卒逃跑日有發生，全因你等管教不嚴所致，我也不可能逐個去審訊逃跑之人。從今天起，各部隊如再有叛逃的，我就唯你們這些領兵將領是問！」

沈攸之滿以為經自己這麼一講，各將領肯定會嚴加防範士卒逃亡。可是事與願違，自從他訓話之後，帶兵將領不僅不去追索逃兵，甚至兵士逃亡也不上報了。

攻打郢城的將領劉攘兵擔心自己受制裁，主動與守城的柳世隆接洽投降。在正月十九那天，劉攘兵放火燒毀軍營，離開陣地向柳世隆投降。其他攻城部隊見劉部譁變，也一哄潰逃。沈攸之聞訊，氣得暴跳如雷，派兵將劉攘兵的侄兒、女婿抓獲斬首。可是，兵敗如山倒，沈攸之也控制不住部隊了。天亮時，就連沈攸之也逃過了長江，敗退到漢陽東北。這時，身邊只剩下幾十名衛兵了。因為守郢城的柳世隆沒有追擊，沈攸之才得以喘息，收攏潰兵。他對收攏的兩萬多名士卒說：「荊州城內錢糧充足，我帶你們去荊州搞糧草，然後咱們再打回來！」

這時，朝廷的部隊已攻到江陵沈攸之的老巢。守江陵的是沈攸之的兒子沈元琰，城裡眾人聽說朝廷大軍已到城下，一夕數驚。夜裡忽然聽到鶴鳴聲，以為是大軍攻城了，官吏和百姓四散奔逃。沈元琰逃到寵洲（江陵西南的長江中），被亂兵殺死。結果，江陵失守，沈攸之的另外兩個兒子、四個孫子被殺。

沈攸之逃到華容時，身邊只剩一個兒子相隨，其他官兵早已逃得不見蹤影了。沈攸之父子走投無路，在樹林中上吊自殺。村民將沈氏父子的頭顱割下，送交占領荊州的官軍。

荊州捷報送到京城之後，蕭道成宣布解除戒嚴，自己也離開宮城返回東府。

蕭道成進一步肅清異己力量，於四月份將黃回召到京城，乘他前來拜見之機，命手下將他殺死在客廳之內。

蕭道成為了實現篡位計畫，把自己的兒子蕭賾提升為領軍將軍。此外，他還大量引用人才，收為心腹。

一切都準備停當之後，蕭道成開始找褚淵密談，說自己要當太傅，以此試探褚淵。褚淵一則是蕭道成較為親近之人，再則為人貪生怕死，所以他明知蕭道成這是篡取皇位的第一步，也裝作不解，滿口贊成。

不久，蕭道成便獲得了一連串的官銜：大都督、太傅、揚州牧，而以前獲得太尉、驃騎大將軍、錄尚書事、南徐州刺史仍然照舊。此外，還附加了許多特權：使用黃鉞儀仗、帶劍穿鞋上殿見皇帝、入朝不趨、奏事時不傳呼姓名等。隔年三月，皇帝又封他為相國，總管百官，晉爵為齊公，擴大封地至十郡，加賜九錫。

至此，蕭道成要取代劉宋王朝的謀畫已是昭然若揭了。這自然要引起皇族的反對。臨川王劉綽是皇室近支，他派人聯絡凌源縣令潘智，想在宮中搞一場兵變，消滅蕭道成。潘智把劉綽的計畫全盤報告了蕭道成，結果，劉綽全家及黨羽於三月初八日被捕捉處決。

四月初一日，蕭道成又晉爵為齊王。他離皇帝寶座只一步之遙了！

四月二十日，宋順帝劉準下詔把皇位禪讓給齊王蕭道成。名曰「禪讓」，實乃奪權。四月二十一日，舉行禪讓大典。一大早，蕭道成的心腹王敬則便率領軍隊衝進宮殿，迎接小皇帝劉準出席禪讓大典，小皇帝嚇得逃進佛堂，藏在寶蓋下面。太后王貞鳳害怕延誤了禪讓大典，招致殺身之禍，焦急萬分，親自帶領太監在宮中四處尋找皇帝。費了九牛二虎之力，才找到了劉準。王敬則拉著小皇帝，叫他上轎。劉準抹了一把眼淚，顫聲問道：「要殺我嗎？」

王敬則答道：「不，離開這裡住到別處去。你的老祖宗取代司馬氏的時候也是這個樣子。」

劉準絕望地邊哭邊說：「希望死後再也不要托生在帝王家了！」

宮中的人聞聽此言，全都哭了。

小皇帝劉準拉著王敬則的手，懇求道：「請將軍救命，我送給您十萬錢！」

王敬則把小皇帝帶到早已搭好的高台下，一切都按禪讓的禮儀進行。典禮過後，小皇帝被封為汝陰王，送往丹徒宮居住。

褚淵率領文武百官，捧著皇帝玉璽，來到齊王住處勸蕭道成登極稱帝。蕭道成卻故作姿態，推辭不受。直拖到四月二十三日，蕭道成才「不得已」在南郊即皇帝位，改國號為齊，改年號為建元，宣布在全國實行大赦。

五月十八日，有人騎馬從汝陰王劉準的府門前經過，負責看守劉準的兵士們很緊張，以為是有人來搶劉準，其中一衛士便把劉準殺了，然後向朝廷報告說汝陰王病死了。蕭道成聞訊後，不僅未進行追究，反而對那個衛士大加封賞。一天之後，蕭道成又下令把劉宋王朝的皇族全部殺死，以絕後患。

蕭道成稱帝後，鑒於劉宋王朝君主昏暴，社會黑暗，內鬨不已，為異姓人提供了「篡位」的機會這一歷史教訓，他革除了劉宋王朝的一些弊政，提倡節儉，崇尚儒家，社會風氣有所好轉，統治階級內部矛盾有所緩和，社會一度又出現了太平景象。

高氏篡東魏，宇文氏篡西魏

南北朝在混亂中對峙，在對峙中混亂。這種時勢，造就出一批批篡奪君權的「英雄」。篡位，已成為一種「時髦」。在南方，東晉、宋、齊、梁、陳五朝更迭，全由篡位所致；在北方，北魏的解體，東魏、西魏的滅亡，也都是篡位的結果。

北魏是鮮卑族建立的政權。開國伊始就不斷鬧內亂，皇帝接二連三被權臣所弒。至孝文帝元宏親政時，推行漢化政策，大力改革，北魏才由衰為盛，並南下攻打齊朝，企圖統一中國。可是，由於孝文帝病死軍中，統一遂成泡影。孝文帝死後，北魏又為內亂所困。外戚高肇與佞臣茹皓專權誤國於前，貴族元叉與太監劉騰穢亂朝政於後，國力大衰，社會風氣日下。北魏王朝已到了腐朽不堪的程度了。

北魏孝明帝正光四年（五二三年），對北魏來講，不啻雪上加霜。明帝與胡太后矛盾深重，內亂一觸即發。而北方柔然族又大舉犯邊，北魏設在北部邊防的六鎮，也為兵變、民變所困。在內亂外釁的擠壓下，北魏王朝搖搖欲墜。

孝昌二年（五二六年），孝明帝在平定北方六鎮之亂、制止柔然犯邊以後，想以擁有重兵鎮守晉陽的權臣爾朱榮為後盾，鏟除胡太后的勢力，就下詔密令爾朱榮進京。爾朱榮率軍進京途中，京城發生政變，胡太后與權臣鄭儼等將孝明帝害死，迎立孝文帝的曾孫，年僅三歲的元釗即皇帝位。爾朱榮聞訊後，繼續揮軍南下，並在途中迎立長樂王的兒子元子攸為皇帝。一國二帝，勢不兩立。最後，以爾朱榮攻陷京城洛陽，把胡太后及元釗扔進黃河而結束了這場內鬨。

元子攸名義上為皇帝，其實不過是爾朱榮掌中的傀儡。爾朱榮坐鎮晉陽，遙控朝政；他的女兒當皇后，兇悍異常，專制後宮。孝莊帝元子攸內外受制，日夜不得安寧。

孝莊帝永安三年（五三〇年），乘爾朱榮來京城之機，孝莊帝設伏兵將爾朱榮殺死在洛陽。爾朱榮的兒子爾朱兆聯合爾朱榮的堂弟爾朱世隆攻陷了洛陽，俘獲了孝莊帝，送往晉陽殺掉。同時，立廣陵王元恭為皇帝。

與此同時，大臣高乾、高敖曹、高歡起兵聲討爾朱兆，共推渤海太守元朗為皇帝，高歡自封為丞相。於普泰二年（五三二年）高歡率北方六鎮之兵攻陷洛陽。高歡進京後，不僅把爾朱兆立的節閔帝元恭廢掉，而且把前一時期自己親手立的元朗也廢掉了。高歡改立平陽王元脩為皇帝。

第二年，高歡打敗爾朱兆，將其殺死，占據了晉陽，遙控朝政，與孝武帝元脩的矛盾日漸激化。孝武帝聯結鎮守關中的大將（爾朱榮的部下）賀拔岳，密謀除掉高歡。

孝武帝永熙三年（五三四年），高歡命秦州刺史侯莫陳悅將賀拔嶽殺死。而孝武帝元脩也不示弱，命大臣宇文泰率兵討伐侯莫陳悅，並將其殺死。事後，孝武帝下令宇文泰鎮守關中。

不久，孝武帝又下詔痛斥高歡，列舉罪狀，要殺高歡。高歡針鋒相對，率軍南下，攻打洛陽。孝武帝不敵，逃往長安，投奔宇文泰。高歡在洛陽擁立清河王的兒子元善見為帝，並遷都鄴城。孝武帝逃到長安後，封宇文泰為大丞相，輔佐朝政。實際是在宇文泰控制下當了傀儡。不久，宇文泰把孝武帝元脩殺死，改立南陽王元寶炬為皇帝。

從此，北魏一分為二了。元善見為孝靜帝，因鄴城在東方，稱東魏；元寶炬為文帝，因長安在西部，稱西魏。這兩個皇帝都是傀儡，東魏大權被高歡掌握；西魏大權由宇文泰控制。

東魏與西魏分立之後，兩國內部並不太平。圍繞著君權，展開了一幕幕驚心動魄的鬥爭。

東魏占據山西、陝西分界黃河以東，淮河以北地方，生產與文化較為發達。高歡以丞相身分，專制朝政，其長子高澄、次子高洋手握軍權，東魏其實是高氏父子的天下。

高歡生前，對東魏孝靜帝元善見表面尚能以禮相待。高歡時刻想吞併西魏，所以他不想內部出現紛爭，以挾天子令諸侯為上策。可是高歡死後，他的兒子大將軍高澄主政，對孝靜帝的態度卻完全不同於乃父了。不僅傲慢無禮，還派親信監視孝靜帝的一言一行，如果說孝靜帝已淪為「高級犯人」也不為過。

比如，高澄在給崔季舒寫信時，竟公然以「白癡」來稱呼孝靜帝。其實，孝靜帝不僅不傻，而且儀表堂堂，武藝超群，能挾著宮門外的石頭獅子跳過宮牆，射箭則百步穿楊。孝靜帝怕高澄已是人所共知的了。甚至他身邊的侍衛往往以大將軍高澄不以為然來勸諫他。一次，孝靜帝到郊外打獵，策馬飛奔，侍衛擔心有閃失，就在後面大聲喊叫：「陛下，不要飛跑了，大將軍會生氣的！」果然有效，孝靜帝立刻勒住了韁繩。更令孝靜帝難堪的，莫過於挨罵挨揍了。有一次，大將軍高澄陪孝靜帝飲酒，高澄一時高興，拿起大杯向孝靜帝勸酒道：「來，來，我勸陛下乾這一大杯！」

孝靜帝平日壓抑的惱怒，乘著酒勁，突然爆炸了：「自古以來，沒有不滅亡的國家，朕這一生還有什麼用？」

高澄見狀，勃然大怒，把酒杯往地上一摔，對孝靜帝破口大罵：「朕，朕，狗腳朕！」

罵罷仍不解氣，又命令身旁的崔季舒掄起拳頭連打孝靜帝。負責堅視孝靜帝的崔季舒掄起拳頭連打孝靜帝三拳，高澄這才拂袖而去。

第二天，孝靜帝一見到高澄還連連道歉，說自己昨天喝醉了酒，說了一些醉話，同時，還賞給崔季舒一百匹絹。

孝靜帝受的種種窩囊氣，不敢發洩，只能靠念幾首古詩來排遣了。一天，孝靜帝吟起了謝靈運的《臨川被收》詩：「韓亡子房奮，秦帝魯連恥。本自江海人，忠義感君子。」

當時，只有常侍、侍講荀濟在場。荀濟自然領會了孝靜帝的用意。孝靜帝切盼能有張良、魯仲連那樣的人物站出來，替自己雪恥。

事後，荀濟串聯了祠部郎中元謹、長秋卿劉思逸、華山王元大器、淮南王元洪宣、濟北王元徽等對高澄不滿的官僚、貴族，暗中策劃殺死高澄，以正朝綱。荀濟把除掉高澄的計畫向孝靜帝講了，並得到首肯。於是，荀濟等人便按計畫開始行動。

他們以在皇宮裡造土山為名，暗中挖掘通向北城的地道，以供殺高澄時使用。當地道掘到千秋門下邊的時候，守門的士兵聽到地下有聲音，就向高澄報告了。高澄聞訊後，立即率領軍隊衝進皇宮。高澄見到孝靜帝，也不跪拜，一屁股坐在椅子上，高聲喝問：「陛下為什麼要造反？我高家父子是開國的功臣，有什麼地方對不住陛下？這肯定是陛下左右親信及妃嬪幹的事。」

孝靜帝也豁出去了，理直氣壯地頂撞高澄道：「自古以來，只聽說臣子造皇帝的反，沒聽說皇帝造臣下的反。大將軍自己想造反，怎麼反而指控我造反？我殺死你大將軍，國家就會太平；不殺死你大將軍，國家立刻就要滅亡。我自己都不能自保，何況妃嬪！一定要以臣弒君，早下手晚下手都取決於你大將軍。」

孝靜帝這番義正辭嚴的話，震懾住了高澄。高澄連忙站起身，大聲哭著向孝靜帝請罪。孝靜帝也不敢過分，只得見好就收，留下高澄飲酒。兩個人直喝到半夜，高澄才出宮。

高澄回去後，很快便把事情的真相查清了。三天之後，高澄把孝靜帝軟禁了起來，把荀濟等人逮捕。高澄平素很敬重荀濟，不想處死他，就親自找荀濟談話。高澄問他道：「荀老先生你怎麼要造反呢？」

荀濟正色說道：「我荀濟奉詔誅殺高澄，這怎麼能叫造反呢？」

高澄見荀濟不肯向自己低頭，也就不再問了。朝負責審訊的官員擺擺手，荀濟便被帶了下去。審判官命人用小車把荀濟拉到東市，連人帶車一起用火燒了。

高澄在處置「造反」一班人的同時，又懷疑諮議參軍溫子升瞭解荀濟、元謹等人的「造反陰謀」。當時，溫子升正在奉高澄之命，為高澄的父親高歡撰寫碑文。等碑文寫畢，高澄便把溫子升關進晉陽的監獄裡，而且不給他飯吃。溫子升在獄中饑餓難挨，只得吃破衣服保命。最後，被活活的餓死了。死後，屍體被拋在路邊，家中人被罰作官府奴婢。

高澄把「造反」的官員處理之後，才把孝靜帝從軟禁的地方放出來。

時隔不久，高澄晉爵為齊王，官職由大將軍升為相國，並享有種種特權。

孝靜帝武定七年（五四九年）八月初八日，皇子元長應高澄的要求被立為太子。對於其他皇帝，立太子是一件喜事，但是對孝靜帝元善見來說，立太子卻不單純是一件喜事了，在喜的背後，藏著憂。因為說不定哪天高澄心血來潮，就要把太子扶上皇位，然後，再由太子上演禪讓的鬧劇，就像歷史上多次發生過的那樣。所以孝靜帝在立太子後，憂心如焚。

就在這千鈞一髮之時，高澄突然遇刺身亡。

前此，高澄在與梁朝的一次戰鬥中，俘獲了梁朝徐州刺史蘭欽的兒子蘭京。高澄罰蘭京為奴，讓他給自己做飯。蘭欽屢次請求贖回兒子，均被高澄拒絕。蘭京自己也曾多次當面求高澄放自己回家。每次，高澄都用棒子來回答他的請求，並不只一次地威嚇說：「今後你這個畜牲再敢提回家的事，看我不宰了你！」就這樣，蘭京再也不敢提回家的事了。外表上還得裝出十分恭敬的樣子，可是內心深處卻充滿了仇恨。蘭京祕密串聯了六個知心朋友，暗中商量好，抓住時機殺死高澄。

就在冊立太子的當天，高澄在冊立太子儀式過後，召集親信散騎常侍陳元康，吏部尚書、侍中楊愔，黃門侍郎崔季舒密謀禪讓，擬定文武百官名單，連吃飯都顧不上了。蘭京照常來侍候高澄吃飯，剛一進門，就被高澄攆了出去。高澄盯著蘭京的背影，對崔季舒等人說：「昨天夜裡，我夢見這個奴才用刀砍我，應立刻把他殺了！」

蘭京聽到了這話，趕緊跑回廚房，端起一大盤菜，將一把尖刀藏在盤子底下，又匆匆返回來，盡量不動聲色地對高澄說：「大王，奴才把菜送來了。」

高澄怒吼道：「我沒要，為什麼你又來了？」

說時遲，那時快，蘭京把盤子一扔，亮出了尖刀，衝著高澄撲來，嘴裡說：「來殺你！」

高澄見狀，一股勁從座位上跳起來，沒料到因為動作太急，把腳扭傷了。高澄拖著傷腳，一頭鑽進了床底下。蘭京一把將床掀翻，向高澄猛刺數刀。陳元康衝上前去與蘭京奪刀，結果肚子被劃破，腸子流了一地；楊愔嚇得抱頭鼠竄，腳上的靴子都跑掉了；崔季舒慌不擇路，躲進廁所。剎時間，高澄的住處翻了天。

高澄的弟弟高洋住在城東，聞訊後立刻指揮軍隊把高澄的住處包圍起來，然後衝了進去。蘭京等七人被高洋的手下人剁成了肉泥。高洋對外封鎖高澄死亡的消息，只說：「奴僕造反，相國受傷，不嚴重。」

消息傳開，朝野上下無不驚奇。高洋仍祕不發喪。當晚，陳元康也因傷重而死。高洋也不發表陳元康死訊，而且還發表一道命令，任命陳元康為中書令，藉以掩人耳目。

高洋的一些親信大臣紛紛勸他離開京城，到晉陽去，因為大量部隊都駐在太原。高洋聽從了親信們的建議，連夜部署軍隊，自己決定去晉陽。

高澄遇刺身亡的消息漸漸傳布開來。孝靜帝元善見也聽到了。他對身邊的親信說：「高大將軍已死，這是天意。看來，權力該回到皇家了。」

高洋離京前，進宮去朝見孝靜帝。他的隨從兵丁足有八千名，僅跟他上殿的就達二百名，個個手執兵器。孝靜帝嚇得面如土色，渾身抖個不停。高洋透過主持朝儀的大臣給皇帝傳話：「我有家事，立即動身。」說罷，拜了兩拜，便帶著兵丁們出宮了。孝靜帝好半天才緩過神來，瞅著高洋遠去的背影，無可奈何地說：「這個人好像也不能容我，我不知道在哪一天會死呀！」

高洋到晉陽後，朝廷封他為丞相，總管軍事，晉爵齊郡王。不久，又晉為齊王。

高洋認為時機已到，於是積極籌劃當皇帝。高洋的一些心腹利用占卜大造輿論，揚言「太歲星在午，天命大變」。當高洋把自己稱帝的想法告訴母親婁太妃時，沒想到婁太妃卻持反對態度，嚴肅地說：「你爸爸如同龍，你哥哥如同虎，他們尚且不肯違背天意當皇帝，你是什麼人，居然學虞舜、夏禹進行禪讓！」

高洋碰了一鼻子灰，把母親這番話學給親信徐之才。徐之才說：「正因為大王您趕不上父兄，所以才應即早登皇位。」

高洋拿不定主意，就召集會議商討，他的部下齊聚一堂，婁太妃也出席了。會上，婁太妃搶先發言：「我兒子為人正直，但有些怯懦，他肯定想不出禪讓這個主意，這都是高德政蓄意製造事端，教唆我兒子這樣幹的。」

高德政是高洋的老部下，高洋對他言聽計從，是高洋智囊班子的骨幹。婁太妃發言後，有幾位大臣也表示不同意搞禪讓。高洋見眾人意見不統一，反對自己稱帝的大有人在，於是只得宣布散會。

會後，高洋派高德政進京，去試探朝廷公卿們的態度。隨後，自己率軍東進，到平都城駐紮。在平都城，高洋又召集一次會議，討論禪讓的問題。出席會議的人大都不表態，只有長史杜弼侃侃而談：「現在，西魏是我們的大敵，如果大王稱帝，恐怕西魏會以此為藉口，挾天子以令諸侯，自稱正義之師，出兵東犯，那時，大王如何對付他們呀！」

杜弼話音剛落，徐之才急忙說道：「與大王爭天下的人，也想幹大王要幹的事。大不了他們也稱帝罷了。」

這時，高德政也從京城傳來消息，朝廷大多數大臣都不同意高洋稱帝。高洋準備起程返回晉陽。行前，一個管軍糧的官員叫李集，對高洋說：「大王您此番為什麼而來？怎麼能回去呢！」

高洋為了籠絡對稱帝持反對態度的人，把李集訓斥一頓，當眾命令把李集推出東門斬首。暗中卻把李集釋放，並賞給他十匹薄紗。

高洋返回晉陽後，每天都算卦。北平郡太守宋景業一貫主張高洋稱帝，他占了一個乾卦變鼎卦，對人們說：「乾卦是皇帝的卦象，鼎卦表示五月要發生大變化。這說明，五月份可接受禪讓。」持不同態度的人反駁道：「五月不便出來做官，一旦犯了這個忌諱，就要死在官位之上。」

宋景業駁斥道：「大王是稱帝，永遠也不會下台，自然要終於官位之上！」

高洋聽罷，立即下令進京。行前，高德政把進京後要做的事一件件開出了個清單，交給了高洋。

高洋命令親信陳山提，帶著這個清單進京去找楊愔，並向楊愔轉交一封密信。

在鄴城的楊愔接到密信後，就按照高德政清單上的各項，積極籌備起來。他召來太常卿邢邵，研究制定禪讓的禮儀，又吩咐祕書監魏收起草「九錫文」、「禪讓詔」、「勸進表」。最後，把東魏的皇族親王召進北京，集中在一起。這一切布置妥當之後，楊愔又逼著孝靜帝封高洋為相國，總管百官，並賞給他九樣象徵最高權力的物品，謂之九錫。至此，禪讓前的一切準備均告完成。

再說高洋，他行到太原東的時候，胯下的馬忽然失前蹄跌倒了。對此，高洋心中老大不快，勉強走到平都城，就再也不前進了。在高德政、徐之才的苦苦請求之下，高洋才又前進。

高洋到達鄴城之前，朝中大臣見木已成舟，誰也不敢反對禪讓了。高洋一抵鄴城，立即抓來大批民夫，趕修高高的土壇，以備禪讓時用。

五月初二月，司空潘樂、侍中張亮、黃門侍郎趙彥深在高洋的指使下，進宮向孝靜帝奏事。孝靜帝在昭陽殿接見他們，張亮首先說：「天道循環，有始有終。齊王英明，萬方歸心，望陛下遵天道，效堯舜，盡快禪讓。」

孝靜帝表情嚴肅地說：「這件事讓了許久，我早該讓位了。」殿裡靜悄悄的，連喘氣的聲音都能聽到。過了一會兒，孝靜帝開口打破沉寂，說：「舉行禪讓，要先寫好詔書啊！」

中書郎崔劫、裴讓之答道：「詔書已經寫好。」

楊愔立即把禪讓詔書遞給了孝靜帝。孝靜帝一看，不僅詔書已抄清，而且玉璽都蓋完了。他長吁了一口氣，問：「我住哪兒？」

楊愔答道：「在北城已安排妥當。」

孝靜帝聽罷，不發一言，起身走出大殿，在東廊下稍停一會兒，信口背誦了《後漢書》上關於漢獻帝的一段贊語：「獻生不辰，身柿國屯，終我四百，永作虞賓。」眾朝臣無聲無息地跟在他的身後，都理解他這是以漢獻帝生不逢時，國家遭難，自己到處流浪，最後漢朝滅亡，讓位後當了別人的臣子的身世來自況。

孝靜帝轉過臉對楊愔等說：「古人懷念遺落的簪子和破舊的鞋子，我要和妃嬪告別一下，可以嗎？」

大臣高隆之搶著說：「今天，天下還是陛下的天下，何況妃嬪呢！」

孝靜帝一言不發，徒步向後宮走去。逐一與后妃們告別，宮女們都失聲痛哭起來。李妃哽咽著念了曹植《贈白馬王彪》詩中的一句：「王其愛玉體，俱享黃髮期」，以作訣別之辭。

孝靜帝與眾妃嬪意黯情傷，相對流淚。這時，大臣趙道德帶來了一輛牛車，已到東閣下了。孝靜帝一頓足，頭也不回地登上了牛車。趙道德跨上車，緊緊抱住了孝靜帝。孝靜帝一腔怒火向他發洩出來：「朕敬從天命，順從人意，你這個奴才是個什麼東西，竟敢逼人太甚！」

趙道德一語不發，紋絲不動。在一片痛哭聲中，牛車緩緩地走出了宮門。

孝靜帝到達城北的住處後，派太尉彭城王元韶將玉璽給高洋送了去。

五月初四日，高洋在鄴城南郊的土台上即皇帝位，改國號為北齊，改年號為天保。一年以後，下台的孝靜帝被高洋用毒酒害死。

西魏的轄地包括山西、陝西交界，黃河以西及秦嶺以北的地方，人力及物資條件均不如東魏。但是，因為宇文泰苦心經營，充分發揮北部邊地鮮卑人的尚武精神，把境內兵與民分開，創立府兵制，提倡勇武，所以在與東魏的戰鬥中，互有勝負，難決雌雄，抵擋住了東魏的西下。在文化方面，宇文泰以繼承周朝的傳統相標榜，根據《周禮》建立官制，以此與江南的梁朝相抗衡。

孝武帝元脩逃到關中以後，仍不吸取教訓，照樣過著荒淫的生活。當年在洛陽時，他甚至與三個堂妹通姦，將她們長年養在宮中，不令出嫁。倉促逃往關中時，他只帶一個叫明月的堂妹。宇文泰對孝武帝亂倫的行為，很不以為然。於是，就串通幾位皇族親王，把明月殺死了。孝武帝元脩因此懷恨宇文泰。他有時拉弓射箭，口裡嘟嘟嚷嚷地說：「我射死你宇文泰！」他有時用錐子扎桌子，嘴裡嘮嘮叨叨地說：「我扎死你宇文泰！」

自然，這些事情很快便被宇文泰知道了。這樣，君臣之間矛盾加深，乃至發展到不共戴天，互相戒備。一次，孝武帝元脩到逍遙園遊玩，他的隨行親信勸他要處處留心，以防不測。半夜回宮時，孝武帝才鬆了一口氣，以為不會發生意外了。於是，他命人拿酒來。萬萬沒想到，宇文泰搶先下手，派人把毒藥放到酒內。孝武帝元脩喝了毒酒，一命嗚呼。

孝武帝一死，宇文泰立即召集眾大臣商議立新皇帝。多數人主張擁立孝武帝的侄兒廣平王元贊。而侍中濮陽王元順卻持不同意見。元順把宇文泰請到另外一個房間裡，拉著他的手，淚流滿面地說：「高歡驅逐孝武帝，擁立年幼的元善見當皇帝，是為了個人專權。大人您可不要與高歡一樣啊！廣平王元贊年幼，最好擁立一位歲數大一些的才好。」

宇文泰採納了元順的意見，擁立南陽王元寶炬為帝。宇文泰總管行政與軍事。元寶炬在位十七年，因病而死，由其兒子元欽繼位。元欽當皇帝之後，和宇文泰的關係日趨緊張。元欽與尚書元烈合謀，企圖殺掉宇文泰。因事機不祕，為宇文泰偵知，結果尚書元烈被宇文泰殺死。元欽對此，每有怨言，暗中又謀劃除掉宇文泰。臨淮王元育、廣平王元贊苦勸元欽，元欽執意不聽，非殺宇文泰不可。宇文泰的親信滿布朝廷，幾個女婿都是禁軍的主將。因此，元欽的計畫很快便暴露了，在元欽三年

（五五四年）春天，宇文泰將元欽廢掉，另立其弟元廓為皇帝，將元欽流放到雍州。當年夏天，宇文泰將元欽毒死。兩年後，宇文泰在外巡視邊防的途中死去。

宇文泰臨死前，因為兒子都年幼，把後事託付給弟弟宇文擭。宇文擭威望不高，眾朝臣多有不服者。宇文擭無奈，就去求助於宇文泰生前的心腹大將于謹。于謹跟隨宇文泰屢立戰功，當時任大司寇，握有實權。于謹對宇文擭說：「我蒙受太師（宇文泰的官爵）知遇之恩，情同手足。我一定效力，就是為此而死也在所不辭！您儘管放心。明天朝議時，研究國家的基本政策，您一定要有決斷，不能謙讓，其他的事情，由我出面。」

第二天，眾大臣集會時，于謹首先發言：「從前皇室出現危機，如果不是太師匡扶，國家就不會有今天。現在，太師突然逝世，太師的兒子們都年幼，中山公（宇文擭的封爵）受太師之托，他既要照顧太師的遺孤，又要處理軍國大事，我們要同心協力支持中山公，朝政應由中山公決斷！」

于謹在說這番話時，滿臉殺氣，語調高亢。眾大臣無一敢表示異議的。宇文擭見此情景，立即說道：「家裡的事情我一定管好。至於朝政，我雖然平庸，但是也不敢推諉！」

于謹立刻站起身，說道：「中山公您能這樣，我們眾人便有了靠山！」說罷，朝宇文擭拜了兩拜。平日，在朝臣中，于謹只向宇文泰施禮。如今，眾大臣見于謹一反常態，居然向宇文擭施禮，也都不敢怠慢，紛紛站起來表態：「我等一定服從中山公調遣！」大家也都學于謹，朝宇文擭拜了兩拜。

至此，西魏的人心才安定下來。宇文泰的嫡子年僅十五歲的宇文覺被封為周公。

儘管眾大臣公開表示服從宇文擭，但是，宇文擭因為自己威望不夠，宇文覺又年輕，心裡仍不踏實，惟恐宇文氏的權力動搖，被別人取代。他經過反復思慮，最後認為，只有把西魏的皇帝趕下台，由侄兒宇文覺當皇帝，宇文家族才能確保無虞。

在西魏恭帝元廓三年（五五六年）十二月三十日，宇文擭的計畫付諸實施，西魏恭帝被迫讓位給宇文覺。

宇文覺稱天王，改國號為北周。宇文擭任大司馬。下台的西魏恭帝元廓被封為宋公。隔年二月份，元廓被殺死，西魏政權的影子也被抹去了。

從北魏解體，到東、西魏對峙，再到高氏篡東魏建北齊，宇文氏篡西魏建北周，北周與北齊相攻伐，北中國一片混亂。野心家、陰謀家層出迭見，真個是亂哄哄你方唱罷我登場。可是，天下大勢分久必合，西元五七六年，北周吞併了北齊，北中國終成統一。後來，北周政權被楊堅取代，建立隋朝，打敗江南的陳朝，全中國實現了統一。南北朝對立的形成與結束，是一個複雜的歷史過程，政治、經濟、文化上的得失，非一言可盡。而那些篡位者的是是非非，也不是一句話可以說清楚的。不過，有一點是確定無疑的，即評論開國之君的歷史作用，決不能以其獲得政權的手段為準繩，而應以其所推行的政策對社會前進的作用為依據。

篡位繫興亡

隋朝的開國之君楊堅，是靠篡奪北周的帝位而登上權力的頂峰。他的兒子楊廣，是靠耍陰謀擠掉哥哥楊勇，才當上太子，是乘父親病重之機毒死父親而坐上皇位的。楊廣本人也沒得善終，被近臣勒死，從而丟掉了江山。隋朝的興亡，都與篡位緊密相連。

楊堅是北周王朝的外戚，他的女兒是北周宣帝宇文贇（ㄩㄣ）的皇后。北周是南北朝時代，在北中國由鮮卑族建立的一個政權。北周武帝宇文邕（ㄩㄥ）滅了北齊，統一了北方。不久，又向南朝進軍，打敗了陳朝，取得了長江以北地方，疆域超過了陳朝，國力鼎盛，大有統一中國之勢。

北周武帝宣政元年（五七八年），周武帝病死。太子宇文贇繼位，稱周宣帝。宇文贇缺德少才，在當太子時，有不少大臣向周武帝進言，要求廢掉他。周武帝也深感太子是個不肖之子，可是，其他孩子年紀太小，都不是當太子的料，所以周武帝不想廢掉太子，幻想透過自己的嚴加管教，再加上太子屬官的善誘，太子可能會變好。於是，周武帝對太子毫不假以顏色，十分嚴厲，每次朝見時，都要求太子進退舉止完全合乎禮儀，不得有一絲一毫疏忽，要與朝臣們一樣。太子好喝酒，周武帝嚴令太子宮中不得飲酒。太子稍有過錯，周武帝就下令杖打，太子身上棒瘡累累，往往舊傷未愈，新傷又生。周武帝還嚴令太子的屬官對太子每天的言行做詳細紀錄，每個月向自己匯報一次。周武帝還經常訓戒太子：「自古以來，有多少太子被廢掉！你可要當心，咱們家的孩子不少，難道他們就不能當太子嘛！」

太子宇文贇在嚴密的管教下，大有收斂，尤其聽到父皇說其他皇子也可以當太子的話後，更加惴惴不安，惟恐自己被廢黜，於是刻意克制自己，裝出一副知書達禮的模樣，不敢胡作非為了。因此，周武帝對太子也就放心了。

可是，周武帝一死，宇文贇一當上皇帝，立刻原形畢露。他在哭喪時，毫無悲哀之情，只是怕礙於觀瞻才不得不乾嚎幾聲。他還用手撫摸身上因被棒子打而留下的疤痕，對心腹們說他父親：「死晚了，死得太晚了！」以此發洩對父親的不滿。在周武帝屍骨未寒的時候，宇文贇就如蠅見血一般盯上了父皇留下的那些年輕貌美的妃嬪們。白天，他裝模作樣的在大殿上父親的棺材前哭奠；夜晚，就把他父親的妃子們挨個召來供他淫樂。在周武帝的棺材剛剛入土後，宇文贇就命令所有官吏脫去喪服，換上吉服，慶賀自己登極。

宇文贇剛登上帝位就鏟除異己，大殺功臣親貴，大力提拔重用阿諛奉承之輩。宇文贇一意孤行，肆無忌憚，甚至超出了正常人的理智範圍。他父親喪禮未滿，就在殿內歌舞奏樂，夜以繼日，多日不上朝；派使臣四處挑選美女，弄得舉國不寧。後來，連當皇帝都膩了，居然宣布將帝位傳給年幼的太子宇文闡，而自己則當太上皇，稱天元皇帝，居住的宮殿改稱天台，儀仗的數量超過前代皇帝的一倍，就連戴的皇冠上面的旒也從十二個增加到二十四個。他認為皇帝稱天子有損於自己，於是自己改稱天，使用的食具一律換上青銅器，而朝臣來朝見自己之前，必須齋戒三天。朝臣的衣飾如果有與自己的衣飾相類似，一律命令去掉，絕對不許和自己的一樣。因此，侍衛們的帽子上沿用多年的金蟬裝飾也被拿掉了，王公身上繫的綬帶也被取消了。更有甚者，官吏們的名號中有「天」、「高」、「上」、「大」等字的，也一律改掉，比如，將姓高改為姓薑，將「高祖」改為「長祖」等等。他還盲目仿古，下令天下的車輪不准是空心的，都用圓木盤充當；禁止婦女撲粉擦胭脂。他只要興之所至，不管白天黑夜，說出巡就立刻離開宮廷，弄得陪同出巡的官員苦不堪言。一旦他氣不順，公卿百官便大難臨頭。他責打大臣以一百二十棒為基數，後來又增到二百四十棒。后妃、宮女也不例外，受他寵幸的妃嬪幾乎沒有一個後背沒挨過棒子的。他周圍的人，從早到晚連大氣兒都不敢出。一天，他又突發異想，以地上有金、木、水、火、土五種東西為理由，宣布自己要依此數立五個皇后，並建築五座宮殿，讓皇后們各居一座。他還用五種大車裝載后妃、宮女，自己率領侍衛們跟在車後，車上倒掛著活雞，車子一走動，小雞亂叫，他便與侍衛們一起向車上扔石塊，嚇得車上婦女呼天喊地，以此來取樂。這個天元皇帝如同瘋子一般，昏暴程度日甚一日。

發展到後來，天元皇帝宇文贇居然對五皇后中性情最溫順的楊后也厭煩了。時常找個藉口為難她，一次甚至要將楊后處死。只因楊后的母親獨孤氏聞訊趕到天台，叩頭謝罪，直磕得鮮血直流，才保住了楊后的性命。

不久，天元皇帝又遷怒於楊后的父親楊堅。他氣呼呼地對楊后說：「非把你娘家滿門殺絕不可！」

說罷，便召見楊堅。同時，對衛士們講：「等楊堅上殿之後，你們盯著他，只要他臉色一變，你們就立即下手，給我宰了他！」

楊堅被召來之後，神情自若，沒有半點驚慌或異常表現，因此才死裡逃生，得以倖免。

楊堅是將門之子，父親是北周開國功臣。楊堅儀表不凡，二目炯炯有神，繼承父職任大將軍、隋國公。他見天元皇帝屢屢欲加害自己，就與好友內史上大夫鄭譯商量對策，請鄭譯設法找個機會，幫助自己調出京城到外地任職。

不久，鄭譯趁一次出兵攻打陳朝的機會，建言天元皇帝任命楊堅為元帥，並得到了批准。可是，在出發前，楊堅卻突然患了足疾，而沒能如願離京。四天以後，天元皇帝得了病，病勢迅速惡化，兩天後連話都不能說了。天元皇帝在病危時把後事託付給心腹近臣劉昉和顏之儀。劉昉為人狡猾，因為善於諂媚而得到天元皇帝寵幸。他見老皇帝生命無望，小皇帝宇文闡年齡又太小，自己無力支撐朝政，為尋求一個幫手，他自然想到了楊堅。於是，劉昉串連了鄭譯、柳裘、韋謨、皇甫績，共同商議請楊堅協助輔政。最初，楊堅執意不肯。在劉昉的一再勸說下，楊堅才同意。

天元皇帝宇文贇一死，劉昉、鄭譯等人立即偽造遺詔，任命楊堅為總知中外兵馬事，掌握了全國的兵權。對這個遺詔，顏之儀堅決反對，拒不署名。劉昉瞞著顏之儀，替他簽上名字，把遺詔發了下去。

楊堅在劉昉的謀畫下得到了兵權，但他深知駐守外地的宗室藩王肯定不服從他的指揮，甚至有可能聯手發動兵變來反對他。為了先發制人，楊堅以千金公主要嫁到吐厥為由，召集趙王、陳王、越王、代王、滕王等五位藩王進京，置於自己的監控之下。

楊堅為了壓服朝臣，還自己給自己定了官職，任大丞相兼管天下兵馬，為樹立權威還給自己配備了皇帝的部分儀仗。同時還宣布，將小皇帝曾住過的正陽宮改為丞相府。楊堅為了測試自己在朝臣中的威信，專門導演了一出「戲」：在到新大丞相府的頭一天，他命令貼身衛士盧賁向朝臣們宣布，誰要想富貴，誰就立刻跟隨大丞相到東宮（正陽宮）去。眾朝臣聽罷，猶豫不決，三五成群交頭接耳議論。這時，楊堅示意盧賁把衛隊帶上來。只聽盧賁一聲號令，大丞相的衛隊呼喝一聲衝了上來，將眾朝臣包圍起來。眾朝臣個個瞠目結舌，站在原地一動也不敢動。這時，楊堅掃了眾人一眼，邁著方步出了崇陽門，向東宮走去。眾朝臣猶如被虎狼驅趕一般，爭先恐後地跟著楊堅跑。

楊堅當上大丞相後，總攬朝政。他擔心大臣們不服，有時難免猶疑，往往遇事不能當機立斷。他的妻子獨孤氏是一位很有主見的人，她見丈夫信心不足，就鼓勵道：「大事已經這樣了，既然騎上虎背已下不來了，只有自己努力好自為之的份兒了！」

另外，楊堅的心腹太史大夫庾季才也勸他勇往直前，已無退路可走了。

楊堅聽了這些話，才橫下心來，不顧一切地和反對派決裂了。

首先，他廢除了周宣帝頒布的嚴酷政令，對舊的法律刪繁就簡，編成《刑書要制》供各級官吏遵循。另外，他率先垂範，厲行節約，博得了官民的稱譽。同時，他開始整治反對自己的人，排除了政治上的障礙。

楊堅首先把矛頭指向相州（今河北臨漳縣）總管尉遲迥。尉遲迥擁有重兵，聲望顯赫，還在謀劃興兵討伐楊堅。楊堅採取先禮後兵的戰略，派尉遲迥的兒子尉遲惇帶著皇帝的詔書去相州召尉遲迥返京，參加老皇帝葬禮。同時，又任命韋孝寬為相州總管，叱列長義為相州刺史，並命令二人相繼出發，走馬上任。

當韋孝寬抵達朝歌（今河北淇縣）時，尉遲迥派來的賀蘭貴已在等候他了。韋孝寬在與賀蘭貴交談的過程中，感到事態嚴重，尉遲迥可能要採取對自己不利的行動。於是，他裝作生病，放慢了行程，並派人以到相州買藥為名，暗中觀察動靜。

後來，韋孝寬又向前來迎接自己的侄兒韋藝打聽消息，韋藝時任魏郡太守，受尉遲迥的差派前來迎接韋孝寬，韋藝在叔父的逼問下，把尉遲迥準備興兵反對楊堅的計畫全說了。韋孝寬得知真實情報後，立即帶著韋藝急急忙忙返回長安。當尉遲迥得知韋孝寬返長安的消息後，立即派兵馬追趕，結果沒有追上。

楊堅又派人去相州，暗中與總管府的長史晉昶聯繫，讓他做內應，除掉尉遲迥。不幸，消息走露，楊堅派來的使者與晉昶均被尉遲迥殺了。尉遲迥殺了朝廷的使者以後，立即招集屬下官員及百姓，他登上城樓，向大家說：「楊堅憑他是皇后之父，挾持了年幼的皇帝，公然要篡權謀反。我是皇親國戚，又出任總管要職，朝廷派我鎮守相州，肩負重任，保衛國家，今天，我要和你們一道鏟除反賊，你們意下如何？」

眾官民一致表示服從指揮。於是尉遲迥自稱大總管，並設置百官，把赴京的趙王兒子推出來作號召，起兵討伐楊堅。

在長安，楊堅任命韋孝寬為元帥，督率各路兵馬征討尉遲迥。

這時，雍州牧畢剌王宇文賢與赴京的五位藩王一同刺殺楊堅的陰謀曝光，楊堅先發制人，殺死了宇文賢及其三個兒子，為了穩住大局，對五位藩王沒予追究。

京城的局勢安定下來了，可是相州前線卻頗為緊急。尉遲迥起兵以後，他的弟弟青州總管尉遲勤率屬下五州兵馬響應，兵力已達數十萬。不久，滎州刺史邵公胄、申州刺史李惠、東楚州刺史費也利進、潼州刺史曹孝遠等也都起兵響應尉遲迥；接著，徐州總管、東平郡前太守也都起兵攻城掠地；而據城抗拒尉遲迥大軍的地方官有許多兵敗投降。一時間，山東、河北、河南、安徽、山西等地都樹起了反對楊堅的旗幟。

這時，在京城長安又發生了一起暗殺楊堅未遂事件。趙王宇文招請楊堅到王府敘談，楊堅應邀來到王府，宇文招將他請到內室。在座的還有趙王的兒子宇文員、宇文貫及王妃的弟弟魯封等，他們都隨身帶著刀劍，而在室後的閣內還埋伏著武士。楊堅的隨從被遠遠擋在了室外，只有楊弘和元胄二人被帶到台階上，坐在門外邊。楊堅剛落座，便擺上了酒宴。酒過三巡，宇文招抽出佩刀切西瓜請楊堅吃。元冑見勢不妙，立即闖進室內，對楊堅說：「丞相府有急事，請大丞相立即回府。」

宇文招對闖進來的元冑喝斥道：「我與丞相還在敘談，你是什麼人敢闖進來？」

元冑瞪大雙眼，緊緊護著楊堅，用手拍打著佩刀。

宇文招裝出笑臉說：「你怎麼這麼緊張？難道我有什麼惡意不成！」

宇文招急於脫身，便裝出嘔吐的樣子，站起身向閣內走去。元冑怕有變故，一步衝上去，扶住宇文招，請他在座位上坐好。宇文招坐一會兒又站起來，元冑又請他坐下，一連幾次，宇文招到底沒能離席。後來，宇文招對元冑說道：「煩你到廚房去拿點冰來，我嗓子太乾了。」

元冑一動也不動。這時，滕王宇文逌來了。他因為有點事，沒能準時來，遲到了。楊堅立即起身出迎，走下了台階。元冑緊隨其後，對著他的耳朵悄聲說：「大事不好，請快離開！」

楊堅小聲答道：「我們手邊沒有兵馬，出去也沒有辦法。」

元冑說：「兵馬都是朝廷的。一旦他們先動手，一切就全完了。我不怕死，但死了也沒用！」

楊堅與滕王一同進了室內，落座飲酒。這時，元冑又聽到小閣子裡有鎧甲相碰的聲音，他急不可耐地說：「丞相府有急事，大丞相不能再逗留了。」邊說邊扶起楊堅往室外走去。

宇文招起身來追，元冑用身體堵住門。楊堅走到大門時，元冑才從後面趕上來。宇文招眼看著楊堅離去，一場「鴻門宴」結束了。

幾天後，楊堅以謀反的罪名將宇文招及兒子處死，賞給元冑許多財物。後來，藩王們又策劃了幾次謀殺，但都沒有成功。

在前方，戰事呈對峙狀態。元帥韋孝寬堅守武陟，按兵不前，與尉遲迥的軍隊隔沁水相持。這時，楊堅又接到密報，說軍中三個主要將領都接受了尉遲迥的贈金，有可能倒戈，兵士們已開始騷動不安了。楊堅聞報後很緊張，與心腹謀士研究將三個將領調離前線。楊堅的得力助手李德林不同意這個辦法，說：「大丞相與眾將沒有直接統轄的關係，況且那三位大將也都是朝廷重臣，依目前的情況，大丞相只能挾天子以令諸侯，退一步說，那三個將領能服從大丞相的命令，返回京城，可是又有誰能保證新派去的將領不三心二意呢？再者，贈金的事情只是傳聞，是真是假又難以查清。如果一旦調動他們，他們出於畏罪心理逃跑了，也不好緝拿；如果立即逮捕他們，前線的將士，恐怕連元帥在內，也都要產生人人自危的感覺了。臨陣換將可是兵法之大忌呀！依我愚見，不如派一位精明幹練素有威信的人去前線當監軍，一則可隨時掌握情況，再則如有的將領有異志也可及時處理，能穩住大局。」

楊堅被李德林說服了，當下派丞相府司簿官高穎當監軍，趕赴前方，很快便安定了局面。然後便督軍出征，強渡沁水，燒掉橋梁，以絕退路，兵士拼命廝殺，打垮了尉遲迥的軍隊。韋孝寬指揮部隊一舉攻到鄴城。城下一戰，尉遲迥又吃了敗仗，結果城破自殺。

韋孝寬分兵數路，乘勝將附和尉遲迥叛亂的各路兵馬都鎮壓了下去，函谷關以東地方恢復了秩序。

九月份，楊堅的大兒子楊勇出任洛州總管，率軍隊駐守洛陽，管轄原北齊王朝的大片土地。楊堅的後顧之憂澈底解除了。十月份，楊堅殺了陳王宇文純及其兒子，又派兵平定了四川。十二月份，楊堅任相國，統轄百官，晉爵為隋王，朝拜天子不稱名字，並加九錫（天子特賜的九種器物，以示權位崇高），如同當年的王莽、曹操一樣。至此，楊堅牢牢地掌握了朝廷大權，他取北周皇帝而代之只不過是時間早晚罷了。

北周大定元年（五八一年）二月十四日，楊堅從自己的外孫北周靜帝宇文闡手中接過了皇帝的玉璽。那天五鼓時分，天剛亮，楊堅裝扮一新，身穿黃袍袞服，頭戴冠冕，緩步登上臨光殿，坐穩之後，大臣們獻上皇帝的玉璽及冊書，又宣讀了周靜帝的讓位詔書。楊堅從此成了皇帝。他在接受眾臣的朝賀之後，宣布改國號為隋，改年號為開皇。

楊堅篡位當了皇帝，史稱隋文帝。他的妻子獨孤氏便成了皇后，長子楊勇便成了太子。周靜帝宇文闡被封為介公，昔日北周的皇太后楊氏即楊堅的女兒，被封為樂平公主。楊氏最初認為父親輔政比由宇文氏家族的人輔政好，可以確保自己的幼子宇文闡太平無事。可是，當她發現自己的父親隨著權力的加大，野心也在膨脹，內心開始不滿，而且公開表露出來。等到楊堅逼宇文闡讓位時，她怒不可遏，痛不俗生，但是已無能為力了。楊堅稱帝後，曾叫自己的女兒改嫁，楊氏誓死不從，楊堅由於慚愧，也就不再逼女兒了。

楊堅稱帝後，勵精圖治，減輕賦稅，提倡節儉，而且以身作則，平時吃飯僅是一個肉菜而已。他注重吏治，廢除嚴刑苛法，加強中央集權制度，強調對官吏的考核。建立科舉制，廢除九品中正制，廣泛任用人才。尤其重視發展生產，繁榮經濟。為此，他整理天下戶口，清查出沒有戶籍的百姓多達一百六十四萬，其中壯勞力四十四點二萬，這不僅給國家增加了賦稅收入，而且也抑制了豪強地主；另外，他還廣設糧倉儲糧，以官倉供養軍政人員，以義倉救濟災民，穩定社會秩序，有利發展生產；此外，他還注重興修水利，促進農業增產。在開皇九年（五八九年）隋文帝楊堅派兵消滅了陳朝，完成了中國統一。

因此，隋朝的國力迅速增強，較秦漢時的經濟、文化更為發達，在隋文帝末年，社會呈空前繁盛的局面。

但是在統治階級或集團內部，圍繞財產與權力再分配的鬥爭是經常發生的，而鬥爭的手段往往是兇殘、狡詐、陰險融為一體，這已被無數的事實所證明，已成為一條規律了。當然，隋文帝楊堅在攫取君權的過程中，也不能超越這條鐵律。儘管歷史上的統治者權力的獲得無不伴著血腥與醜惡，但是，在評論當權的統治者的時候，卻不把他如何獲得權力視為重要依據，而把他如何運用權力及權力運用的結果對當時與後世的影響如何，作為評價其歷史地位與社會作用的關鍵。

據此來分析評價隋文帝楊堅，得出的結論是肯定他對社會、歷史所產生的作用。楊堅利用攫取的最高權力，推行一系列有利國計民生，有助社會發展的政策，而且取得了顯著成效。他不失為中國歷史上一位大有作為的君主。後人對楊堅篡權並不予以苛責，其原因即在於此。可以說，隋朝的建立及興盛與楊堅獲得權力、運用權力是不可分的。

歷史上有許多驚人的相似之處，然而相似的歷史事件卻往往有著截然相反的評價。隋文帝楊堅與其兒子隋煬帝楊廣的活動就是明顯一例。就其對國家最高權力獲得的情況而言，這父子倆都是靠篡位上台的，可是隋文帝卻有明君之譽，而隋煬帝則是一個大昏君。

楊廣是隋文帝的二兒子。隋朝開國後他被封為晉王，在消滅陳朝的戰鬥中，他統率三軍，建立了豐功偉績。他相貌堂堂，很有文采，尤其擅長詩歌寫作。他很有心計，為人深沉持重。他禮賢下士，頗為朝臣所稱道。

楊廣的大哥楊勇被立為太子以後，逐漸失去了父母的歡心。楊勇為人直率任性，待人寬厚，生活追求奢華，貪戀女色。正因為如此，在生活上他不為父親所齒，在性格和手腕上他鬥不過弟弟楊廣。這就註定了他的悲劇命運。

隋文帝是崇尚節儉的人，甚至到了慳吝的程度。一次，太子楊勇造了一件新鎧甲，裝飾華貴。隋文帝見後很不以為然，當即訓戒道：「自古以來，帝王好奢侈沒有一個能長治久安的。你身為太子，應首重節儉，這樣才能繼承大業。我從前用過的衣物，都要留下一件，常常拿出來看看，以此提醒自己。我真擔心你一味以皇太子自居，忘了從前的艱辛。因此，我才把我曾用過的佩刀賞給你，還曾賜給一盒醃鹹菜，那是你從前當兵時常吃的呀！如果你能牢記過去，就應體會我的良苦用心！」

楊勇事後仍一如既往。在冬至那天，朝臣們都到太子宮中行禮，楊勇命奏樂朝拜。很快這件事被隋文帝知道了。他詢問文武百官，冬至去朝拜太子合乎禮法嗎？太常少卿辛亶回答說：「眾臣去東宮是向太子賀節，不是朝拜。」

隋文帝不悅地駁斥道：「賀節可以三五成群地去，是自發的舉動，但你們則不然，有人組織，文武百官在同一時辰集體前往，而且太子身穿禮服，鳴鐘擊鼓，這樣做對嗎？」

隋文帝說罷，立即下了一道詔令，指示：「禮分等級，君臣之禮不能混淆。皇太子仍然是臣子，朝臣及地方大吏在冬至朝拜皇帝時，又去拜見太子，貢獻禮物，這不合禮法，今後應予禁止。」從此，隋文帝與太子之間產生了裂痕。

太子楊勇在生活上仍不收斂，他廣置姬妾，而對父母給他立的正妃元氏卻不愛戀，十分寵愛側妃雲氏。元妃由於失寵，鬱鬱寡歡，日久成疾，患心臟病而死。太子的母親獨孤皇后是一位很有個性，極有膽識的女人，對於兒媳之死，很生氣，把太子召來狠狠地訓了一頓，對雲氏更加厭惡了。雲氏恃寵，在太子宮中說一不二，令其他姬妾側目，有不少人常到皇后獨孤氏面前進讒言。獨孤皇后越發氣憤，就命人專門監視太子與雲氏，刻意尋找他們的錯處。

楊廣早有野心，想取太子而代之，所以他在廣結朝臣的同時，更十分留意宮中動向，以便迎合父母心意，與哥哥楊勇對抗。當他得知父親不滿楊勇奢侈，母親不滿楊勇寵愛雲氏時，他便十分留意自己的言行及生活瑣事。他為了討得父母的歡心，絞盡腦汁千方百計裝模作樣，比如：他雖然也很好女色，但竭力克制自己，大部分時光與元配夫人蕭氏在一塊兒廝混，很少去找姬妾尋歡。他深知父親為了避免宮廷內部可能發生的手足相殘的惡性事件，只和皇后獨孤氏生孩子，而不與其他妃嬪生孩子。楊廣也仿效父母這種行為，殘酷地命令自己的姬妾不准生兒育女，一旦生下來也不准養活。楊廣的這個舉動，深受父母的贊賞。

另外，楊廣得知哥哥因奢侈受責後，他立即重新安排王府的陳設，連屏風都換上白絹的而不再用五光十彩的蜀錦了。一次，當楊廣得知父母要來他的府邸，他急忙把身邊年輕美貌的姬妾侍女全關到別處的房裡，跟前只留下幾個又老又醜的侍女服侍，並讓所有的人都脫下華貴的衣服，換上質樸的衣裳。他還叫人把樂器上的絲弦弄斷，不准拂去樂器上的灰塵。經過種種精心準備之後，楊廣迎來了父母親。

隋文帝與獨孤皇后到二兒子家中後，與在太子宮中所見所聞截然相反，這老倆口誤以為楊廣生活節儉，不喜女樂，完全被二兒子騙了。不僅當時心中高興，事後還逢人便講楊廣如何賢明，以有這樣的好兒子而沾沾自喜。

楊廣不僅刻意逢迎父母之所好，而且不惜花費金錢廣泛結交朝臣，甚至連皇帝皇后身邊的侍從，也屈尊去交好，每逢朝臣或侍從奉皇帝或皇后之命來到楊廣家中傳達旨意時，楊廣都早早地在門外站著恭候，臨走時必定以金銀及珍貴之物作為餽贈。所以這些人無不在皇帝或皇后面前大講楊廣的好話。

時間一久，太子楊勇與晉王楊廣在隋文帝及獨孤皇后的心目中其反差越來越大了。

楊廣見時機到了，便有計畫地開始陷害兄長、搶奪太子寶座的活動。楊廣在出任揚州總管以後，廣結心腹，總管司馬張衡，安州總管宇文述等人都是他的死黨。張衡受楊廣之托為篡奪太子寶座進行全面策畫。宇文述建議楊廣為搞掉太子首要的是結交權臣楊素，因為只有楊素才能使隋文帝改變主意。而楊素又最信任弟弟楊約，若想結交楊素首先要交好楊約。宇文述還毛遂自薦，主動提出去京城打通楊約這一關節。楊廣聽後異常高興，當下給了宇文述許多金銀財寶，以利他進京活動。

宇文述抵京後，立即宴請楊約，並與他賭博。宇文述故意只輸不贏，很快便把帶來的金銀輸個精光，另外還賠上許多古玩。楊約酒足飯飽又發了個大財，滿心高興，口中連連稱謝。宇文述乘機說道：「楊大人，您可別謝我。這些金銀珠寶是晉王殿下賞賜的，殿下命令我陪您玩玩，只求您高興即可。」

楊約不解地問：「宇文大人，您可把我弄糊塗了。請大人詳細說明可好？」

宇文述就把楊廣派他來京的用意一五一十全說了，最後又是勸諭又是威脅地說：「楊大人，守常規固然是大臣的本分，可是，如果違反常規卻符合天意人心，也該權變，這才是通情達理之舉。常言道，識時務為俊傑。從古至今，賢人君子沒有不根據形勢而行動的，不避害趨利還叫什麼君子？您與令兄是當今朝廷上最有地位，最有權勢的大臣，勞苦功高，掌權多年，難免不得罪一些人呀！恐怕有不少朝臣對二位大人心懷不滿，甚至有人還想等機會加害於二位。如果皇上一旦升天，您二位還有靠山嗎？據我所知，太子對當權的大臣是很不滿的，將來太子繼位，不知大人與令兄可得安生？目前，皇上與皇后對太子深為不滿，早有廢黜之意，這點您不會不知道吧！依我愚見，只要令兄出面勸皇上立即廢掉太子，另立晉王為太子，肯定能得到皇上同意。果真如此，豈不一舉兩得。晉王當上太子還能不感激二位大人嗎？我想，那個時候大人與令兄可謂安如泰山了。」

楊約聽罷，連連點頭表示同意。宇文述見目的已達到，也就不再言語了。

第二天，楊約就去見楊素，把宇文述的這番話作為自己的見解，跟楊素講了。楊素聽後，也正中下懷，拍著巴掌說：「賢弟，多虧你想的深遠，愚兄還沒想這個問題。你談得很好，很及時啊！」

分手時，楊約又叮嚀楊素：「哥哥，皇上最聽獨孤皇后的話，你可早下決心，否則，將來難免大禍臨頭；你一旦成功，咱們家可就萬世其昌，子孫永無後顧之憂了。」

幾天以後，楊素趁進宮奉侍獨孤皇后飲宴的機會，裝作無意的樣子，隨口說道：「皇后陛下，為臣應恭賀陛下呀！」

獨孤皇后不解地應了一聲，並讓楊素繼續說下去。

楊素說：「晉王孝順父母，友愛兄弟，禮賢下士，節儉勤奮，真像皇帝陛下，皇后有這樣好的兒子，真是大隋天下之福啊！」

沒想到皇后聽完這句話卻流下了眼淚，楊素嚇得趕忙離席跪到地上叩頭請罪。皇后擺擺手，讓他重新落座，深深嘆了一口氣說：「你說的都對，廣兒是個大孝子。皇上常跟我提及，每次派人到揚州去看他，他都早早地在府門外站著等使臣，一提到皇上和我，這孩子就流眼淚，都那麼大了，還捨不得爸爸和媽媽。廣兒的媳婦也賢惠，每次我派宮女去看她，她都與宮女同一個桌吃飯、一張床上睡覺。這倆口子可不像勇兒那倆口子，阿勇與阿雲一天只知道享樂，近小人遠君子。尤其叫我傷心的是，勇兒還猜忌廣兒，我真擔心有朝一日廣兒死在勇兒之手啊！」

楊素一見機會到了，說一些安慰皇后的話，又說了許多太子楊勇的壞話。獨孤皇后見楊素這個態度，立即賞給他許多金銀珠寶，並告訴他要幫助皇帝早下決心，廢掉太子楊勇，立楊廣為太子。楊素沒想到這麼輕易就達到了目的，一再向皇后表示必定和皇帝建言，豁出老命也在所不惜。

楊廣除了派人向皇帝、皇后進言，自己還親自出馬。一次，他回京朝拜，離京時去辭別母親，一見到母親就跪在地上泣不成聲，獨孤皇后也流下淚來。楊廣哽哽咽咽地說：「孩兒實在笨拙，只知道友愛兄弟，可不知因為什麼得罪了太子，太子對孩兒恨得要命，常常對人講要殺掉孩兒。孩兒被殺倒無所謂，只是擔心母后承受不了啊！孩兒就要離京回揚州了，請母后千萬珍重，不要以孩兒為念！」

說罷，楊廣竟嗚嗚大哭起來。獨孤皇后用手一抹眼淚，高聲說道：「孩子，你站起來。這個睍地伐（楊勇的小名）越來越不像樣了！我給他娶了元氏，可是他卻不把人家當妻子對待，一個心眼寵著那個阿雲。媳婦死了我還沒追究，如今又要害你，我真不能容忍了！我活著他就敢這樣，將來我死後還得了？皇上一旦千秋萬歲之後，將來你們還得向阿雲的兒子稱臣，這可太叫人痛心了！」

楊廣見母親中了他的圈套，就更放聲大哭起來，趴在地上不起來。楊廣離去後，獨孤皇后決心找皇上提出廢掉太子楊勇。

對於廢掉太子的議論，楊勇也有耳聞，雖然憂懼但又拿不出對策。後來，他竟愚蠢地去找巫師，請巫師做法幫助自己避開這場災難。楊勇按巫師的要求，在後花園內修了一個庶人村，房屋低矮簡陋，自己常住到裡面，用草墊當被褥，穿著粗布衣服，儼然是個窮百姓，幻想以此來保住自己的地位。

隋文帝對楊勇的這些舉動，很快就掌握了。他雖然有意廢掉太子，但總不肯輕易下決心。此番聽說太子如此，就想再給太子個機會，再考驗一次。於是，隋文帝下令召見太子。楊素惟恐隋文帝與太子重歸於好，就想出一條毒計來。他親自站到宮門，當見到太子來時，不讓太子進宮，故意激怒他。直到楊勇上當發火，楊素才答應進宮稟報皇上。楊素進宮後對隋文帝說：「為臣在宮門見到太子怒容滿面，懇請皇上謹防有變故。」

隋文帝一聽，十分生氣，感到太子實在是無可救藥。楊勇白白丟掉了一次機會。

事後，楊素安排親信日夜偵察太子言行，添油加醋地向隋文帝匯報，不時地進行誣陷。

隋文帝在皇后與權臣的夾攻之下，對太子更加疑忌疏遠了。他下令把太子宮中的警衛全部換上新人，不准身強力壯的人充任；還把太子身邊的一些侍臣調走，又派出許多暗探監視太子。對此，太子表露出不滿，立即被人報告了皇上。隋文帝決心廢掉太子。

一天，太史令袁充對隋文帝說：「陛下，臣近日觀天象，天意預示太子當廢。」

隋文帝插話道：「天象早就昭示廢太子了，只是朝臣們不敢說罷了。」

朝中關於太子的情報，楊廣都能及時收到。他見時機成熟，更加緊了活動。他派人賄賂太子宮中的寵臣姬威，讓他把太子的一言一行全部及時報告楊素。從而，楊素誹謗太子的素材源源不斷。當楊廣聽到皇上說朝臣不敢提廢黜太子的報告後，立即指令姬威，命他出面上奏章，向皇帝建言廢掉太子，並答應他在事成之後給予重賞，可以大富大貴。姬威立即上書告發太子。

隋文帝下令將太子身邊的官員唐令則等數人交付法官審訊，並命令楊素把太子的所謂醜行一一向朝臣們傳達。

不久，隋文帝要宣布廢黜太子。當時，有些朝臣曾力圖勸阻，左衛大將軍元旻就對隋文帝說：「廢立太子是國家的大事，一旦發布詔令，將來後悔可就來不及了。讒言無盡無休，請陛下明察。」

隋文帝立即把姬威叫來，命他當著大臣的面數說太子的罪過。姬威有條有理地揭發太子的罪狀：生活驕奢，一年四季派工修宮殿台閣，誰勸諫就要殺誰；無視法規，太子隨意索要物品，有關的官員按規定不同意支付，太子就揚言丞相以下的官員我要殺他幾個，讓人們知道怠慢太子的後果；詛咒皇上，太子曾經請巫婆算卦求吉兇，並對身邊的臣下說，皇上忌諱十八年，這個年頭快到了……

沒容姬威說完，隋文帝便流著眼淚插話道：「天下誰不是父母所生？他竟然到了這種地步。朕最近讀《齊書》，見書上記載北齊皇帝高歡慣兒子，我真生氣，像高歡這種人可不能效法！」

說罷，下令將太子楊勇及其兒子們禁閉起來，並將太子的心腹官員全部監禁嚴審。

開皇二十年（六〇〇年）十一月，隋文帝正式下詔廢掉太子楊勇，立晉王楊廣為太子。將楊勇監禁在東宮，交付楊廣監管。楊勇被關押後，一再請求面見父皇申訴，結果均被楊廣阻止，未能如願。楊勇被逼無奈，只好爬到院中的大樹上高聲喊叫，期望父皇能聽到他的聲音。對此，楊素立即向隋文帝報告：「楊勇瘋了，已不可救藥了。」因此，楊勇未能見到父皇的面。

楊廣在楊素等人的幫助下，雖然坐上了太子的寶座，但心裡仍不踏實。因為他還有兩個弟弟，蜀王楊秀、漢王楊諒，令他擔心。楊廣把攻擊的矛頭，首先對準了蜀王楊秀。楊秀當時任益州總管，身強力壯，敢作敢為，武藝超群。隋文帝曾不止一次地與獨孤皇后談論這個兒子，說：「秀兒將來必定不得善終，我在世還沒有什麼，一旦他哥哥繼位，十有八九他要造反。」

楊秀自從出任益州總管以後，儼然是一方的霸主，胡作非為，無人敢問，他使用的車馬，穿著的服裝與皇帝所用的沒有差別。他對楊廣立為太子，心中憤憤不平。

楊廣採取了先發制人的手段，透過楊素向隋文帝進讒言，以達到暗害楊秀的目的。隋文帝果然聽信了楊素的話，下令召楊秀進京。楊秀接到旨意後，猶豫不決，進京怕兇多吉少，不進京，又怕違抗聖旨獲罪。他屬下的司馬勸他遵旨進京，他沉下臉不悅地說：「這是我的家事，與你無關！」並決心不奉召進京。

隋文帝見楊秀拒不應召進京，擔心他搞叛亂，就下令撤了他益州總管的職務，並任命獨孤楷為益州總管，星夜前去辦交接。獨孤楷當年是楊堅的衛隊頭頭，對楊堅篡位立下過汗馬功勞，和楊堅的兒子們交往密切，與楊秀尤其親近。此番獨孤楷上任後，就勸楊秀盡快進京，不要胡思亂想，更不要亂來。在獨孤楷的勸說下，楊秀啟程返京了。臨行時，獨孤楷發覺楊秀有反悔之意，於是他布置好軍隊以妨不測。楊秀離開益州才四十里地，就率警衛部隊返回來要襲擊獨孤楷，得知獨孤楷已有準備，才停止行動，悻悻上路走了。

仁壽二年（六〇二年）閏十月，楊秀抵達京城長安。隋文帝不見他，令使臣當面斥責他。楊秀低頭認錯。隋文帝傳下旨意，將楊秀交付法官論罪。太子楊廣裝出痛苦的樣子，流著眼淚給弟弟講情，有的大臣也出面給楊秀講情，說：「陛下只有五位皇子，楊勇已廢為庶人，秦王楊俊已病逝，何必再懲處蜀王呢？」

隋文帝把這個大臣罵了一頓，並對楊廣等群臣說道：「應將楊秀斬首以謝百姓！」於是，命令楊素負責審判楊秀。

楊廣為了置楊秀於必死之地，暗地裡叫人做了兩個木偶，綁上雙手，在心窩釘上釘子，分別寫上隋文帝及漢王楊諒的名字，埋到華山腳下。然後，叫楊素派人前去挖掘：楊素獲得這一大逆不道的「證據」之後，立即向隋文帝作了報告。楊廣惟恐「證據」不充分，又假造了一道造反的檄文，內容是楊秀起兵的宣言，稱「逆臣賊子專弄威柄，陛下唯守虛器一無所知」、「陳甲兵之盛」、「指期問罪」。然後，把這道檄文放進楊秀的文集中，命楊素作為罪證上報給隋文帝。

隋文帝看過這些「罪證」之後，勃然大怒，高聲喊道：「天下竟有如此不孝之子嗎？」

十二月，經過審判，楊秀被廢為庶人，禁閉在內侍省，不許與妻子相見，受他牽連被治罪的有一百多人。

楊廣對另一個弟弟漢王楊諒也不放過。當時，楊諒任并州總管，手握重兵，鎮守北部邊境，以防吐厥，部下有不少猛將。自從太子楊勇被廢之後，楊諒也有爭當太子的想法，所以著意培植個人勢力。當蜀王楊秀獲罪以後，楊諒更加不安，深知下一個該輪到自己了。於是，以加強戰備為由，修築城堡，擴大兵員，廣招人馬。因為楊諒處處設防，而又很得隋文帝歡心，所以楊廣一時也無可奈何於他，只得暗中尋找機會，以求早日將他除掉。

仁壽四年（六〇四年）正月二十八日，隋文帝下令政事交由太子處理，自己在郊縣仁壽宮休養。四月份，隋文帝越發感到身體不適。七月初十日，隋文帝病勢沉重。他已著手準備後事了。把大臣們召到仁壽宮，在病榻旁與他們作最後的談話。四天以後，隋文帝便死了。

隋文帝之死，與太子楊廣有很大關係。

楊廣自從當上太子後，巴不得立刻就繼位當皇帝。可是隋文帝卻偏偏身體健康，一點病也沒有。就連獨孤皇后去世、兒子楊秀獲罪，這在一年之內相繼發生的大事他都承受住了。楊廣好不容易盼到隋文帝有病了，立即做好登極的準備。可是，隋文帝偏偏不死，從四月到七月，楊廣真是度日如年哪！當隋文帝病重時，把楊廣、尚書左僕射楊素、兵部尚書柳述、黃門侍郎元巖召到身邊侍奉湯藥。楊廣暗中寫個條子派人給楊素送去，詢問皇帝死後自己該怎麼辦。楊素一一寫好，派人給楊廣送去。不料，這個送信的人走錯了路，給病中的隋文帝送去了。隋文帝見信後，十分生氣，而且十分傷心，沒想到楊廣、楊素竟對自己如此不忠。

當時，獨孤皇后已死去六年了。隋文帝身邊有兩個寵妃，宣華夫人陳氏和容華夫人蔡氏。二位寵妃見隋文帝氣得渾身發抖，也不敢細問，只好說些寬慰的話給皇帝消氣。當晚，由宣華夫人陳氏陪伴皇帝。

太子楊廣不時以探視為由，來到隋文帝的寢宮窺探。在天快亮時，楊廣又偷偷溜到寢宮裡，正巧碰上宣華夫人陳氏解手。楊廣頓時淫心陡生，衝上去將陳氏抱住要強行非禮，陳氏怕驚動睡中的隋文帝，不敢高聲，只能拼力掙扎。楊廣心虛，沒敢再堅持，聽由陳氏掙脫跑走了。

陳氏氣喘吁吁地跑回隋文帝床邊，神色慌張，面色蒼白。隋文帝這時已醒了，一見陳氏如此狼狽，急忙問她怎麼了。陳氏一開始不敢說，只是默默地流淚。隋文帝急了，陳氏才不得已把剛才發生的事說了。隋文帝聽罷，氣得險些昏死過去。他拍著床沿，大罵：「這個畜生，竟然如此喪盡天良！我怎麼能把天下交給他！獨孤皇后，你，你可真誤了我呀……」

隋文帝平靜下來以後，立即把柳述和元巖召來，令他二人：「去，快去把我兒子找來！」

柳述說：「遵旨，為臣這就去請太子。」

隋文帝深深喘了一口氣，嘶啞著說：「我召的是勇兒！」

柳述和元巖不解其中的緣故，轉身出去寫詔令。楊素聽到消息後，大吃一驚，立即給楊廣送信。楊廣聽罷，魂飛魄散，稍稍定定神，立刻與楊素研究對策，一個血腥而惡毒的陰謀出籠了……

楊廣以皇帝的名義偽造了一道詔書，將正在草寫詔書的柳述、元巖逮捕，押進大理監獄。然後，楊廣又假傳聖旨，把太子宮的衛隊緊急調進仁壽宮，把仁壽宮的警衛換走，嚴密警戒，不准任何人出入。楊廣又急令自己的心腹張衡立即進宮，負責皇帝的醫藥。最後，楊廣下令把隋文帝身邊的妃嬪、宮女、太監全趕出隋文帝的寢宮，軟禁起來。這一切部署完畢，楊廣獰笑著走到大殿上，一屁股坐到了皇帝的座位上。

這一切來得那樣突然，那般迅速，病床上的隋文帝居然毫無覺察。當張衡端著一碗湯藥走近隋文帝的病床前時，隋文帝竟然沒有產生懷疑，把遞過來的湯藥喝了下去。

不費工夫，隋文帝就一命嗚呼了。當被軟禁的宣華夫人陳氏聽到皇帝死訊時，嚇得癱軟在地，泣不成聲。

黃昏時候，太子楊廣派太監給陳氏送來一個小金盒，開口處貼著紙條，上面有楊廣親筆寫的

「封」字。陳氏一見嚇得魂不附體，以為是給自己送毒藥來了！她接過金盒遲遲不敢打開。太監在一旁一迭聲地催促快打開，陳氏被逼無奈，閉著眼睛，用顫抖的雙手撕下封條、打開小盒，勉強睜開眼睛往盒裡一看，陳氏不由得圓睜二目，張大了嘴巴，呆呆地站在那裡。服侍她的宮女們屏住氣走攏來一看，不由得「呀」了一聲。小金盒裡裝的不是毒藥，而是數枚同心結，映著燭光，放散著紅光。宮女們立刻跪下給陳氏叩頭，異口同聲地說：「恭喜娘娘，這回可好了，不必擔心了。」

陳夫人一屁股坐到椅子上，滿臉怒容，一聲也不吭。太監與宮女們擁過來，齊聲勸道：「娘娘，該謝謝太子呀！」

陳夫人在宮女的扶持下，跪在地上謝恩。一更過後，陳夫人在太監們的簇擁下，被送到太子楊廣的住處。楊廣在父親屍骨未寒的時候，就把父親的愛妃姦污了。

楊廣在仁壽宮即位，史稱隋煬帝。伊州刺史楊約趕來祝賀。楊廣命他去長安監管楊勇，不必回伊州了。楊約奉命到長安後，把楊勇提了出來，詐稱奉隋文帝之命，叫楊勇自殺。然後，便不容分說把楊勇活活勒死了。

殺了楊勇之後，楊約才集合軍民、朝臣，傳達隋文帝病逝的噩耗。事後，隋煬帝當著楊素的面，誇獎楊約「是個能任大事的人才」。

楊廣在派楊約去長安殺楊勇的同時，又派車騎將軍屈突通拿著印有隋文帝玉璽印記的詔令，以隋文帝的名義召漢王并州總管楊諒進京。楊諒接到詔令後，一眼便看出這是一道假聖旨。原來，當年楊諒出任并州總管時，隋文帝曾暗中與他約定，今後接到詔令時，要先看看在詔令中的「敕」字旁有沒有一個小點，有點是真的，如果沒有點，則不是真的。此番，楊諒一看詔令中的「敕」字旁什麼也沒有，當下心裡就明白了，這不是父親的旨意，感到問題嚴重，肯定是京中發生變故了。於是，楊諒把屈突通逮捕起來，進行審問。屈突通堅不吐實，一口咬定詔令是真。楊諒不得要領，便把屈突通放了，打發他回京。八月份，楊諒以清除奸臣楊素為名起兵了。響應楊諒起兵的共有十九個州。楊諒派大將軍余公理率軍出太谷（今山西省太谷縣），直撲河陽（今河南省孟縣西部）；大將軍纂良率軍出滏口（今河北省武安縣南部），直搗黎陽（今河南省浚縣東部）；大將軍劉建率軍出井陘，攻打河北、遼寧；刺史喬鐘葵率軍出雁門關，攻占塞北；自己率主力部隊直攻長安。

楊廣聞訊後，立即布置兵馬迎戰。派右武衛將軍丘和任蒲州（今山西省永濟縣西）刺史，阻擊楊諒。楊諒派數百名精銳騎兵，化裝成婦女，聲稱是楊諒的宮女，要去長安。守蒲州城門的官吏中了計，開門放行。楊諒的軍隊一個猛衝，輕易地占領了蒲州城，刺史丘和跳城牆逃回長安。

楊諒占領蒲州後，突然改變戰略部署，停止向長安進攻，結果失去了戰機。這時，楊素受隋煬帝楊廣派遣，率領軍隊攻打蒲州。楊素夜襲獲勝，打下蒲州就直撲太原。

這時，太原城裡鬧了一場內亂。楊諒妃子的哥哥豆盧毓倒戈，響應朝廷，雖被楊諒處死，但楊諒的軍隊也產生了混亂。攻打塞北的喬鐘葵屢遭敗績，纂良攻打黎陽也多次受阻，只有余公理一路還比較順利。可是，由於余公理輕敵，最後吃了大敗仗，影響了纂良的部隊不戰而退。一時間，楊諒的軍隊處於劣勢了。

楊諒與楊素三戰三敗，最後太原被圍困。楊諒走投無路，只好開城投降。楊諒被幽禁，廢為庶人，後來死於獄中。

隋煬帝楊廣消除了家族內部的反對派，自以為基業穩固了。他兇殘、荒淫的本來面目越發暴露無遺。他仗著老子隋文帝給他留下的數不清財富，任意揮霍。尤其遷都洛陽以後，大興土木，在洛水之上修建顯仁宮，廣徵天下奇材異石、珍禽怪獸裝點苑囿；還修建面積達二百里的西苑，其中人工湖周圍十餘里，湖中的人造山高出水面十餘丈，山上樓台殿閣金碧輝煌。在月明之夜，隋煬帝在數千宮女陪伴下，騎馬暢游、樂曲裊裊，舞姿翩翩，恍如仙境。隋煬帝為了去江南遊玩，開鑿大運河，沿河廣建離宮，新造的龍舟高四十五尺，長二百丈，共四層，中間兩層有房間一百二十個，護衛船隻多達數千艘，僅纖夫就有八萬多人，南下船隊首尾迤邐二百里，運河兩岸布滿騎兵，列隊隨船隊前進。距所經路線五百里以內的州縣都要貢獻山珍海味，吃剩下的精美食物就地掩埋，猶如丘埠。隋煬帝還在國內各名勝地區建造離宮別苑，以供遊幸。

隋煬帝的衣飾華貴到難以想像的程度。僅大業二年（六〇六年），隋煬帝與皇后為置辦禮服及儀仗就徵用十萬多名工匠，僅製作羽儀一項，就幾乎將各州縣合乎需要的鳥獸撲捉殆盡。隋煬帝的宮廷樂工就達三萬多名，供他淫樂的宮女亦萬名以上。

隋煬帝不僅生活糜爛，而且好大喜功，窮兵黷武。他先後發動三次征高麗的戰爭。為了趕造戰船，工匠們日夜泡在水裡，腰以下都生了蛆，工匠死亡五分之二以上；運送糧草的民夫多達數十萬，病死途中，屍體相枕藉，不可勝數。

隋煬帝種種暴行、惡政，嚴重地破壞了生產，廣大人民無法生活，終於釀成了全國規模的農民大起義。同時，統治階級內部矛盾也空前激化。一些有實力的官僚紛紛割據千方，稱王稱霸。

儘管如此，隋煬帝非但不思節儉、改良，反而更加瘋狂地鎮壓起義，更加變態的揮霍。大業十二年（六一六年），隋王朝已處於風雨飄搖之中了，可是隋煬帝仍到揚州遊玩。有多位朝臣勸諫他不宜遠遊，他不僅不聽，反而殺了數個大臣以堵言路。隋煬帝到揚州後，又下令在丹陽修繕丹陽宮，想把國都遷來。但是，他的隨行人員，多數是北方人，不願留居江南，就連他的衛士也多有逃亡的。隋煬帝成了名副其實的孤家寡人。面對眾叛親離的形勢，他仍不思改弦易轍，而且更加兇殘暴虐，甚至對自己的前途也喪失了信心，他常常夜裡一個人穿著便衣，拄著拐杖，在宮中四處遊蕩，走累了就擺上酒宴，讓蕭皇后陪他痛飲。幾杯酒落肚，他便操著江蘇方言對蕭皇后說：「外邊很多人都在圖謀儂的皇位，可是儂大不了像陳後主那樣封個長城公，愛卿你也不失為沈皇后，且不管它，咱們還是一同飲酒作樂吧！」還常常在酒醉之後，照著鏡子，邊用手摸自己的脖子，邊喃喃自語：「好頭頸，不知該誰來砍它！」

在農民大起義的震撼下，在財產與權力的引誘下，隋煬帝身邊的幾個權臣湊到了一起，開始策劃政變的陰謀了。

隋煬帝的親信，衛隊軍官虎賁郎將司馬德戡率領一支衛隊駐紮揚州東城。一天，他的好友虎賁郎將元禮及宮廷衛隊軍官裴虔通來找他。三個人見面後，都表示對月前的形勢很不安。司馬德戡嘆了一口氣，說：「現在，皇上的衛士天天都有開小差的，沒逃的人也都想逃走。我想去報告皇上，又怕皇上惱怒而殺我；不去報告，將來皇帝發現衛隊多有逃跑的，我也得被殺。你們說說，我可該怎麼辦？」

元禮及裴虔通的處境與司馬德戡相同，也為這個問題所苦，自然拿不出好主意來。司馬德戡見二人愁眉苦臉，一言不發，又接著說：「聽說關西已經被攻占了，李孝常在華陰叛亂，皇上把他的兩個弟弟抓了起來，聽說不久就要處死。你我的家屬都在關西，這可怎麼辦？」

元禮與裴虔通吃驚地問：「司馬兄，你可有什麼良策？」

司馬德戡把手往桌子上一拍，說：「衛士開小差，咱們乾脆也跑回關西得了！」

元禮、裴虔通異口同聲地說：「好主意！」

事後，三個人分頭去串連，不幾天就聯絡了趙行樞、楊士覽等十多個衛隊軍官，其中還有一名皇帝的御醫。這些人都想逃跑，他們毫不顧忌地研究出逃的方案，有時在大庭廣眾之中也不隱諱。結果被一個宮女聽到了，連忙報告蕭皇后說：「外頭人人都想造反。」

蕭皇后說：「你可以報告皇上。」

這個宮女真的把聽來的情況向隋煬帝報告。不料想，隋煬帝認為宮女不該介入政事，盛怒之下，不容分說就把這個報信的宮女殺了。此後，宮中人聽到外邊的一些壞消息，誰也不敢向隋煬帝報告了。

準備集體開小差的趙行樞是大臣宇文智及的好友，楊士覽是宇文智及的外甥。他倆不約而同地把逃跑計畫和宇文智及說了。宇文智及對他們說：「皇上雖然無道，但還是有權威的。你們要逃跑，不過是自取滅亡罷了。現在，隋朝已到了滅亡的前夕，不得天意人心，英雄豪傑四處起兵，想離開皇上的豈止數萬人！如能趁此時機舉大事，這可是帝王之業啊！」

司馬德戡等其他人聽到這番話後，覺得很有道理。於是，透過趙行樞等去找宇文智及聯繫，提出推舉宇文智及的哥哥，右屯衛將軍宇文化及為盟主，共同起兵。宇文化及剛一聽到這個提議時，嚇得滿身冒冷汗，不敢應承。過了幾天，經反復思忖，他又答應了。

於是，司馬德戡派人到衛隊中散布：皇帝聽說衛士們要叛逃，已經準備下許多毒藥酒：打算在宴會上把衛士們都毒死。今後的衛士全由南方人充當。衛士們聽到這個謠言，人人自危，原來沒想逃跑的人，也決心叛逃了。正值人心惶惶之時，司馬德戡把衛士們全都集合起來，告訴他們，為今之計只有起來造反一條道了，否則都得死。衛士們聽罷，一致表示聽司馬德戡的指揮。

當天夜裡，暴風狂吼，星辰無光，司馬德戡把皇上的馬匹偷了出來，把佩刀磨得飛快。同時與在宮內值班的元禮、裴虔通約好，宮門一律不上鎖，又與守城門的同夥約定，夜裡不關城門。

三更天的時候，司馬德戡在東城駐地集合了數萬精兵，按約定的信號點起火把，與城內的同夥聯繫。於是，城內的同夥也開始行動，四處放火。隋煬帝被喊聲驚醒，遙望滿城烽火，不知所措，急問外邊發生了什麼事。值班的裴虔通立即回答：「草坊失火，外邊調兵救火。」

這時，宮內外已斷絕了聯繫，隋煬帝信以為真。

住在城外的宇文智及也按預定時間開始行動，率領一千名士兵衝進城裡，控制了各條大街小巷。拂曉時，司馬德戡已經牢牢控制了整個揚州城。裴虔通帶領數百名騎兵來到宮內成象殿，把值宿的兵士全趕了出去，換上自己的人。這時，右屯衛將軍獨孤盛感到情況不對，就上前詢問：「裴將軍，怎麼這個時候換防？這些兵是哪裡來的？」

裴虔通直截了當地說：「事已如此了，不關將軍的事，請您小心，不要隨便走動！」

獨孤盛聞言大罵：「老賊，你這是什麼話？」邊說邊率領手下十幾名隨從往上衝，結果被當場殺死。

司馬德戡在裴虔通的配合下，很快便進了宮，來到玄武門前。玄武門內便是隋煬帝的寢宮。平時，守衛玄武門的禁軍待遇超過其他衛士，特別優厚，而且皇帝還經常把宮女賞給這些守門的兵士。宇文智及為了避免衝突，早就與一個姓魏的宮女頭頭串通好了，由她作內應。當司馬德戡率軍隊來到玄武門之前，魏氏假傳聖旨，宣布守衛玄武門的士兵放假一天，因此守門軍士早已外出尋歡作樂去了。司馬德戡兵不血刃地進了玄武門，直撲隋煬帝的寢宮。

隋煬帝發覺情況不對，急忙換了服裝藏到西閣之內。裴虔通與元禮帶領士兵逐屋搜查，魏氏示意他倆去永巷搜索。裴、元二人來到永巷抓住一個宮女問皇上在何處，宮女用手指指西閣。跟隨裴、元二人前來的校尉令狐行達嗖的一聲拔出腰刀，徑直朝西閣衝了進去。躲在閣內門後的隋煬帝朝令狐行達說：「你要殺我嗎？」

令狐行達說：「臣不敢。臣只想陪皇上回西京。」一邊說邊扶著隋煬帝走了出來。

隋煬帝一到院中，便看見了裴虔通，對他說：「你不是我的老友嗎？你為什麼造反呢？」

裴虔通說：「臣不敢造反，只是將士們切盼返回長安，臣不過想陪陛下返京罷了。」

隋煬帝和顏悅色地說：「我正想回長安，只是因為江上運米的船未到，才沒動身。如今我和你們一起回去。」

裴虔通指揮兵士將隋煬帝圍了起來，名曰保護，實則逮捕。

天亮後，司馬德戡把宇文化及迎進朝堂，尊他為丞相。這時，裴虔透過來對隋煬帝說：「朝臣們都齊了，請陛下出去慰問。」說罷令人拉過一匹馬給隋煬帝騎。隋煬帝一看馬轡繩破舊，就不肯上馬，直到換了一副新轡繩，他才上馬。裴虔通親手牽著馬轡繩，緩步出了宮門。叛亂的軍士們見此場面，一個個都歡呼起來。

坐在朝堂之上的宇文化及傳來話語：「不用把那個老東西拉出來了，快弄回去殺掉算了！」於是，隋煬帝又被帶回了寢宮。司馬德戡和裴虔通手執兵器守在他的身旁。隋煬帝見此情景，嘆了一口氣說：「我犯了什麼罪過，到了這個地步？」

一個叫馬文舉的叛軍首領說：「陛下四處遊玩，屢次對外興兵，使多少青壯男子死在刀箭之下；對內魚肉百姓，百業凋零，致使盜賊蜂起，男女老幼死在溝壑之中；專門寵信奸臣，殺戮正人君子，你還說你無罪嗎？」

隋煬帝說：「我實在對不起百姓。可是，你們這些人跟著我享盡了榮華富貴，為什麼這樣對待我？今天這事是誰主使的？」

司馬德戡厲聲說道：「普天之下怨恨你的何只一人！」

隋煬帝心愛的小兒子楊杲，當年只有十二歲，也被押來。楊杲嚇得啼哭不止，裴虔通掄起刀就把他砍死了，鮮血濺了隋煬帝一身。這時，叛軍高喊要殺掉隋煬帝。隋煬帝絕望地說：「天子只有天子的死法，怎麼能動刀呢？拿毒酒來。」

馬文舉等人不答應，令狐行達一把將隋煬帝按在地上。隋煬帝把腰上的白絲帶解了下來，遞給了令狐行達。眾人一擁而上，隋煬帝被活活地勒死了。

隋文帝楊堅靠篡位上了台，但他能順應歷史潮流，完成南北統一，發展生產，減輕賦稅，使隋朝呈現了興旺發達的局面。隋煬帝殺兄害父，篡奪了君權，這點與乃父有些相似，但是他逆歷史潮流而動，破壞生產，殘酷剝削、壓迫人民，荒淫無恥造成天下大亂、眾叛親離、「普天之下，莫非仇讎；左右之人，皆為敵國」的局面。最後，權力被權臣篡奪，自己也被勒死，死無葬身之地。空前強盛的隋王朝，在隋煬帝手中變得千瘡百孔，迅速崩潰。在歷史上留下了許多發人深省的教訓。這也可算得上一種「貢獻」吧！

血濺玄武門

西元六二六年，大唐帝國建立第九個年頭的夏天，在首都長安宮城的玄武門下，發生了一場大血案。皇帝李淵的二兒子秦王李世民指使屬下把哥哥太子李建成及弟弟齊王李元吉射殺了。緊接著，他又逼迫父親李淵讓出皇位。

李世民（唐太宗）當上皇帝之後，勵精圖治，重用人才，發展經濟，減輕人民負擔，革除弊政，很快便使大唐帝國走上了興盛繁榮之路，不僅成為中國歷史上的盛世，而且成為世界上一流的強國。在歷史的驅動下，李世民嚴重地破壞了封建的倫理道德，但是卻空前地強化了封建制度，給後世之人留下了道不盡的話題，千秋功罪總待評說。

李世民是個曠世奇才，在中國封建帝王中更是個不可多得的英明君主。他為什麼要殺兄誅弟篡取皇位？說起來可就話長了……

在隋末農民大起義的烽火中，太原留守李淵乘機起兵，在二兒子李世民的策劃、經營之下，打敗了各路義軍，建立了唐朝，統一了中國。李淵當上皇帝後，準備立李世民為太子，許多將領也要求如此。可是，李世民卻堅決推辭了。後來，李淵按傳統制度把大兒子李建成立為太子。李建成酒色成性，喜好打獵，為人寬和不拘小節。李淵很不喜歡他，尤其與二兒子李世民比，覺得太子實在不合格，總想把二兒子立為太子。對此，李建成深感不安。為了保住太子位置，他聯合四弟齊王李元吉，多次密謀搞掉李世民。李元吉為人兇狠殘忍，頗有心計，大膽胡為。

李建成和李元吉首先從宮內作起了手腳。他倆曲意結交李淵的寵妃張婕妤、尹德妃，甚至不惜亂倫，與二妃私通。這樣，李淵的一言一行，建成、元吉透過張、尹二妃便及時掌握了。對其他的妃嬪，建成、元吉也不時賄賂，深得眾妃的歡心。另外，建成、元吉不放過任何一個機會攻擊、誣蔑李世民，甚至透過李淵的寵妃慫恿、鼓動。比如，一次李世民因為淮安王李神通出征立功，賞給他幾十頃好田。而張婕妤的父親也相中了這些土地，就透過女兒向李淵索要，李淵當即就批准了，並發了手令。李神通自然不願意把早已到手的肥田沃土拱手讓給張妃之父。於是，張婕妤便顛倒是非，在李淵面前中傷李世民，說：「皇上親自批准賜給臣妾之父的那些田地，卻被秦王硬奪了回去賞給了淮安王。」李淵一聽，勃然大怒，當即叱責李世民：「難道我的手諭還不如你的手令嘛！」

事後，李淵還念念不忘，曾對左僕射裴寂嘮叨：「世民這個孩子長期領兵在外，在一群書生的教唆下，變壞了，已不是從前的世民了！」

還有一次，李世民秦王府的屬官杜如晦路過尹德妃父親的府門，尹家的僕人仗勢橫行慣了，無論什麼人，只要不順眼就敢進行凌辱。這些豪奴惡僕無緣無故把杜如晦從馬上拉下來，進行痛打，把杜如晦的手指都打斷了。事後，尹妃來了個惡人先告狀，對李淵哭訴道：「秦王府的親信無法無天，連臣妾的娘家人都敢欺侮！」李淵一聽，更是怒不可遏，痛責李世民道：「連我寵妃的娘家人你的親信都敢欺侮，何況普通百姓！」

對於上述的責備，儘管李世民反復解釋，說明真相，無奈李淵先入為主，不僅聽不進去，還將他痛罵了一頓。

最使李淵氣惱的是，每逢李世民在宮中陪侍李淵宴飲時，都表情痛苦，甚至淚流滿面。李世民之所以如此，是面對美女如雲、燈紅酒綠的場面，想起了自己逝世的母親，感慨母親死得太早了，沒能看到父親當上皇帝的情景。李淵對此很不以為然，而眾后妃就更不滿，她們異口同聲地中傷李世民，說：「如今天下太平，皇帝陛下歲數大了，理該樂和樂和，但秦王每逢皇帝高興的時候便獨自嘆息流淚，說是想皇后，其實是厭惡我們這些侍候陛下的人。一旦陛下百年之後，我們及我們的孩子肯定不能見容於秦王，恐怕那時非把我們殺個精光不可！」

這些后妃還經常對李淵說：「太子建成寬厚仁慈，陛下百年之後，把我們託付給太子，我們才有活路。」

對這些毀謗李世民、吹捧李建成的花言巧語，李淵深信不疑。天長日久，李淵便打消了換太子的念頭，對李世民漸漸地疏遠了，對建成、元吉卻日益親近起來。

武德七年（西元六二四年），李元吉認為時機已到，勸太子李建成幹掉李世民，並主動提出由自己布置，等李世民陪同父皇李淵到自己府中來時，派人埋伏在室內伺機動手刺殺他。李建成不同意這樣幹，李元吉雖然表示氣惱，但也無可奈何，只得作罷。

李建成雖然反對在京內刺殺李世民，但是卻不放鬆擴大自己的實力。一次他就擅自招收二千多名勇士充實自己的衛隊，號稱「長林兵」，同時還暗中把從幽州調來的三百名精銳騎兵部署在太子宮的東邊街市之內，以加強太子宮的守備。李建成還收買武將，比如慶州都督楊文干曾在太子宮中當過警衛，李建成便千方百計拉攏他，並透過他私自招兵，祕密送往長安。

一次，李淵駕幸仁智宮（在陝西宜君縣）時，令太子李建成留守長安，命李世民、李元吉隨行。在與李元吉分手時，李建成告訴他在宜君縣尋找機會幹掉李世民，並說：「這是關係安危的大事，一定在年內解決！」

同時，李建成還派爾朱煥和橋公山二人給楊文干送去盔甲，積極準備兵變。爾朱煥、橋公山把情報稟告了李淵，舉發太子要發動兵變。與此同時，有個叫杜鳳舉的人也趕到宜君縣仁智宮向李淵舉報太子要搞兵變。李淵聽罷，十分生氣，立即下手令召太子李建成到仁智宮來議事。

李建成心中有鬼，突然接到父皇召他的手令，十分害怕，不敢前去。太子身邊的官員有的主張立即起兵，有的主張立即去見皇上。最後，李建成決定少帶隨從去晉見父皇。李建成到仁智宮後，一見到李淵便立即磕頭、請罪。李淵把他軟禁起來，然後派宇文穎去定州宣詔楊文干。宇文穎一到定州，就把情況如實地告訴了楊文干。楊文干聽罷，立即起兵造反。

李淵急忙派兵去平叛。同時又找李世民商議對策。李世民說：「楊文干造反，不會得逞！他的部下肯定有人要除掉他，否則，就派一員大將率兵去鎮壓。」

李淵沉吟一會兒，說：「不妥。楊文干與建成有牽連，恐怕響應他的人不在少數。最好由你帶兵前去，你得勝回來，朕就立你為太子！我不願學隋文帝殺兒子，將來封建成為蜀王。蜀地兵力薄弱，如果他日後服從你，你就留他一條命；如果他不服從你，你收拾他也不費力氣。」

李世民聽罷，二話沒說就率軍隊出發了。

李世民走後，李元吉夥同眾妃子輪番向李淵替建成講情。這時，朝廷上以封德彝為首的一些大臣也設法救建成。李淵在內外說合下，改變了主意，釋放了建成，仍叫他回長安留守，只把太子身邊的幾個心腹官員處分了結。

秋季，楊文干叛亂被李世民肅清。

不久，邊境上的吐厥人興兵內犯，李淵想遷都以避兵鋒。李世民極力反對，結果李淵採納了李世民的建議，不遷都，與吐厥針鋒相對。太子李建成又串通眾妃子，詆毀李世民，說：「吐厥犯邊只是為了掠奪財物，得手後便退回。秦王以防禦吐厥為藉口，實際上是想總攬兵權，一旦羽翼豐滿，他可就要篡位了！」

對此，李淵是半信半疑。不久，發生了一件「騎馬事件」，在眾妃的中傷下，李淵對李世民不僅猜疑而且嫌惡了。

「騎馬事件」是這樣的：一次，李淵到城南去打獵，讓太子建成、秦王世民、齊王元吉隨行，並令兄弟三人比賽騎馬射箭的本事。李建成乘機送給李世民一匹烈馬，想利用這匹馬把李世民摔死。李世民不知是計，騎上這匹烈馬去追野獸。沒料到這匹馬突然暴跳起來，李世民見勢不妙，立即縱身跳下馬背，才沒有傷著。如此反復三次，終於制服了這匹烈馬。這時，李世民才悟出建成的陰謀。他感慨地對手下的人說：「太子想用這匹馬加害於我，可是死生有命，他焉能傷害了我呢！」

李建成聽了這話以後，就串通妃子造謠，說：「秦王制服劣馬，得意洋洋地宣稱，我上承天命，不久就要當天下共主，怎麼會讓馬摔死呢！」

李淵聽妃子這番話後，非常生氣，立即把建成、元吉找來詢問，二人異口同聲證實妃子說的是實話。李淵立即把李世民叫來，氣呼呼地訓斥道：「誰當天子，上天自有安排！決不是哪個人想當就能當上的。你怎麼那樣急於當皇帝呢？哼！」

李世民立刻跪在地上，摘下頭上的帽子，連連叩頭，請將自己交到刑部衙門，進行調查核實。李淵聽後，怒氣仍然未消。突然，有官員進來報急，吐厥內犯。李淵深知，只有李世民才能對付吐厥，於是才強把怒氣壓下，和顏悅色地對李世民說：「起來吧！把帽子戴上。吐厥又打來了，你有什麼辦法退兵嗎？」

李世民一如既往，主張動用武力。當下，李淵指派李世民掛帥，李元吉配合，率大軍抵禦。這次戰鬥雖然獲勝了，但李淵對李世民的猜疑非但沒有減少，反而日甚一日了。

身處困境的李世民為了避開危難，打算離開京城，到洛陽常住。同時，派親信暗中聯絡山東的英雄豪傑，積蓄力量，以備不及之需。

太子建成見李世民又立軍功，且發現他廣交英豪，深感威脅，於是一改從前的態度，決心自己動手置李世民於死地。一天夜裡，建成突然請李世民進宮宴飲，把毒藥放進酒裡給李世民喝。李世民沒有防備，喝下了幾口毒酒。幸虧毒性發作的快，心臟絞痛，口吐鮮血，離席回到自己住處。因毒量不大，才算保住了性命。

李淵聽到李世民「病酒」的消息，心裡也明白了大半。他一方面吩咐建成，今後不得再約世民飲酒，一方面告訴世民，要派他出居洛陽，為的是既可不損害太子又可保全秦王的威勢。李世民最初表示不願離開京城，不忍離別父親。但是，最後還是遵從父皇旨意離開長安，去了洛陽。

就在李世民離開長安去洛陽的前夕，李淵又突然改變了主意，不讓他離開了。原來，李淵又受了蒙蔽。建成、元吉二人聽說李世民要東去，很緊張，認為李世民一旦到了洛陽，誰也控制不住他了。與其讓他去洛陽，不如將他留在長安以便控制，就是要「收拾」他也極容易。這哥倆研究後，立即唆使幾個大臣給李淵上祕密奏章，揭發李世民的屬下人等聽到去洛陽的決定後，歡呼雀躍，據此，李世民恐怕一去不返，成為朝廷的隱患。李淵被說服了，朝令夕改，不准李世民去洛陽。

建成、元吉並不就此罷手。他倆聯合李淵的妃子們，日夜不停地向李淵進讒言，攻訐李世民。天長日久，李淵完全改變了對李世民的好感，竟然要懲治他了。而元吉甚至私下勸父皇將李世民殺掉，以除後患。

建成、元吉一方面欲置李世民於死地，一方面分化、拉攏李世民的下屬官員。他倆把目光首先瞄準了英勇善戰的尉遲敬德。一天，暗中派人給尉遲敬德送去一車金銀打造的器皿，並捎去一封希望建立友誼的信。結果，遭到尉遲敬德的婉拒。尉遲敬德還將此事報告了李世民。建成、元吉對尉遲敬德恨入骨髓，見拉不動，就決心幹掉他。數次派刺客去暗殺尉遲敬德，然而均未得逞。最後，元吉親自出頭向李淵誣告尉遲敬德，只是因為李世民竭力為之辯護，才免於一死。此後，李世民身邊的親信，在建成、元吉的排擠、陷害下，大多被調出京城，或被免官治罪，李世民幾乎要孤立無援了。

這時，李世民也深感形勢嚴重，留在他身邊的親信只不過三五個人，他們更感到朝不保夕了。為了擺脫險境，他們日夜研究對策。尉遲敬德、長孫無忌、高士廉、侯君集力勸李世民殺掉建成、元吉，李世民一時尚下不了決心。

就在這個關鍵時刻，駐紮在黃河南岸的吐厥兵進入邊塞，包圍了寧夏烏城。太子李建成為了壓制李世民，他向父皇李淵建議派齊王李元吉掛帥前去征伐。李淵當即批准了。元吉乘機向父皇請求把李世民屬下的大將尉遲敬德、程知節、段志玄、秦叔寶調到自己部下，一起北征吐厥。李淵不僅批准了，還把李世民屬下的部分精銳部隊撥給元吉指揮。

建成、元吉見削弱李世民力量的目的已經達到，便立即商定乘出征時，李世民前來送行的機會，搞個突襲，將李世民及親信殺死，逼皇帝讓位。

不料，這個密謀被太子屬官王晊得知，並立即報告給了李世民。李世民聽後，立即把長孫無忌等親信找來商議對策。長孫無忌等人極力主張先發制人，動手把建成、元吉二人殺死。李世民仍念手足之情，下不了決心。尉遲敬德急切地說：「現在，大家都擁戴大王您，人哪有不愛惜生命的，我們所以豁出性命保大王，完全是為了服從天意！如今大禍已到眼前，大王仍然無動於衷，不管自己的生死存亡，這如何對得起上天和祖宗呢！大王如果不聽我等的意見，敬德我可要逃到深山老林去安身，不能待在大王身邊任人宰割！」

其他幾個親信異口同聲地贊成尉遲敬德的主張，紛紛勸李世民立刻下決心，馬上行動。

李世民沉默不語，經過一番縝密地思考，又找幾個幕僚來商量，大家的意見都一致，主張馬上採取行動，先發制人。這時，李世民也決心行動了。為審慎起見，他叫幕僚算一卦，看看吉兇。還沒等進行占卜，一個叫張公瑾的幕僚從室外闖了進來，把占卜用的龜甲一把搶過來，摔到地上，高聲對李世民說：「占卜是為了決疑，現在事實明明白白，毫無疑問，還占卜什麼！如果占卜的結果不吉利，難道我們就不採取行動不成？」

李世民被完全說服了，決定立即行動，並派長孫無忌去找謀士房玄齡來商議行動計畫。沒想到長孫無忌很快地一個人回來，說：「房玄齡說皇帝以前有旨意，不准與秦王來往，今天如果私自見秦王，違背聖旨是要被處死的。」

李世民聽罷，以為房玄齡背叛自己，十分惱怒，立即派尉遲敬德帶著自己的佩刀去見房玄齡，如果他再不前來，就砍了他。

其實房玄齡不是背叛李世民，而是試探他的決心。當尉遲敬德與長孫無忌來找他時，他已和另外一個謀士杜如晦等得不耐煩了。尉遲敬德一見房玄齡和杜如晦就說：「大王已決心立即行動，請你二人立即前去！」

房玄齡、杜如晦為了遮人耳目，化妝成道士，與尉遲敬德、長孫無忌分頭進入秦王府。

李世民與房玄齡等人經過周密策劃，制定了一整套行動方案。六月三日，先由李世民出面向父皇李淵揭發太子建成、齊王元吉淫亂後宮，勾結妃嬪欺蒙皇帝，陷害自己。然後，視情況再行動。李淵聽了李世民的報告後，萬分氣惱，當下對李世民說：「這兩個混蛋，竟敢如此，朕明天就審問他倆，你早早進宮當面揭發！」

第二天一大早，李世民就率領長孫無忌等親信將士埋伏在玄武門下，只等建成、元吉進宮，便立即動手。豈料，張婕妤偷看了李世民呈給李淵的揭發建成、元吉的祕密奏摺，連夜派人給建成送信。建成得信後，急急忙忙把元吉叫來，商議對策。元吉說：「大哥你假稱有病不上朝，暗中把太子宮中的警衛部隊集合好，待機行動。」

建成說：「部隊我已部署好了，咱哥倆一同到朝中探探虛實，然後再行動，如何？」

於是，兩人在天麻麻亮的時候就上朝了。當二人騎馬到達臨湖殿時，感到情況反常，就掉轉馬頭往回跑。這時，李世民從後面邊趕邊召喚二人。元吉慌慌張張朝李世民連射三箭，可是一箭也沒能射出去。李世民瞄準建成後心，嗖的一箭射去，建成應聲落馬，當即斃命。這時，尉遲敬德帶領七十餘名騎兵，從埋伏的地方衝了上來，眾兵士在尉遲敬德的指揮下，亂箭齊發，射向元吉，元吉身中數箭墜落馬下。這時，李世民的坐騎受驚朝樹林奔去，他被樹枝從馬上掛到地上，摔得很重。身受箭傷的元吉衝了過來，奪過李世民的弓，要勒死他。正在這千鈞一髮之時，尉遲敬德策馬衝過來，高聲吶喊著，搶救李世民。李元吉自知不是對手，慌忙返身朝武德殿跑去。尉遲敬德策馬緊迫幾步，只一箭便將元吉射死了。

太子建成的死訊很快傳到太子宮中。太子的警衛部隊在翊衛車騎將軍馮立及副護軍薛萬徹、屈咥等人的指揮下，衝向玄武門。李世民的部將張公謹把守玄武門，擋住了太子衛隊。薛萬徹見玄武門難以攻下，就會合趕來增援的齊王府衛隊，高呼去攻打李世民的秦王府。形勢急轉直下，守衛玄武門的李世民屬下將士十分驚慌。恰在這時，尉遲敬德提著建成、元吉的腦袋趕到，太子及齊王的衛隊一見太子及齊王已死，立刻潰散了。

李世民兄弟相殘殺，血濺玄武門的時候，唐高祖李淵正在海池中泛舟嬉戲，一點消息也沒聽到。在太子及齊王衛隊潰逃時，李世民命令尉遲敬德立即到李淵的住處去，一定要保護好皇帝。當身披鎧甲手執長矛的尉遲敬德出現在李淵面前時，這位唐高祖著實吃了一驚，急匆匆地問：「外邊發生了什麼事？你來這裡幹什麼？」

尉遲敬德不疾不徐地回答：「啟奏陛下，太子和齊王造反，秦王殿下已把反賊殺了。秦王殿下惟恐驚動陛下，特命臣來警衛。」

李淵不勝驚訝，對身邊的近臣裴寂、肖瑀、陳叔達等說：「不料今天發生了這樣的事情！你們看該如何是好啊？」

肖瑀、陳叔達同聲說：「陛下，建成和元吉沒有什麼軍功，還嫉妒秦王，尤其不該的是，居然陰謀造反。被秦王誅殺，是死有餘辜。秦王此番又立下了大功，更贏得了舉國上下的敬重。陛下如果冊立秦王為太子，這是人心所向，肯定天下就太平無事了。」

李淵說：「卿等所言甚好，朕早有此意。」

尉遲敬德一聽此言，立即說道：「陛下，如今外邊戰事未息，臣敢請陛下從速發布詔令，宣布軍隊由秦王統帥，亂事聽秦王處理，事態馬上便可平穩。」

李淵馬上親筆寫了詔令，叫大臣去宣布。然後，又派人把李世民叫來。李淵一見李世民就說：「最近以來，發生了曾子的母親聽別人說曾子殺人而跳牆逃跑的事情。」

李世民一見李淵立即撲到李淵的懷裡，放聲痛哭，險些暈了過去。

接著，李淵發下兩道手諭，一是宣布大赦天下，除建成、元吉二人已死之外，其他人等一律不再追究；二是冊立李世民為太子，國家的一切軍政事務，全部由太子處理。

同年的八月份，李淵宣布把皇位讓給太子李世民，自己當太上皇以終身。

透過玄武門之變，李世民才當了皇帝。他繼位後，對立太子的事情格外留心。最初，他也是按傳統的嫡長子繼承制度，立大兒子李承乾為太子。但是，玄武門的刀光劍影時時在他的眼前晃動，他為了宮廷安穩，國家太平，特別注意太子的一言一行。經過長期的考查，他大大失望了。太子既荒淫又殘忍，不以國事為重。李世民痛心到要自殺的程度。

然而，李世民畢竟是一代英明的君主，他為了國家大計，毅然把太子廢掉。他這個舉動，不能不說與玄武門事變有著深刻的淵源。

唐太宗李世民發現太子不成器，是在貞觀十四年（六四〇年），當時太子已二十二歲了。太子李承乾只顧遊玩、打獵，把學業扔在一邊。太子的屬官張玄素數次規勸，太子充耳不聞，當成了耳邊風。唐太宗得知張玄素犯顏勸諫太子的事後，很高興，立即提升張玄素的官職，期望他好好地輔佐太子。

此後，太子對張玄素雖說有所顧忌，比如：一天太子在宮中擊鼓作樂，張玄素進門勸阻，太子立即把鼓毀壞，表示再也不敲鼓玩了，可是轉過身，仍然我行我素，甚至沉溺於嬉戲，竟然長時間不接見下屬的官員。對於規勸他的官員于志寧，竟然派刺客去暗殺；而對張玄素也曾派人暗中襲擊，用馬鞭猛抽一頓，險些打死。

唐太宗對太子李承乾日漸不滿，而對四兒子李泰卻日益喜愛。一些朝臣對此頗不以為然，唐太宗為安定朝廷，指令賢臣魏徵輔佐太子，期望太子能改惡向善，不出現因為太子沒有德行而改立太子的事情。儘管李世民在太子身上煞費苦心，但是太子非但沒有改掉惡習，反而變本加厲。大肆揮霍錢財，沉湎聲色狗馬，寵信太監，日甚一日。太子為了蒙蔽唐太宗，常常在屬官面前裝出一副假面孔，比如：一旦碰上屬官勸諫他，他立即表現出虛懷若谷的樣子，連連承認自己有錯誤，表示一定改正。太子的這一手還真發揮了作用，儘管他作惡多端，卻常常博得知過必改、為人賢明的美譽。

魏王李泰深知父皇鐘愛自己，當他發現太子李承乾患了腳病之後，便產生了搞掉太子，將來由自己繼皇位的想法。於是，李泰不惜金錢，廣交賢士、豪傑，很快便博得了禮賢下士的好名聲。同時，又透過親信廣泛散布自己才能過人，大造繼位的輿論。

李泰的種種活動，自然引起了太子的極大關注，為了保住太子的位子，李承乾指使人冒充李泰屬官的名義向皇帝檢舉李泰種種不法行為。可是，當唐太宗認真追查時，卻找不到檢舉人，太子這一計策沒有奏效。

接著，太子便產生了謀殺李泰的想法。後來，甚至發展到要推翻唐太宗，自己當皇帝了。太子李承乾為了實現篡位的目的，私下招募軍隊，豢養刺客，結交大臣。尤其對不滿唐太宗的人更是曲意結交，以建立自己的死黨。比如：名將侯君集對唐太宗不滿，太子就透過在太子宮擔任警衛的侯君集其女婿賀蘭楚石去拉攏侯君集。此舉果然奏效，侯君集被暗中召入太子宮中，太子向他坦誠表白自己的心事，侯君集發誓幫助太子謀反，並給太子出謀劃策。又如，太子利用巨資收買了左屯衛中郎將李安儼。李安儼本來是李建成的老部下，現在負責唐太宗的警衛事宜，他利用這一特殊身分，把唐太宗身邊發生的大事小情，都及時地報告給了太子李承乾。此外，漢王李元昌、洋州刺史趙節、駙馬都尉杜荷等貴族也被太子拉了過去。這些人割臂歃血為盟，結成死黨，密鑼緊鼓地謀劃政變。

杜荷對太子李承乾說：「殿下宣稱患了急病，皇上肯定前來探視，那時咱們便可乘機動手了！」

太子認為這個建議很好。當聽說齊王李佑謀反的消息時，太子得意忘形地說：「我住處的西牆離皇上的住處只有二十步，我要是起事，齊王可比不了啊！」

當齊王謀反被鎮壓下去以後，在追查的過程中，受齊王株連的紇干承基招認，太子李承乾曾對自己說過，他起事比齊王方便得多。唐太宗對此緊追不放，終於查清了太子準備謀反的情況。唐太宗指令大臣們研究處理太子的辦法，眾大臣互相觀望，不敢出聲，只有通事舍人來濟大著膽子說：「陛下是聖君慈父，不妨讓太子平安度過餘生。」

唐太宗聽後點點頭，下詔令將太子李承乾廢為平民，幽禁起來；對太子的死黨李元昌、侯君集、李安儼、趙節、杜荷等處以死刑；對太子的屬官，以勸諫不力的罪名予以革職；對於平日犯顏直諫的屬官予以提升，對檢舉太子謀反的紇干承基加官晉爵。

太子垮台以後，魏王李泰被召進宮中侍奉皇上，眾臣十分明白，這是皇帝要立李泰為太子的信號。有的大臣為了逢迎皇帝，上奏章提議立即冊立李泰為太子。可是，當年追隨李世民搞玄武門事變的長孫無忌卻極力反對立李泰，而主張立晉王李治為太子。

鑒於此，唐太宗提出一個折中方案，讓李泰當太子，將來繼承皇位，等李泰死後，再把皇位傳給李治。對此，諫議大夫褚遂良極言不可，他對唐太宗說：「陛下這話十分不妥，陛下可千萬要深思熟慮，別出現失誤。陛下百年之後，魏王入承大統，怎肯把自己的親兒子殺死將皇位留給晉王呢！陛下以前立李承乾為太子，可是又寵愛魏王，所以才釀成了今天的禍患，前車之鑒，後事之師，陛下可要三思而行呀！陛下今日如果立魏王為太子，請先安置好晉王，只有如此，朝廷才能平安無事！」

李世民為難了，一方面他感到褚遂良說的有理，一方面自己又不能放棄立魏王李泰的想法。

不久，唐太宗發現晉王李治成天愁眉不展，便詢問是何緣故。李治在父皇的一再追問下，吐露了真情，說：「李泰曾找兒臣說兒臣與李元昌平日關係密切，李元昌謀反不成，自殺身死，兒臣的日子肯定不會好過。因此，兒臣憂心忡忡。」

唐太宗一聽，感到李泰為人陰險，深悔自己要冊立他為太子，實在太不明智了。說來事也湊巧，就在唐太宗詢問李治後，又把廢太子李承乾找來訓話，李承乾對父皇說：「兒臣身為太子，還有什麼更高的要求呢？只因為李泰陷害我，才和幾個大臣研究對策。那幾個大臣心懷叵測，教唆兒臣犯上作亂。如今父皇要立李泰為太子，可就中了李泰的圈套了。」

這樣一來，唐太宗感到立太子可不能粗心，一定要周密思考，認真研究。於是，把心腹重臣長孫無忌、房玄齡、李世勣、褚遂良四人找來會商。李世民對四人說：「我有三個兒子、一個弟弟，眼下的情形實在令我苦惱……」，話還沒說完便用頭去撞床頭。長孫無忌一步衝上去，將皇帝緊緊抱住。唐太宗推開長孫無忌，嗖的一聲拔出佩刀，就要抹脖子。褚遂良手急眼快，一把將刀奪下，交給了身邊的李治。長孫無忌等四位大臣跪在地上，苦苦請求唐太宗不要煩惱，並說皇上想立誰為太子，臣等保證遵命。唐太宗示意四位大臣站起來，然後說道：「朕想立李治為太子。」

長孫無忌立即說：「臣等謹遵聖旨。如有人敢表異議，臣等請將其斬首！」

唐太宗轉過臉朝李治說：「你舅舅（按：長孫無忌是李治的舅父）保你當太子，還不拜謝他！」

李治慌忙跪下給長孫無忌叩頭。四個大臣齊跪下，稱頌皇上英明。

唐太宗立即下令召集六品以上的官員到太極殿。唐太宗等官員到齊後，向眾人宣布：「李承乾大逆不道，李泰居心陰險，均不堪當太子。今天，朕要冊立太子，眾卿有何說法？」

眾臣在長孫無忌等率領下，齊聲高呼：「晉王仁義忠孝，應立為太子！」

唐太宗見此情形，滿臉堆笑，十分高興。

就在立李治為太子的同一天，唐太宗下令將李泰拘禁起來。然後，下令大赦天下，歡宴三天。唐太宗感慨萬端地對身邊大臣說：「朕如果立李泰為太子，豈不表明透過鑽營就可以當太子了。今後要明文規定，如果發生太子失德的情況，其他王子如果處心積慮想當太子，那麼，這兩個人都不能用！我的這個決定要傳給子孫萬代，永遠遵奉！我如果立李泰當太子，李承乾和李治都將難以活命；而立李治，承乾和李泰則可以平安無事以盡天年了。」

唐太宗李世民之所以當機立斷解決了立太子這一關係巨大的事情，原因當然很多，但其中一個重要的主觀原因，與李世民從早年的玄武門事變中所汲取的經驗與教訓是分不開的。李世民血濺玄武門，透過殺兄誅弟逼迫父親而取得了皇位，從而開拓了盛唐局面。這無論對李世民本人及對唐朝的歷史都是影響巨大、意義深遠的大事。在封建社會，儲位及皇權之爭是普遍的，而這種爭奪往往又演變成流血事件，往往影響了國家的安危及後來人的思想。對此，好學的李世民是深知的，對歷史上的爭位奪權的掌故是熟諳的。透過李世民血濺玄武門前前後後的心態，不難見出，他是在萬不得已的情況下才發動玄武門事變，他尤其不希望玄武門事變重演。正因為如此，李世民登極後，才特別關注太子的行為，在經過多方努力之後，毅然廢掉太子，另立新人。李世民的苦心孤詣，對唐朝的繁榮昌盛、穩定發展發揮很大作用。他在解決了太子問題以後，滿以為兄弟相殘的玄武門事件是永遠不會再上演了，可是歷史並不以人的意志為轉移。李世民生前搞了一次玄武門事變，避免了另一次同類性質的事變，但是在他死後，李唐王朝卻接二連三地演出了一次次父子相逼，夫妻相害，兄弟相殘的爭位奪權的事變，完全可以說，「玄武門事變」從初唐一直演到了晚唐。

武則天稱帝

武則天是個不平凡的女性。歷史賦予她許多機遇，使其成為傳奇人物並改寫了李唐王朝的歷史。在唐王朝仍處於盛世之時，她以太后之尊從兒子手中奪取了皇位，沒動刀兵便建立了武周王朝，稱帝二十餘年，幹出了許多驚世駭俗的事情。她大力提拔賢能之士，嚴酷打擊反對派，「政由己出，明察善斷」，對於發展社會生產力起到了一定的促進作用。她迷信佛教，大修寺院，庇護僧尼，加重農民負擔，引發了種種社會矛盾，使一些地區階級矛盾加劇。而她在晚年時，寵信奸邪，加深了腐敗。在垂暮之年，她在權臣們的逼迫下，又把皇權還給了兒子，恢復了大唐國號。

武則天稱帝時，沒有把前朝皇帝殺死；武則天取消帝號時，新皇帝也令其善終。國號變更而皇帝卻沒有被害，這在歷史上是並不多見的特例。

武則天稱帝經歷了漫長而又富於傳奇色彩的過程。

武則天原名不詳，「則天」是則天順聖皇后的省略，是封號。她是并州文水人（今山西省文水縣）。父親武士彠，商人出身，隋末當個小軍官，後參加李淵父子反隋軍隊。唐朝開國後，曾任工部尚書。唐太宗的文德皇后長孫氏死後，唐太宗選妃嬪時，聽說武士彠的女兒美貌，就將她召入宮中，封為才人，賜名武媚。武媚離家之時，母親楊氏悲痛萬分。武媚卻欣然自得地對母親說：「去見天子焉知不是喜事？為什麼痛哭流涕呢！」

武則天進宮那年才十四歲。唐太宗身邊美女如雲，武則天地位遠在妃嬪之下，自然難以親近皇上，更談不上專寵一身了。能有機會在皇帝身旁幹點粗活，就是造化了。這種處境與她進宮前的天真想法形成鮮明的反差，她內心的苦惱只有自己排解了。武則天雖然不能與唐太宗朝夕相伴，卻與太子李治彼此鍾情。唐太宗死後，服侍過他的宮人一律被送出宮到感業寺為尼。武則天在唐太宗五週年忌日時，在佛寺中與前來燒香的唐高宗李治相逢。二人舊情未了，見景傷情，相對掩面而泣。

這件風流韻事，很快被唐高宗李治的皇后王氏知道了。當時，王皇后正與蕭淑妃爭寵。王皇后正想物色一個女人幫助自己擊敗蕭氏，於是就暗中吩咐武則天留起頭髮。不久，王皇后就勸唐高宗把武則天從寺廟中接回宮裡。這時，武則天已經三十一歲了。

武則天秀外慧中，入宮後就把唐高宗迷住了。對王皇后，她極盡恭維之能事，深得王皇后的喜歡，自認為找到了一個對付蕭淑妃的好幫手。不久，武則天便被封為昭儀，成為僅次於妃的嬪了。

武則天在宮中站穩了腳跟以後，使出全身的解數，得到唐高宗極度寵愛，王皇后與蕭淑妃全因她而失寵。王皇后暗中叫苦不迭，本想找個幫手，不料請來個對頭。王皇后轉而與蕭淑妃言歸於好，二人齊心協力共同對付武則天。武則天為了固寵，不惜設毒計陷害王皇后。

這時，武則天生了一個女兒，唐高宗很喜愛這個小公主。一天，王皇后來看視小公主，待一陣子便離去了。武則天送走王皇后，回來就親手把小女兒掐死。然後，照舊用小被把孩子蓋好，裝作沒事一樣。

不久，唐高宗來了。一進門，唐高宗直奔床前看望小公主，用手一摸，不由得驚呼起來。原來，小公主的身體已僵硬了。唐高宗又驚又氣，連忙詢問小公主怎麼死了。武則天急忙奔過來，把孩子抱在懷中，放聲痛哭起來，口中還不停地喃喃說道：「我真沒想到，你居然這般惡毒！」

唐高宗如墮五里霧中，拉著武則天追問個不停。武則天跪在唐高宗面前，口中連連高喊皇上救命。鬧騰了一陣之後，武則天才吞吞吐吐地說：「剛才王皇后來過，還逗孩子玩來著，皇后走後，也沒人到過這房間，孩子怎麼突然死了呢？如果不是王皇后把孩子掐死，難道是臣妾我把親閨女掐死的不成！」一邊哭訴著邊用手指著孩子小脖子上的紅印記。

唐高宗見此情景，不由勃然大怒，咬牙切齒地說：「王后，你好狠毒，往日你與蕭淑妃一道說武昭儀的壞話，今天居然又把朕的愛女害死！朕要你好看，不給愛女報仇，朕誓不為人！」

當下，唐高宗便派人去質問王皇后，任王皇后如何解釋，也說不清楚了。唐高宗已下定決心將王皇后廢黜。

於是，唐高宗就與武則天一起到太尉長孫無忌家中去徵求長孫無忌的意見。長孫無忌是唐高宗的舅舅，又是唐太宗遺囑中指定的托孤之臣，他的言行是舉足輕重的。廢黜皇后這件國家大事，如果長孫無忌持異議，是很難進行的。唐高宗帶著武則天來到長孫無忌家之後，開始對廢后問題隻字不提，當喝酒時，唐高宗在酒席上宣布將長孫無忌小老婆生的三個兒子封為朝散大夫，又賞給長孫無忌許多金銀珠寶。唐高宗做完了這一切，才隨隨便便地提及王皇后至今也沒有生兒子，以此暗示要另立皇后。長孫無忌立即就領會了唐高宗的用意，但是他想到唐太宗臨死前，拉著自己的手對自己說：「我的好兒子和好兒媳，今後都交給你了！」於是，長孫無忌岔開唐高宗關於皇后無子的話題。當然，唐高宗也立刻明白了長孫無忌的用意，儘管心中老大不高興，但是廢黜皇后的話便也不再說下去了。因為唐高宗深知，廢黜皇后這件國家大事，長孫無忌如持異議，其他大臣肯定附和他，而上奏章勸諫。結果，唐高宗這次試探以失敗而告終。

對此，武則天仍不死心。她叫自己的母親楊氏親自出面，到長孫無忌家去，請求長孫無忌能贊同廢黜王皇后的主張，結果還是被拒絕了。

武則天偏有那麼一股韌勁，她想幹的事，不達目的決不罷休。她見長孫無忌不買帳，轉過來又在唐高宗身上做文章了。永徽六年（六五五年）六月，武則天誣陷王皇后夥同其母柳氏用巫術詛咒人。唐高宗聽後，對王皇后更加厭惡了。當即下令不准王皇后母親柳氏出入宮禁，並公開提出要廢黜王皇后。九月初一日，唐高宗退朝後，命長孫無忌、李勣、褚遂良、于志寧等人到內殿。褚遂良對另外三個人說：「今天皇帝召見，多半是為了皇后的事。皇上既然決心已定，逆著皇上必死無疑。太尉是皇上的舅舅，李大人你是朝廷的大功臣，可不能讓皇上落下個殺死親舅舅的惡名呀！我褚遂良出身草野，沒有什麼汗馬功勞，為官到今天，而且受先帝之托輔佐皇上，我不以死相爭，死後有何面目見先帝？」

李勣聽了這番話，立即請病假，沒有去內殿。長孫無忌等三人進入內殿後，唐高宗便說：「皇后至今無子，武昭儀生了個兒子，現在朕想立武昭儀為皇后，卿等以為如何？」

褚遂良搶先答道：「皇后出身名門，是先帝為皇上娶進宮的。先帝在彌留之際，拉著皇上的手，對臣說：『朕的佳兒佳婦現在都託付給你了。』這也是陛下親耳所聞！如今言猶在耳，況且皇后又沒有什麼過失，怎麼能輕易廢黜呢！臣不敢曲意奉旨，有違先帝遺命。」

唐高宗聽罷，不發一言，揮揮手把三人趕出了內殿。

第二天，唐高宗又與長孫無忌、褚遂良等談起廢王皇后立武則天為皇后的事。褚遂良又犯顏直諫：「陛下一定要新立位皇后，可在有名望的貴族人家選取，何必非要立武昭儀呢？武昭儀曾是太宗皇帝的才人，這是天下共知的事，如何能夠遮掩住天下人的耳目呢？況且，萬世之後，人們又將如何評論皇上，請皇上三思。為臣今天抗旨，自應判死刑。」

說罷，將手中的笏版放在台階上，脫下頭巾，連連猛叩響頭，鮮血順著臉淌了下來，口中還連連說道：「現將笏版還給皇上，請皇上準臣回家務農！」

唐高宗憋了數日的怒氣，一下子全發洩出來，命令武士快把褚遂良帶下去。武則天在簾子後面大聲說：「為什麼不把這個老畜牲殺了？」

長孫無忌也高聲說：「褚遂良是先帝遺囑的顧命大臣，有罪也不能用刑！」

于志寧嚇呆了，在旁沉默不語。

第二天，韓瑗、來濟也齊上奏章反對廢黜王皇后。

唐高宗對眾大臣的勸諫不予理會。於是，單獨召見李勣，問他：「我要立武昭儀為皇后，褚遂良等人堅持認為不可，您看如何？」

李勣答道：「此乃皇上家事，何必詢問外人呢！」

唐高宗見李勣贊成自己的主張，更加堅定了廢黜王皇后，冊立武則天的主意。

這時，凡事迎合皇帝的許敬宗在朝房中公開聲言：「普通鄉下佬多收了一百斗麥子還想換個老婆。貴為天子，想立個新皇后，為什麼有人卻堅持異議呢？」

武則天把許敬宗這話叫人稟報給了唐高宗。唐高宗認為自己簡直連個鄉下佬都不如了，盛怒之下，把褚遂良貶斥出京，到潭州當都督。十月十三日，唐高宗正式頒發詔書，以「王皇后、蕭淑妃合謀，企圖毒死武昭儀」為由，將王皇后廢為平民百姓，並把她的母親及兄弟革職流放到廣東。十月十九日，唐高宗宣布冊立武昭儀為皇后。

王皇后與蕭淑妃被關押在冷宮，門窗全部堵死，只在牆上鑿個洞送遞飲食。一天唐高宗思念王皇后和蕭淑妃，抽空來到關押她倆的地方，觸景傷懷，不由得痛苦地喊道：「皇后、淑妃，你們在哪裡？」

王皇后哭著在室內答道：「我們二人觸怒皇上，被貶為宮女，怎麼還能以皇后、淑妃這樣尊貴的名號來稱呼呢？皇帝如果還念舊情，讓我們重新陪伴，就請皇上把這座宮院叫『回心院』吧！」

唐高宗顫聲說道：「我立刻就處理。」

唐高宗走後，立刻有人將此事報告了武則天。武則天聽罷，妒火中燒，擔心唐高宗釋放王皇后和蕭淑妃，立即派人到冷宮，將王皇后、蕭淑妃打了一百棍子，又砍掉二人的手腳，然後把她倆放進酒罈子裡。處置過後，武則天獰笑著說：「叫這兩個老骨頭也醉醉酒！」

數日後，王皇后與蕭淑妃含恨而死。

武則天處死二人之後，自己也常為幻覺所折磨。她不時在光天化日之下，看見王皇后與蕭淑妃變作厲鬼，前來索命。她還因為蕭淑妃曾說過「來世自己變成貓，武媚變作老鼠，要活活地咬住老鼠的脖子」這話，不准在宮裡養貓。後來，為了擺脫幻覺，乾脆與唐高宗離開長安，長住洛陽。

武則天是個權勢欲很強的人。她當皇后以後，常常過問朝政。因此之故，難免與唐高宗發生衝突。唐高宗日久生厭，萌生了廢黜武后的想法。

一次，宦官王伏勝向唐高宗揭發道士郭行真經常出入宮廷，仗恃武后的寵信，裝神弄鬼，肆無忌憚。於是，唐高宗密召一些權臣商量如何懲處。上官儀對皇上說：「皇后專橫，全國上下人人不滿，請陛下廢黜武后！」

此言正合唐高宗心意，當下命令上官儀起草廢后詔書。武則天安插在皇帝身邊的親信，立即跑去將此消息報告了她。武則天聞訊後不敢怠慢，立刻跑去見唐高宗，軟硬兼施，連哄帶騙，終於使唐高宗轉怒為喜，與她重新和好。唐高宗禁不住武則天撒嬌，把廢黜皇后的主意是上官儀出的，源源本本告訴了她。武后聽罷，沒作表示，暗中卻指使許敬宗誣告上官儀、王伏勝與被廢掉的梁王李忠謀反。結果，上官儀及其兒子被處死，家被抄；王伏勝也被斬首，李忠在流放地被勒令自殺。而一些與上官儀交好的朝臣也都受株連被貶職。

此後，唐高宗上朝時，武則天都要在皇帝背後隔簾聽政，一切朝政都取決於她。朝廷內外稱她為「二聖」，皇帝成了傀儡。上元元年（六七四年），秋季，唐高宗稱天皇，武則天稱天后。

上元二年（六七五年）三月，唐高宗的眩暈症狀加劇，召集朝臣議論由天后代替天皇管理國家。結果，在朝臣的反對下，此議未行。

武則天不甘心身居幕後，而代替皇帝掌管天下又沒成。她認定這全是有太子的緣故。因為中書侍郎郝處俊在勸阻唐高宗讓權給皇后時就明白無誤地說過「陛下怎麼能把高祖、太宗的天下，不傳給子孫，而委託給皇后」的話。於是，武則天便決意廢掉太子，排除自己當政的障礙。

太子李弘是武則天所生，為人謙恭仁孝，很得唐高宗喜愛，在群臣中間的威望也很高。他對武則天的一些做法不以為然，比如，蕭淑妃生的兩位公主因為受母親連累，被幽禁宮中，已屆三十歲尚未出嫁。太子李弘對母親這種處置深不以為然，就直接上書唐高宗，請為二位公主擇婿。唐高宗答應了，可是武則天卻十分生氣，當天就把兩位公主草草嫁了人。不久，太子李弘就無病而死，時年二十四歲。人們議論紛紛，都認為是被武則天毒死的。

太子李弘死後，由武則天的另外一個兒子李賢繼位為太子。武則天對李賢也是務必除之而後快。時常以寫信或送書的手段責怪李賢，比如：一次武則天命人給太子李賢送去一本《孝子傳》，讓他用心研讀，意在說太子不是個孝子。在調露二年（六八〇年），武則天因太子馬棚裡私藏鎧甲，便給他定了造反的罪名，將其廢為平民，幽禁起來，太子的官屬也都受了懲處。

李賢被廢以後，由其胞弟李哲繼為太子。弘道元年（六八三年）十二月，唐高宗病逝，太子李哲即位稱帝，為唐中宗，卻由太后武則天臨朝聽政。兩個月以後，唐中宗就被武則天廢掉。然後，立唐中宗的胞弟李旦為皇帝，為唐睿宗，朝政仍由太后武則天裁決。李旦是武則天的最小親生兒子，其他皇子都不是武則天所生。李旦當皇帝後，武則天積極準備自己稱帝，實現平生最大的願望。她先是追封武氏已故的祖宗為王，接著又大封武家健在的男女老少為官，出任要職。她還把廢太子李賢殺死，把廢掉的唐中宗遷往房州（今湖北省房縣）。

武則天的這些做法，引起了皇族們的極大不安，大家擔心李唐王朝要換姓了。於是，以李敬業、李敬猷、駱賓王等人為首，於嗣聖元年（六八四年）在揚州起兵討伐武則天，以擁戴唐中宗復位為號召，十餘日內便募集十萬餘人。武則天派大兵進行征剿，三個月後將叛軍鎮壓。同時，武則天採取恐怖政策，並以高官厚祿獎勵告密者；任用酷吏、嚴刑峻法懲治反對自己的人。

在鎮壓了李敬業等人之後，又鎮壓了唐高祖的孫子、唐太宗的兒子等皇族的起兵反抗。然後，武則天大肆屠殺宗室諸王，被害者達三十餘人，被流放、被抄家的就更多了。

武則天在用武力清除了異己勢力之後，她給自己加尊號稱「聖母神皇」，又給自己取個名字為「曌」，以示自己占有一切，高於一切。武則天經過一系列組織和輿論準備之後，她認為自己稱帝、取代李唐王朝的時機成熟了。於是，就在天授元年（六九〇年）七月，抓住東魏國寺和尚法明獻《大雲經》的機會，公布了稱帝的願望。《大雲經》上有「太后乃彌勒佛下生，當代唐為閆浮提主」的經文，武則天把這部經書頒行全國。九月，侍御史傅游藝率關東百姓九百人上表勸武則天當皇帝。接著，朝廷百官、貴族、百姓、僧道尼姑以及周邊少數民族的頭目紛紛上表章請求武則天當皇帝，徹頭徹尾的傀儡皇帝唐睿宗李旦也提出改姓武。剎時間，請求武則天當皇帝的聲浪波及全國。明眼人一看便知，這場鬧劇的總導演不是別人，正是武則天自己。

就這樣，武則天在全國上下一片勸進聲中，於九月九日即皇帝位，自稱「聖神皇帝」，改元天授，改唐朝為周朝，把兒子李旦改姓武，立為太子，把侄兒武承嗣封為魏王、武三思封為梁王、武攸寧封為建昌王，另外，武姓子孫封郡王者尚有十來人。追封父親為皇帝。同時，宣布大赦天下，並命令全國舉行七天宴會以示慶賀。

武則天稱帝後，不再穿女人服裝，完全和男性皇帝一樣，穿龍袍，戴冕旒。她還廣置「妃嬪」，建立控鶴監容納她的男寵，所有男寵定名為內供奉，陪她淫樂，其中尤以張易之、張昌宗兄弟及洛陽白馬寺和尚懷義最受寵幸。

武則天身為女人，而當上了皇帝，這在中國是破天荒的創舉，是史無前例的。武則天之所以能夠成功，原因是多方面的，歸根結底是主客觀實現了統一。在主觀方面，她具有非凡的才膽識力，遊刃有餘地駕馭了權力，遠勝過鬚眉自不待言。在客觀上，尤其她生活的時代，儒學思想衰微，佛道思想成為時代精神主潮。這就使得男尊女卑、阻抑婦女的籓籬為之鬆動，為她的野心膨脹提供了較為寬鬆的氛圍。如果武則天生活在儒家思想占統治地位的時代，她的稱帝野心怕是難以實現的。常言道，時勢造英雄，可以斷言，武則天如果不是遇上唐初的時勢，她就是再有才能，也是成不了英雄的。

武則天的非凡，主要還不是表現在她稱帝上面，而表現在她利用手中的最高權力所推行的一系列有助於社會進步的政策。她以皇后的身分干預朝政二十四年，以太后的身分主持朝政七年，以皇帝的身分當政十五年，總凡四十六年。她在預政時，於上元元年（六七四年），提出十二條建議，即：一、勸農桑，薄徭賦；二、免除三輔地區（京城及郊縣）徭役；三、息兵，以道德教化天下；四、官辦手工工場中禁止浮巧；五、減少工役、節約費用；六、廣開言路；七、杜絕讒言；八、王公以下全要學習《老子》；九、父在母死時，服孝由一年改為三年；十、對上元年間以前獲得委任狀的官吏，不予追核；十一、增加八品以上京官的薪水；十二、對於任事已久有能力而品級低下的官員應予以提拔。不難看出，這些政治舉措的中心是減輕剝削，緩和社會矛盾，扶持新興的官僚集團，重才幹輕資歷，藉以對付貴族集團。而這些要點，基本上貫穿了她全部的統治時期。無疑，這對社會前進是有積極作用的。

更為難能可貴的是，武則天具有納諫的政治家胸懷，這點倒很像唐太宗。這方面的實例很多，比如：在長壽元年（六九二年）七月，鎮壓了各反對派，政權日趨鞏固，有人勸她停止告密，寬刑罰。她認真地予以採納，並對提建議的人大加賞識；又如，在長安二年（七〇二年），監察御史魏靖上奏疏指出近年以來多有冤案，請求復查大案。她不僅採納，而且為不少冤獄平反。甚至對於攻擊她個人乃至抨擊她私生活的人，她也能容忍，甚或予以嘉獎。如李敬業起兵時，駱賓王寫了一道有名的《討武氏檄》，文筆揮灑自如，情辭並茂，儘管這道檄文把武則天罵了個狗血噴頭，但她在讀過之後，卻感慨地說，像駱賓王這樣有才華的人而沒能好好使用，實在是宰相的過錯；又如，長安元年（七〇一年）河北武邑人蘇安恆上奏疏，指斥武則天貪位不讓，要她退位，說她如不退位將無臉見唐高宗於地下。對此，她並未介意，也沒有懲處蘇安恆。另外，她臨終前指示在自己的墓前要立一個空白的無字碑，自己的功過留給後人去評說，而不像歷代帝王們那樣在自己的功德碑上極盡歌功頌德之能事。

對於武則天的大有作為，就連封建史學家也不得不承認她「挾刑賞之柄以駕御天下」，「故當時英賢亦競為之用」：「素多智計，兼涉文史」，「僭於上而治於下」，「乘時得勢」，「尊時憲而抑幸臣，聽忠言而誅酷吏」。

武則天當政期間，基本上保持了盛唐局面，社會相對安定，生產有所發展，社會財富不斷增加。

當然，武則天統治也有一些弊端，比如：她宣揚迷信，賦予佛教徒種種特權，增加人民負擔，任用酷吏對付反對派，興大獄株連無辜，放縱男寵胡作非為等等。但是從總體上來說，武則天在歷史上所起的作用功大於過，積極作用超過消極作用。可稱得上是一位英主。

遼世宗之死

遼朝的世宗姓耶律，名阮，是遼開國皇帝太祖耶律阿保機的孫子。他的父親耶律倍是阿保機的大兒子，神冊元年（九一六年）被立為太子。可是，在阿保機死後，耶律倍卻沒能繼承皇位。因為他的母親述律皇后偏愛二兒子耶律德光，就親手導演了一場宮廷政變，使耶律德光當上了皇帝。耶律倍難以存身，從海上逃往中原地區，投靠後唐，於天顯十一年（九三六年）死於後唐。

耶律阮被耶律德光收養，長大後儘管身居顯位，握有一定的兵權，不失皇族之尊，但是如果沒有耶律德光篡位，他就是當然的皇位繼承人了。如今，眼巴巴看著父親的皇位被叔父搶去，而太子的位子也與自己絕緣，心中自然難平，可又不敢表示不滿。耶律阮在忍耐中度日。

遼太宗耶律德光是一個大有作為的君主。他即位後，勵精圖治，發展生產，設立典章制度、舉賢任能，懲治貪官汙吏。因此遼朝的經濟、政治、文化均有較大的發展，為後來遼朝與北宋對峙局面的形成奠定了基礎。

遼太宗自恃國力強盛，數次發動進犯中原的戰爭。於天顯十一年（九三六年）滅掉後唐；在會同七年（九四四年）至會同九年（九四六年）連續三次攻打後晉，並將後晉滅掉。

遼太宗發動的這幾次戰爭，不但使中原漢族地區生產破壞，生靈塗炭，而且也使遼朝經濟遭到破壞，使契丹族人民付出了巨大犧牲。儘管遼太宗占據了汴京，但在中原地區廣大人民的反抗下，不得不很快離去。

大同元年（九四七年）四月初一日，耶律德光撤出汴京，四月二十二日行至欒城（今河北欒縣殺胡林），因病而死。遼太宗死得突然，連遺詔都沒有留下。軍中人心惶惶，不可終日。而跟隨遼太宗出征的一些親信大臣，更是顧慮重重，如坐針氈。比如南院大王（負責漢族軍政的最高長官）耶律吼及北院大王（負責契丹族軍政的最高長官）耶律洼，在遼太宗死後，就日夜焦思苦慮，甚至鬢髮都變白了。因為他們深深瞭解最高統治集團內的矛盾，一旦得知遼太宗的死訊，契丹族上層肯定又要爆發一場爭奪皇位的鬥爭，而自己肯定也要被捲進去，鬥爭的結果很難預料，自己的生死富貴也很難說不發生問題。耶律吼與耶律洼被共同的難題所困擾，很自然二人便湊到一起商量對策了。

遼太宗一咽氣，耶律吼當晚便到耶律洼的營帳中來了。他緊鎖雙眉地說：「皇帝歸天，皇位不可空著啊！」

耶律洼也同樣緊鎖雙眉地說：「那依你之見呢？」

耶律吼略一沉吟，看看帳內沒有旁人，才壓低聲音說道：「如果將皇帝的死訊報告給述律太后，太后肯定要立三皇子李胡為帝。你說對不對？」

耶律洼毫不思索地答道：「肯定如此。」他瞅了一眼帳門，帳外黑黑的，一點聲息也沒有，接著也壓低了聲音說：「三皇子的為人你是知道的。」

耶律吼說：「我當然知道。他殘暴成性，又深得太后歡心。他一旦繼位，不用說國人遭殃，就連你我也休想得好！」

耶律洼搶過話頭，說：「他一向反對南征，你我一直在皇上身邊，力主南征，如今皇上一死，你我可就有好瞧的了！」

耶律吼用力把桌子一拍，說道：「我反復考慮，絕不能讓李胡當皇帝！」

耶律洼緊接著說：「對，他當皇帝，你我都得這樣。」一邊說邊用手做出個抹脖子的動作。

耶律吼說：「沒有遠慮，必有近憂。依我看，國家要想太平，國人要想平安，只有立永康王為皇帝。」

耶律洼連連點頭，說：「對，我也這麼想。」

永康王是耶律阮兩個月前得到的封爵。

耶律吼說：「事不宜遲，明天咱倆就召集大臣們開會，擁立永康王即位。」

耶律洼說：「好。一言為定！」

第二天，南院大王與北院大王召集出征大臣會議。兩個人異口同聲地宣稱：「皇帝歸天，皇位一日也不可空缺，尤其在這戰爭時期，更不可一日無君，提議由永康王即位，主持大計。請諸位公議。」

眾大臣見兩位大王均如此，也就毫無異議地表示贊同了。可是耶律阮卻表示此事關係重大，自己難以承受。眾大臣見他不是謙遜之詞，也就不便相強。兩位大王萬萬沒有料到耶律阮會推辭，一時也沒了主張，只好宣布散會，明天再議。

散會後，耶律阮心情十分矛盾。一方面深深感到這是奪回本屬於自己皇位的大好時機，一旦錯過，就再也沒有機會了；另一方面，又深深感到太后、李胡及太宗的兒子壽安王耶律璟肯定都反對自己繼位。他們的勢力遠遠超過自己，自己與他們對抗無疑是以卵擊石，不會有好下場。耶律阮前思後想，左右為難。最後，把自己的親信安圖叫來，商議對策。

安圖的父親迪里是耶律阮父親耶律倍的親信，當年因為主張耶律倍繼位，被述律太后殺死。迪里死後，耶律阮把安圖收留在身邊，成為無話不談的親信。

今天眾大臣開會時，安圖正趕上值班，所以會議情況他全瞭解。耶律阮把他找來，他就知道是為了繼位的事。所以他一見面，就說道：「大王您仁慈而又聰明，又是太祖的嫡長孫，死去的皇帝對您也如同親生一般。天下百姓對大王的父親沒當上皇帝，無一不表同情，因此，大王如果能繼位當皇帝，肯定大得人心！大王您可不能再猶豫了。常言道，機不可失，時不再來呀！大王今天如果再不決斷，將來可就追悔莫及了！」

耶律阮沉思了一會兒，說道：「您說的不無道理。可是，李胡可不能低估呀！遠的不講，就是在這軍營之內，傾向他的也大有人在呀！」

安圖湊近一步，低聲說：「大王放心，我自有妙計。剛才我到大王這之前，朝廷來了一位使臣，因為是我值班，就把他安排住下了。別人還不知道使臣到此。明天，我把他隔離起來，我就在底下放風，說李胡死了。這樣，明天再開會時，傾向李胡的人就不會反對大王即位了。」

耶律阮聽罷，連連點頭，說：「就依你之計吧！不過，一定要小心，可不能露出馬腳。」

安圖滿臉帶笑地說：「大王，您就放心吧！」說完，深深行了一禮就走了。

不到一會兒，軍營中便傳開了李胡已死的消息。

安圖見自己放出的「李胡死訊」已經傳開，就去見南北二位大王。

這時，南北二位大王也聽到了李胡的「死訊」，二人正在合計明天如何說服耶律阮的辦法。猛然間，見安圖走了進來，二人不由得一愣。二人知道安圖是耶律阮的心腹，此時前來，決不是閑逛。安圖搶上前向二位大王行禮，二位大王也站起身還禮。北院大王耶律洼首先開口：「安圖，你可聽說朝廷出什麼事了嗎？」

安圖答道：「小的來此，正是要向大王報告。京中來人說李胡王爺已經歸天了。軍營之內早就傳開了。此事不假。」

南院大王耶律吼挺直了腰說道：「安圖，你也不是外人。你說，永康王不同意我們的提議，究竟是為什麼？」

安圖起身行了一禮，說：「啟稟大王，依安圖之見，永康王爺是擔心李胡王爺的勢力大呀！如今，李胡王爺已故，我想永康王爺不會再拒絕大王的提議了。」

北院大王耶律洼說：「你說的有理。不過，就是李胡不死，也沒什麼妨礙。因為先帝在日，早有立永康王為太子的打算，這點不僅我知道，南院大王也知道。」

耶律吼急忙插了一句：「不假，我確實聽先帝不止一次說過此事。」

耶律洼又說：「既然如此，永康王繼位當皇帝是上符天意，下合民心。今天我們擁立永康王繼位，誰敢說個不字！」他稍停一會兒，又接著說：「不過，擁立永康主繼位要向太后報告，如果不報告，難免朝廷內部要出亂子。安圖，對此，你有什麼看法？」

安圖不疾不徐地答道：「回王爺的話。安圖以為，大王既然早就知道先帝要立永康王為太子，就應抓緊，因為現在是戰爭時期，不容遲緩，況且永康王賢明，人心所向。如果向太后報告，太后肯定不允，太后是要立李胡。李胡殘暴，人所共知，殘暴之君怎能安天下呢？況且，李胡已死，擁立永康王，太后未必不允，事後再報告，太后也不會怪罪。如果李胡不死，那又當別論了。」

南院大王耶律吼把雙手一拍，站起身高聲說道：「你說的對，我的決心已定！」

北院大王耶律洼也站起身，說道：「對，事不宜遲，現在就行動。」

南院大王耶律吼對安圖說：「你速去傳我倆的命令，軍隊集合，各位將領馬上前來開會。」

安圖跳起身，說：「遵令！」說罷，一陣風似的衝出帳房。

當眾將領到齊之後，南院大王耶律吼說道：「皇帝升天，國家不可一日無主。永康王是太祖皇帝嫡長孫，皇帝生前曾要立他為太子。永康王繼位當皇帝是天人所屬。本王和北院大王決意擁戴永康王為君。有誰膽敢不從，當以軍法從事！」

北院大王耶律洼站起身，走到永康王耶律阮面前，深行一禮，請他坐到上座。然後，與南院大王耶律吼一起跪在耶律阮面前，行三跪九叩之禮，眾將見此情形，紛紛離座，按照順序，跪在兩位大王身後，口中跟著兩位大王高呼萬歲。

就這樣，耶律阮在南、北兩大王的主持下，在軍營中當上了皇帝。

第二天，耶律阮下令全軍向定州（今河北正定）進發。四月二十九日，抵達定州。耶律阮派三個將領護送耶律德光的靈柩先回上京（今內蒙巴林左旗林東鎮波羅城），並向太后報告自己已經即位稱帝的消息。

述律太后聽到耶律阮稱帝的報告後，十分惱火，立刻命令李胡率領軍隊去迎擊耶律阮。

六月初一日，耶律阮抵達南京（今北京市）。聽說李胡的軍隊已離自己不遠，立即派安端、留哥二人率部前去探聽。在泰德泉，安端與李胡遭遇。兩軍混戰中，安端墜馬，李胡部下王子天德策馬馳至近前，舉槍就刺。留哥一邊急忙甩自己的身體掩護安端，一邊向天德射了一箭。天德中箭，因有鎧甲護體，沒有受傷，可是著實吃了一驚，扔下安端，撥馬就跑。安端跳起來，飛身上馬，繼續指揮衝殺。結果，李胡被打敗。

耶律阮首戰告捷，並沒有再戰，而是派人到李胡軍營中講和。李胡自知不敵，連夜撤退了。耶律阮隨其後，向上京挺進。當行到潢河（今內蒙西拉木倫河）時，只見對岸旌旗招展，刀槍林立。原來述律太后早已指揮大軍布好了陣勢。

述律太后與耶律阮隔著河對話。述律太后責問耶律阮不向自己報告就擅自稱帝，是篡位。耶律阮沒等答話，南、北院兩大王便齊聲說：「皇帝是太祖長孫，繼位乃理所當然。」

述律太后氣得滿臉通紅，李胡從旁搶著說道：「他繼位？我往哪擺？有我在，兀欲（耶律阮的小名）怎麼可以當皇上？」

這時，在述律太后身邊一位大臣向李胡說：「可是，你殘暴不得人心啊！」

說話的這個大臣叫耶律屋質，是太祖叔父的後代，是述律太后的心腹重臣。

李胡惡狠狠地瞪了耶律屋質一眼，說道：「說我殘暴，我就殘暴！」扭過頭向河對岸的眾將領喊道：「我告訴你們，你們的老婆孩子全在我手中，你們再跟兀欲跑，我就把你們的老婆孩子全宰了！我李胡說到做到！」

這句話不啻往滾油鍋裡倒了一瓢冷水，耶律阮身邊的眾將領哄的一聲議論開了：「李胡真狠毒啊！」「可不能動刀槍啊！一開戰，豈不是等於自己殺親人嘛！」

耶律阮見此情形，立即下令收兵回營。

述律太后也收兵回營了。

第二天，述律太后收到耶律阮給耶律屋質的一封信，信上全是挑撥述律太后與耶律屋質關係的話。述律太后立即斷定這是一封離間信，當下把耶律屋質找來，將這封信交給了他。耶律屋質看過信之後，說道：「太后輔佐太祖定天下，臣盡心竭力侍奉太后，如果太后懷疑臣不忠，臣也無言可辯。」

述律太后笑了一笑，說道：「我如果懷疑你，還會把信給你看嗎？我知道這是兀欲要的把戲，搞離間計，騙不過我！這個就不談了。我找你來，是想聽聽你對昨天發生的事有什麼想法。」

耶律屋質侃侃而言道：「感謝太后的信任。依臣愚見，最好是雙方言和，那樣國家不傷元氣，此為上策；如果和不成，就要速戰速決，否則人心動搖，後患無窮。」

述律太后點點頭，沉吟一陣，慢聲細語地說：「和固然好，可是誰能當使臣呢？」

耶律屋質朗聲說道：「太后如果信得過臣，臣情願前去議和。如果永康王同意議和，那可是國家的福氣了。」

述律太后直視著耶律屋質，說道：「我派你過河去議和，望你不要有任何顧慮！我給兀欲寫封信，你一併帶去。」

耶律屋質帶著述律太后的親筆信，過河去見耶律阮。耶律阮熱情地接待了他。耶律阮看過述律太后的信，便吩咐耶律海思起草回信。回信的言辭多有不恭之處，耶律屋質對耶律阮說：「如此回信，國家可就難得太平了。最好盡釋前嫌，和為貴，應以國家安定為重啊！」

耶律阮說：「他們不過是一些烏合之眾，抵擋不了我！」

耶律屋質說：「就算打不過你，但你們畢竟是親骨肉，是太祖的子孫啊！再說，勝敗無常。大王如獲勝，部下眾將的家屬可全在李胡手中，難免不被害呀！因此，依臣愚見，還是議和為上策。」

在場的眾將領都贊成耶律屋質的這番話，都為自己的親人擔心。

耶律阮沉思一陣，才問：「如何才能和解呢？」

耶律屋質不假思索地答道：「大王與太后見面，只要都不含怨氣，和解是很容易的。否則，再戰也不晚呀！」

在耶律屋質的斡旋下，雙方基本上達成了協議。可是，當述律太后與耶律阮見面時，開始仍是互相埋怨。述律太后責怪耶律阮篡位，耶律阮埋怨太后使自己父親丟掉了皇位，導致父親出亡乃至慘死。談著談著，氣氛越來越緊張，眼看要決裂了。

這時，耶律屋質說話了，先從血緣關係上講，打動祖母與孫兒的心；然後又從現實形勢來分析，說明決裂對國家的危害無窮。經他這一破解，雙方才緩和下來。述律太后不愧是位政治家，她一針見血地問：「和議是不成問題了。自家骨肉不能刀兵相見。可是，由誰來繼承皇位呢？」

耶律屋質不等別人發言，搶著說：「太后如果把皇位授給永康王，上合天意，下順民心，對此，是不會有爭議的。」

李胡坐不住了，跳起來喊道：「有我在，怎麼能立兀欲呢？」

耶律屋質不疾不徐地說：「按照禮法的規定，皇帝逝世，有嫡長子在，就不能把皇位傳給弟弟。從前，太宗皇帝繼位時，就因為不符禮法，引起許多議論，所幸太宗英明，才沒有鬧出亂子。你殘暴不仁，人們都怨恨你，你能治理得了國家嗎？現在，萬眾一心擁立永康王，這是誰也難以改變的呀！」

述律太后雖有立李胡之意，見此情形，也只好讓步了。她對李胡說：「我和太祖都偏愛你，俗語說『偏憐之子不保業，難得之婦不主家』，不是我不想立你，實在是你自己不能立啊！」

眾臣一聽太后這番話，立即歡呼萬歲。李胡見大勢如此，也就不敢再言語了。耶律阮讓李胡把佩劍解下來，然後兩人握起了手。述律太后見此情景，兩眼含滿了熱淚。

河兩岸的軍隊匯合一起，軍中洋溢著歡樂。在歡歌笑語聲中，耶律阮率軍直奔上京。

上京不久，有人向耶律阮告發李胡與述律太后密謀發動政變，廢黜皇帝。耶律阮立即採取措施，把李胡與太后遷出上京，搬到祖州（今內蒙巴林左旗林東鎮西南），並將二人軟禁起來。

耶律阮於九月份稱天授皇帝，史稱遼世宗，改年號為天祿。人們都認為此後可以天下太平了。可是，出乎耶律阮的意料，在天祿二年（九四八年）春天，又鬧了一場內亂。

這場內亂的為首者，都是耶律阮的親人。其中，耶律天德是耶律阮的兒子，蕭翰是耶律阮的妹夫。留哥與盆都雖是遠支皇族，但在耶律阮軍中稱帝之時，均極力支援，甚至親冒矢石打敗李胡的軍隊。他們不贊同耶律阮進行封建化，反對出兵中原、依靠漢族上層等政策。他們頑固地堅持狹隘的民族利益，滿足既得權勢，是阻礙遼代社會發展的守舊勢力。這場鬥爭雖然是內亂，但卻有革新與守舊的內容。

耶律天德與蕭翰、留哥、盆都的叛亂陰謀，被耶律石刺揭發，天德等四人被抓進監獄，他們矢口否認，遼世宗耶律阮不想深究，把天德等四人釋放了。他們不死心，又密謀刺死耶律阮。

一次，留哥乘與耶律阮下棋的機會，在袖子裡藏了一把匕首，想刺殺耶律阮。因為匕首被耶律阮發現，行刺未成。耶律阮親自審問留哥，留哥指天發誓，說：「臣怎能有謀害陛下之心，帶刀是為了防身。如果我有心害陛下，將來我生瘡爛死！」

世宗耶律阮見他言辭懇切，就不再追究了。耶律屋質對遼世宗說：「陛下，留哥等人早有叛亂之心，只因陛下寬宏才沒有受到懲治。此番又要行刺，可不能再放過他們了。臣請陛下准許臣親自審訊他們。」

遼世宗同意了。經耶律屋質對天德等四人的審訊，證實了四人確實要叛亂。結果，天德被處死，蕭翰被打了一頓棒子，留哥被攆出京城，盆都被派往屬國。

雖說世宗對蕭翰的處理是很寬大的，但是並未因而感化他。天祿三年（九四九年）春天，蕭翰夥同妻子阿不里公主給明王安端寫信，密謀再次叛亂。這封信落到了耶律屋質手中，耶律屋質將信呈給世宗。世宗這才下令處死蕭翰，將妹妹阿不里關進監獄。

蕭翰事件以後，耶律屋質又發現泰寧王耶律察割陰謀叛亂，立即給遼世宗奏本，揭發此事。

耶律察割是明王安端的兒子，武藝高強，外貌很忠順，可是內心卻很奸詐。在遼世宗要稱帝時，察割極力勸說父親支持遼世宗，他認為支持遼世宗比支持李胡對自家更有利，他說服了父親，自己的態度當然更堅決了。所以遼世宗稱帝後，察割父子均因功封王。察割更受寵信，統領軍隊，出入宮禁。遼世宗每次出獵，察割都詭稱自己手有病，不能拉弓射箭，拿著一鏈錘，不離皇帝左右。他還經常把自己家中發生的一些小事向皇帝報告，博得遼世宗的好感，認為他忠誠。

察割見獲得了皇帝的寵信，便準備動手謀害遼世宗。於是，他把自己所統轄的人馬安排在遼世宗所住的帳篷周圍，以便隨時下手。

對此，耶律屋質產生了懷疑，再加上平素對察割行為的觀察，深感問題嚴重，便給遼世宗上奏本，指出察割這是圖謀不軌。遼世宗不信，就把察割叫來，並將耶律屋質的本章給他看。察割看後著實大吃一驚，可是表面上還裝出一副受委屈的樣子，對遼世宗說：「臣對皇上一片忠心，可昭日月。這是因為屋質嫉妒臣，才誣陷臣要造反。」邊說邊痛哭流涕。

遼世宗被他迷惑住了，便安慰他道：「你沒有反心，朕也沒有懷疑你造反。今後，你要注意自己的行為，不要引起人們非議。」

幾天以後，耶律屋質又向遼世宗進言，說察割懷有貳心。遼世宗對耶律屋質說：「你不要懷疑他了。他曾把他父親的一些事都報告給我，還能說他對我不忠嘛！」

耶律屋質說：「察割連父親都不孝順，還談得上忠君嗎？」

對此，遼世宗一笑了之，沒有採納屋質的建議。他萬萬沒想到，這一失足成千古恨，他終於命喪察割之手。

天祿五年（九五一年）七月，遼世宗到太液谷野宴，察割想動手刺殺皇帝，由於沒有得便，才沒下手。不久，遼世宗率軍攻打宋朝，察割也隨同前往。九月初一日，遼世宗抵達歸化州（今河北宣化）的祥古山，舉行儀式紀念亡父耶律倍。遼世宗與眾將領都喝醉了。察割見時機已到，便勾結隨軍出征的盆都，闖進帳中，刺殺遼世宗。察割還吩咐部下，一定要捉住穿紫衣服的官員，決不能讓他跑了。穿紫色衣服的官員指的是耶律屋質。察割深知，不除掉耶律屋質，自己不會有安寧。

由於耶律屋質一直保持警惕，所以才沒有遇害。察割刺殺遼世宗以後，自己匆匆忙忙地稱起皇帝來。耶律屋質逃出營地後，立即召集人馬，連夜將遼世宗的行營包圍。正在做皇帝夢的察割倉皇出戰，一觸即潰，部下紛紛逃散。察割見勢不妙，逃又不成，死又不肯，最後乖乖地投降了。

察割的叛亂被平息後，遼世宗的兒子耶律璟繼位，史稱穆宗。將察割、盆都凌遲處死，其他參加叛亂的人也都受了處分。

遼世宗死時年僅三十四歲，在位不到五年。本來他是遼朝第三代的皇位繼承者，由於內亂，他父親被剝奪了皇位繼承權，從而他也就失去了繼承皇位的可能。但是，在遼太宗突然病死於出征途中，這一偶然機會使他登上了皇位。他之所以能成為皇帝，純粹是遼朝統治集團內部革新與守舊兩派鬥爭的結果。因此之故，他一上台，便處於鬥爭的漩渦之中。守舊勢力一次次掀起政變，雖然接連被敉平，但是因為在政治鬥爭中，遼世宗缺少必要的警惕，對反對派勢力過於「仁厚」，最終命喪政敵之手。他的死，可以說是個悲劇。

趙匡胤黃袍加身

趙匡胤本來是後周王朝的大將，官至殿前都點檢，統率禁衛軍，手握兵權。在周世宗柴榮死後，他經過精心策劃，嚴密布置，抓住時機，一個晚上便篡奪了皇位，建立宋朝。

舊史書記載趙匡胤篡位一事，無例外地寫成一個突發事件，而且趙匡胤處於被動地位，是順天應人，身不由己。

對此，古往今來許多有識之士早已提出過質疑。比如：史學家傅樂成先生在其所著的《中國通史》中就提出五個疑點，並認定趙匡胤獲得帝位是透過有計畫的政變實現的。

那麼，趙匡胤究竟是如何當上皇帝成為一代開國之君的呢？

西元九〇七年至九六〇年，在短短的五十四年中，中國北方，主要在黃河下游及渭河下游地方，接連產生了五個王朝，即後梁、後唐、後晉、後漢、後周。當時南北方有十個較大的「國家」割據一方，不時互相攻伐。歷史稱為「五代十國」。

這五代的開國之君，都是軍閥。搞割據，鬧紛爭，自是拿手好戲。這五個王朝都是短命的，後梁（九〇七年至九二二年）十六年而亡，後唐（九二三年至九三五年）十三年而亡，後晉（九三六年至九四六年）十一年而亡，後漢（九四七年至九五〇年）四年而亡，後周（九五一年至九六〇年）十年而亡。

這五個王朝中的前四個，政治都很腐敗，君主荒淫，內亂迭起，大臣弄權。直到後周，政治局面才有較大改善。

後周的開創者叫郭威，他是後漢的大臣，官至樞密使。在後漢的第二個皇帝隱帝繼位後，命他出任鄴都留守、天雄節度使，仍兼任樞密使，以防契丹族南侵。郭威沒有兒子，以妻兄之子柴榮為養子。柴榮任貴州刺史、天雄牙內都指揮使，隨侍郭威帳下。父子二人握有重兵，又管轄一方，是後漢的實力人物。

後漢隱帝荒淫無道，寵信奸佞，屠殺功臣。朝廷的元老重臣史弘肇、楊邠、王章等人在乾佑三年（西元九五〇年）被滿門抄斬。當時，郭威因出守鄴都，僅以身免，而留在京城的家屬則全被殺死。同時，後漢隱帝還下密詔，命令鎮守鄴都的眾將把郭威幹掉。

但是，負責執行密詔的鎮寧節度使李洪義把消息報告了鎮守澶州的侍衛步兵都指揮使王殷。王殷聞訊後，立即將傳達密詔的使者孟業扣押，當即派人將密詔送給了郭威。郭威看完密詔，便將樞密使魏仁浦請來，並把密詔給他過目，還問他怎麼辦。魏仁浦毫不猶豫地說：「大人，您是朝廷的大臣，功勛卓著，赫赫有名，握有重兵，鎮守一方，一旦落到那群小人手裡，後果是不堪設想的！問題也不是憑言語能解釋清楚的。既然事已至此，萬不可坐著等死！」

郭威取得了魏仁浦的支持，立即將鄴都行營馬軍都指揮使郭崇威及步軍都指揮使曹威及手下諸將召來，當場宣讀了密詔，之後對眾將說：「我與諸位流血流汗，披荊斬棘，跟隨已故老皇帝打天下。老皇帝逝世時，還將太子託付於我，希望我竭盡全力效忠朝廷。現在，朝中的幾位大臣都被殺死了，我還有什麼心思苟活於世！請諸位將軍遵照密詔執行，把我的腦袋割下來，獻給皇上，我決不連累諸位。」

眾將聽罷，大驚失色，相顧愕然。密詔中指名殺郭威的郭崇威第一個發言，他邊哭邊說：「當今皇上年幼，好衝動。這個密詔肯定出自那些奸臣之手。如果讓這些小人得志，國家還能太平嘛！我郭崇威情願跟隨大人進京，向皇帝申訴，消滅那些小人，以清君側。不能就這樣叫使臣給收拾了，那可要遺臭萬年呀！」

接著，翰林趙修已對郭威進言：「大人，您白白死了有什麼益處？不如順應軍心民心，統兵南下，這可是天意啊！」

其餘眾將也異口同聲地主張起兵打進京去。

郭威見眾將一致擁戴自己，深深吐了一口氣，當即下令：「柴榮聽令！」

柴榮挺身而出，「命你鎮守鄴都，加意防範，不得有誤！」

柴榮叉手在胸，聲若洪鐘般地答道：「孩兒謹遵將令！」

「馬軍都指揮使郭崇威聽令！」

郭崇威眼含熱淚，高聲答道：「末將在！」

「命你統領精兵為前鋒，直奔京城，即刻出發！」

郭崇威聲嘶力竭地喊道：「末將願往！」

郭威掃視了眾將一眼，不疾不徐地說：「明天五鼓，本帥親統大兵出征，爾等小心侍候。」

眾將齊聲吼道：「遵令！」

郭威率領大軍浩浩蕩蕩殺向京城開封。郭軍勢如破竹，僅用了七天便占領了開封。後漢隱帝躲到開封西北的趙村，被亂兵所殺。

皇帝一死，國內登時大亂。大臣們有的歸附郭威，有的起兵反對郭威。郭威為了安定局勢把隱帝的母后請出來臨朝聽政。這時，契丹族乘虛而入，兵犯內丘縣。郭威率領大軍迎擊。

此時，地方上一些實力派策劃擁立皇族劉贇為新君。這個消息震動了郭威及其下屬，擔心新皇帝繼位後要向他們問罪。於是，郭威決心自己當皇帝。他的部下也在醞釀擁立的事情。當十二月初十日清晨，郭威剛要離開澶州時，他的部下若干人鼓噪了起來，為首者翻牆跳進郭威住的院內，衝進屋裡，對郭威說：「眾將士與皇帝家的人結下了仇，可不能讓皇族當皇帝呀！」

突然，有一個人一把將黃旗扯下來，披在了郭威身上，當作皇帝的黃袍。其他人高呼萬歲。就這樣，郭威當上了皇帝，建立起後周王朝。

黃袍加身的郭威，萬萬沒有想到，螳螂捕蟬黃雀在後。十年之後，後周的大將趙匡胤如法炮製，也演出了一齣黃袍加身的戲，篡奪了後周政權。

郭威當了四年皇帝，在政治上頗有建樹。廢除嚴刑苛法，勵行節儉，不准地方額外進貢。西元九五四年，郭威死去，由養子柴榮繼位。

柴榮是一個很有作為的君主，厲行改革，鼓勵農民開荒，招徠安置流亡人口，平均各地的田稅，連孔府這聖人之家也照平民標準納稅。此外，柴榮還限制佛教發展，廢除了三萬三百多所寺院，限制僧尼數目，銷毀一些銅佛像用以鑄錢。他甚至親自動手砸壞一座佛像，以為天下表率。同時，他還整頓軍隊，嚴肅軍紀，一次就處死臨陣退縮的軍官七十餘名，並透過招募壯士的辦法，改變禁軍的成分，扭轉了驕兵悍將尾大不掉的弊端。他順應百姓要求統一的願望，征討各地的割據政權，抵禦契丹族的南下騷擾。他還整頓吏治，廢止武將干政，重用賢能之士。由於柴榮推行這一系列的改革，後周王朝很快壯大起來，先後打敗蜀國、南唐，重創遼國，收復了燕雲十六州。正當他要收復幽州之際，病倒軍中，回到京城開封不久就死了。周世宗柴榮死時年僅三十九歲。

柴榮死後，由七歲的兒子繼位，稱恭帝。周恭帝繼位伊始，鎮州（河北正定）、定州（河北定縣）便傳來緊急軍情，說北漢聯合契丹侵入邊境。後周顯德七年（九六〇年）正月初一那天，朝廷派殿前都點檢、檢校太尉兼宋州節度使趙匡胤統率精銳部隊去迎擊敵人。

說起這個趙匡胤，可不簡單。他是涿郡（河北省涿縣）人，出身將門世家，他的曾高祖趙眺是唐朝的幽都令，曾祖趙珽是唐朝的御史中丞，祖父趙敬是涿州刺史，父親趙弘殷五代時，曾在後唐、後晉、後漢、後周四個王朝統領禁軍，英勇善戰，不僅深得皇帝的寵信，而且深受部下的擁護。在周世宗柴榮時，趙弘殷官至檢校司徒，掌管禁軍，是個舉足輕重的人物。趙匡胤是趙弘殷的二兒子，生於後唐天成二年（西元九二七年）。他長得儀表堂堂，為人很豁達，膽大心細並學得一身好武藝，年紀輕輕就離家闖蕩江湖。在郭威當樞密使時，趙匡胤就投到他的帳下當軍官。郭威當皇帝後，趙匡胤被提拔為滑州副指揮。對於趙匡胤是否參與了郭威黃袍加身的活動，史書上沒有記載。但是從郭威一當上皇帝就加封趙匡胤官職一事來推斷，趙匡胤對郭威當皇帝肯定是出過力的。既或不是郭威黃袍加身的策劃者，也定是個積極的參加者。後來，趙匡胤又成為柴榮的親信。柴榮任開封府尹的時候，趙匡胤被提升為開封府馬直軍使。柴榮繼位當皇帝後，趙匡胤又被提升，和父親一道統率禁軍。不久，又因跟隨周世宗柴榮征討北漢立下大功，晉升為殿前都虞侯兼嚴州刺史。很快又因軍功晉升為殿前都指揮使兼節度使，成為統領禁軍的第二號人物。

周世宗顯德六年（九五九年），柴榮征伐契丹時，趙匡胤隨軍出征，指揮水、陸軍，在瓦橋關打了個大勝仗。在行軍途中，一次周世宗柴榮批閱文件時，突然從裝文件的皮口袋裡掉出一塊三尺長的木板子，上面寫著「點檢作天子」五個刺目的字。柴榮見此，心中著實不安。點檢是統率禁軍的最高官職，如果點檢發動軍事政變是最容易獲得成功的了。說來也巧，此時柴榮又突然染上重病，不得不匆忙撤軍返京。柴榮返京後，病情非但沒有好轉，反而加重。他開始考慮身後之事了。自己的兒子才七歲，如果自己一旦死去，七歲的孩子當皇帝肯定統馭不了群臣，尤其那些手握重兵的人，難免不篡位。想到這裡，那寫著「點檢作天子」的木板猶如盤石般壓上了心頭。素以英明著稱的柴榮，顧不得去追查那木板的來歷，為了江山，為了兒子，他果斷決定，免去了當時任殿前都點檢的張永德其官職，奪了他的兵權，任命自己寵信的趙匡胤為殿前都點檢，期望他在自己死後，赤膽忠心地輔佐小皇帝，確保後周的天下。柴榮剛安排好這一切便一命嗚呼了。

這三尺長的木板子，肯定是有人放進公文袋裡的，究竟是誰，當時也沒有追查，遂成為千古之謎了。可是，有一點卻是確定不疑的，從這個所謂的「木板事件」中，唯有趙匡胤是「贏家」，得到了莫大的好處，而柴榮與張永德都是「輸家」。

柴榮死後不到半年，後周的皇位就被趙匡胤奪去了。趙匡胤也學著郭威當年黃袍加身，在陳橋驛發動兵變，推翻了後周，建立起宋朝。幾經努力，結束了五代十國紛立的局面，統一了全中國。

趙匡胤發動陳橋兵變，看似易如反掌，水到渠成，其實不然。他為了取代後周，費盡了心血，絞盡了腦汁。

在後周顯德七年（九六〇年）正月初一那天，趙匡胤率領大軍北上抵禦遼國和北漢國入侵。軍隊尚未離京，城裡便謠言四起，紛紛傳說：「出征那天，點檢就當皇帝了。」剎那間，弄得人心惶惶，有許多人家甚至作好了逃難的準備。正在人心浮動的時候，一波未平，一波又起。初三那天，有一個小軍官叫苗訓，自稱上通天文，下曉地理。他拉著趙匡胤的衛士楚昭輔，指著耀眼的太陽說：「你看，那太陽的下邊還有一個太陽，太陽裡邊還有黑點子一閃一閃的！」

接著，苗訓又神神祕祕地說：「這是天命啊！」

當天傍晚，趙匡胤指揮部隊在距開封東北四十里的陳橋驛（今河南省封丘縣陳橋鎮）營宿。晚飯後，將士們三三兩兩地聚在一起，相互議論道：「當今皇帝年幼無知，我們這些人賣力殺敵，流血流汗，有誰能知道我們的甘苦危險？不如擁戴點檢當皇上，然後再北征，就是死了也不會白死！」

趙匡胤的衛隊長李處耘把將士們的議論立即報告趙匡胤的弟弟趙匡義及趙普。此二人隨趙匡胤出征，並擔任軍中要職。二人聽到報告後，立即命令親信將領及衛隊把趙匡胤的住所嚴密保護起來，徹夜值班，不許衛兵休息。同時，派衛隊指揮官郭延贇乘快馬連夜回京，向留守京城的殿前都指揮使石守信及都虞侯王審琦報告軍中情況。石守信和王審琦都是禁軍的高級將領，平日與趙匡胤交情最好，是結義的兄弟。

正月初四一大早，天剛放亮，宿營地的將士們便鼓噪起來，從四面八方奔向趙匡胤的住所。趙匡胤因為昨天夜裡喝多了酒，仍然在呼呼大睡。趙匡義和趙普急忙跑進房中，連推帶叫地把趙匡胤喚醒，向他報告部隊譁變了。趙匡胤不慌不忙地伸伸懶腰，接連打了幾個哈欠，才不疾不徐地坐起來，兩手還不停地揉眼睛。

這時，院子裡已擠滿了軍官，衛隊刀出鞘，箭上弦，人聲鼎沸，氣氛相當緊張。衝進院子裡的將士們站在台階下齊聲呼喊：「眾將無主，我等竭誠擁戴點檢當皇帝！」有的人邊喊還邊揮舞著刀槍。

趙匡胤的幾名心腹大將，這時也全都來到他的身邊。

趙匡胤醉眼矇矓地看了一眼屋內的人，屋外的人越聚越多，一片嘈雜，最後變成了齊聲吶喊：「擁戴點檢當皇帝！」

還沒等趙匡胤表態，突然有個人不知從什麼地方拿出一件嶄新的黃袍，披在趙匡胤的身上。

剎時間，屋裡屋外的眾將士如同聽到號令一般，整齊迅速地跪滿了一地，異口同聲地高呼：「萬歲！萬歲！萬萬歲！」

趙匡胤在心腹將領的簇擁下，身披金光閃閃的黃袍，邁著大步出房來。衛士牽過戰馬，他翻身上馬，身邊的眾將也都紛紛上馬，院中跪著的將士紛紛起身，向兩旁閃開，中間讓出一條道來。趙匡胤微笑著騎在馬上，頻頻地向周圍的將士招手，人群中又發出歡呼萬歲的聲音。趙匡胤出了院門，只見街道上、曠野裡早已布滿了軍隊，士兵在軍官的率領下，按部就班地排列成整齊的隊伍，大旗在寒風中飄揚，發出響聲，刀槍劍戟映著朝陽閃閃發光。士兵們一看見黃袍加身的趙匡胤，立即高舉武器，揮舞旗幟，歡呼聲猶如春雷滾動。

趙匡胤威風凜凜，喜氣洋洋地騎在馬上，身上的黃袍分外鮮明，在心腹將領及衛隊的簇擁下，走在隊伍前邊，身後是一支浩浩蕩蕩的大軍，朝著京城開封而來。

突然，趙匡胤勒住了馬韁，整個隊伍立即停了下來，除了偶爾馬蹄刨地的聲音，其他一點響動也沒有。趙匡胤環顧了一下身邊的將領們，朗聲說道：「你們聽著，既然大家貪圖富貴擁立我，我有個條件，就是你們必須聽從我的命令，否則，我不當你們的主上！」

眾將一聽此言，立即都從馬上跳下來，恭恭敬敬地答道：「我等絕對服從命令！」

趙匡胤一擺手，大聲說：「好！現在聽我的命令：第一，對太后和小皇帝不准侵犯；第二，對京中的大臣們不得凌辱；第三，對倉庫不許搶劫。服從命令的，有賞，違抗命令的，決不輕饒！」

眾將官齊聲回答：「遵令！」

趙匡胤板著面孔，把手朝前一揮，隊伍又整齊地開拔了。

正月初五日，趙匡胤率領部隊返：回了京城。在沒進城之前，他派貼身衛士楚昭輔趕回家中報信。他的母親杜氏老夫人一聽到兒子身披黃袍返京的消息，不由得兩手一拍，高興地說道：「我兒子素有大志，今天果然當了皇帝！」

趙匡胤還派客省使潘美到朝房去通知執政大臣。當時，還沒散朝，眾大臣聽到趙匡胤政變的消息，瞠目結舌，面面相覷，無言以對。好半天，宰相范質才定下神來，一把抓住宰相王溥的手臂，顫著聲音說：「倉促之間派出兵將，這是我們的錯誤啊！」

范質死死地抓住王溥的手臂不放，手指甲都摳進去了，幾乎流出來鮮血。王溥緊閉雙唇，一句話也說不出來。

這時，侍衛親軍副都指揮使韓通急急忙忙地從皇宮趕到朝房，要眾大臣合計派兵迎擊趙匡胤的叛軍。還沒等韓通說完話，他就被一個叫王彥升的禁軍頭目給趕跑了。韓通跑回家還沒來得及關上大門，王彥升就追上來了，一刀將韓通砍死。之後，王彥升又衝進內宅，把韓通的老婆、孩子全部殺光。

突然，京城裡號角齊鳴，鼓聲喧天。趙匡胤率領大軍排著整齊的隊伍，進了明德門。然後，趙匡胤就下令軍士回歸營房，沒有命令，不准擅自出營門。趙匡胤安頓好部隊，自己回到了衙門。

不久，將士們前呼後擁地把宰相范質、王溥等大臣帶來了。趙匡胤一見范質，立即跑上去，給范質行過禮後，將他請進大堂，賓主坐定，趙匡胤這才淚流滿面地說：「我受世宗皇帝的大恩，不想被部下所逼，到了今天這種地步，實在是愧對天地啊！這可怎麼辦呢？」

還沒等范質答話，旁邊衝出一個叫羅彥環的禁軍軍官，手裡提著寶劍，厲聲說道：「我們眾將士沒有主人，今天必須立個皇上！」

范質、王溥等人手足無措，噤若寒蟬。還是王溥反應得快，他急步走下台階，跪在地上，朝著趙匡胤行起三跪九叩的大禮來。范質見此情景，也走下堂來，跪下叩頭，其他大臣便爭先恐後地跑到台階下邊叩頭，邊高呼「萬歲」。范質等人叩拜之後，眾將就請趙匡胤到崇元殿去舉行登極大典。

當趙匡胤在范質、王溥的導引下，登上崇元殿的時候，朝廷百官也陸續被召來了。午後三時，百官到齊並按部就班站好了隊。可是這時才發現，忙了半天，登極的詔書卻沒有寫。趙匡胤也不由得有些著急，這時，只見從百官隊伍中緩緩地走出一個人，走上殿來叩完頭，從衣袖裡掏出一張詔書，恭恭敬敬地呈給典禮官。趙匡胤與眾朝臣定睛一看，這個人是翰林官陶谷，他提前寫好了皇帝登極詔書，不聲不響地在趙匡胤為忘了寫詔書而焦急的時候獻上來。趙匡胤仔細看完陶谷起草的登極詔書，非常滿意，當即指示舉行登極大典。

趙匡胤先面向北站好，小皇帝被扶到寶座上，由典禮官高聲朗誦陶谷起草的後周皇帝讓位的詔書。讀畢，小皇帝被攙下寶座，面朝北跪在地上，趙匡胤被引到小皇帝剛剛讓出的座位上坐好，接受下台的小皇帝的祝賀。殿堂之下的百官也一律跪倒，三呼「萬歲」。

百官祝賀之後，趙匡胤下聖旨封下台的小皇帝為鄭王，封小皇帝的母親為周太后，搬出正宮到西宮居住。然後，又發下第二道聖旨，宣布大赦天下，改國號為宋，改年號為建隆，以顯德七年為建隆元年。最後，又指派使臣分頭到各地，向地方官宣布新任命。

三天後，宋朝開國皇帝趙匡胤（歷史上稱宋太祖）開始大封功臣。可是，第一個被他封的卻不是追隨他搞政變的人，而是因反對他政變而被殺死的後周大臣韓通。趙匡胤追封韓通為中書令，以表彰他為後周盡忠，同時還下令厚葬韓通。

趙匡胤表彰過韓通之後，又下聖旨追究殺死韓通的兇手王彥升，要治他擅殺大臣之罪。眾大臣紛紛為王彥升講情，趙匡胤才沒有懲治王彥升，可是再也沒有重用他。

之後，趙匡胤便開始大封政變有功人員了。封石守信為侍衛親軍馬步軍副都指揮使，高懷德為殿前副都點檢，張令鐸為馬步軍都虞侯，王審琦為殿前都指揮使，張光翰為馬軍都指揮使，趙彥徽為步軍都指揮使，上述諸人還兼任節度使。對其他參加政變的軍官也逐一加封官職。

最後，才宣布弟弟趙匡義為殿前都虞侯，並改名為光義，以避皇帝的名諱。封趙普為樞密直學士。同時，追尊高祖趙朓為文獻皇帝，曾祖趙珽為惠元皇帝，祖父趙敬為簡恭皇帝，父親趙弘殷為昭武皇帝；尊高祖母、曾祖母、祖母、母親為皇太后。

趙匡胤雖然對後周的降臣、降將都給以高官厚祿，進行籠絡，但是，有些握有兵權的鐵腕人物對他並不恭順。就在他稱帝不到三個月的時候，原後周的昭義節度使李筠首先起兵發難。

趙匡胤稱帝後，曾派使臣加封李筠為中書令。使臣到達潞州後，李筠最初打算拒不見面，只是在幕僚們的一再勸說下，才勉強擺酒接見使臣。剛剛喝了一杯酒，李筠就拿出預先準備好的周太祖郭威的畫像，掛在大廳中，他邊看著畫像，邊熱淚橫流。李筠的幕僚們見此意外情況，都大吃一驚，連忙對使臣解釋說：「李大人喝醉了，酒後無德，請您不要責怪！」

這件事很快便傳布開了。北漢國王劉鈞聽到這個消息後，就派人帶密信聯合李筠起兵反對趙匡胤。李筠接待了劉鈞派來的祕密使節，準備與劉鈞聯兵攻打趙匡胤。李筠的大兒子李守節哭著勸父親不要反宋，李筠不聽兒子的勸告，執意要起兵。

李筠聯合北漢劉鈞要造反的事當即被趙匡胤偵知。趙匡胤立即加封李守節為皇城使，並召見他，命他速去潞州給李筠傳話，說：「我趙匡胤沒當皇上時，可以任憑你李筠隨意地幹，今天我既然當了皇上，你李筠就不能對我讓點步嗎？」

李守節立即回潞州把趙匡胤這番話傳達給了父親。

對此，李筠嗤之以鼻，當天就下令起兵。一邊命令幕僚起草宣言，歷數趙匡胤的罪惡，一邊把監軍周光遜抓了起來，押送北漢作人質，請求北漢出兵援助。同時，還派人將澤州刺史張福殺掉，占據了澤州城。李筠手下的官佐閭丘仲卿給他獻策道：「大人孤軍起事，形勢很危險。雖然河東可做外援，怕的是北漢不出大力氣。開封兵強馬壯，難以敵對。不如西下太行山，直抵懷縣、孟縣，堵住虎牢關，占領洛陽，東向出兵以爭天下，這才是上策。」

李筠聽後並未採納，仍一如既往堅持聯合北漢伐宋。不久，北漢劉鈞親率大兵前來支援李筠。李筠親自到太平驛迎接，兩人一見面，李筠就說：「我身受周太祖大恩，不敢愛惜自己的身家性命，為了後周，我可以犧牲一切！」

出乎李筠的意外，他這番表白非但沒有喚起劉鈞的同情，反而引起了劉鈞的不快。原來，北漢與後周是世仇，劉鈞對李筠口口聲聲效忠後周，心裡老大不高興。於是，他打斷了李筠的表白，板著臉冷冷地說：「我派宣徽使盧贊到你的部隊裡當監軍，以便有利於聯合行動。」

李筠見劉鈞此舉，心中也暗自盤算：「這不是要收編我嘛！不像聯合啊！」另外，李筠又發現北漢的軍隊不但數量少，而且戰鬥力也不強，和監軍盧贊又往往意見相左，所以很後悔與北漢聯合。

李筠當機立斷，命大兒子李守節鎮守潞州，自己率主力部隊南下。劉鈞見李筠單獨行動了，立即派平章事衛融趕到李筠的軍中進行調節斡旋。

這時，趙匡胤派石守信、高懷德、慕容延釗、王全斌四路兵馬分進合擊李筠，還命令石守信：「只要不放李筠西下太行山，急速率兵堵截，肯定可以消滅他。」

石守信等人在長平地方打敗了李筠的軍隊。

六月份，趙匡胤親率大軍討伐李筠。在山路上行軍，道路險峻而且多亂石，趙匡胤為了不耽誤行軍，他以身作則，先從道路上揀起幾塊石頭，背了起來，然後才上馬。眾官兵見此，立刻紛紛效法，每個人都揀石頭背起來走。剎時，亂石縱橫的山路變得平坦了。趙匡胤提前與石守信會師，在澤州南大敗李筠，殺死了北漢監軍盧贊。

李筠兵敗逃到澤州死守。趙匡胤親自督陣，指揮大軍將澤州緊緊包圍起來。宋朝大將馬全義率領數十名精兵組成的敢死隊，冒著矢石爬上城牆，衝進街裡。李筠見大勢已去，跳進大火中自焚而死。北漢的衛融被活捉，趙匡胤一見他很生氣，一把從衛士手中搶過鐵杖朝他腦袋上砸去。剎時，衛融血流滿面，但是他仍然直挺挺地站著，大聲吼道：「我死得其所！」

趙匡胤見此，轉怒為喜，連連說道：「忠臣，忠臣！」

當時給衛融鬆綁，封他為太府卿。

北漢劉鈞聞訊後，急急忙忙帶領軍隊退回國內去了。

趙匡胤率軍攻打潞州，李守節開城投降。趙匡胤沒有懲治李守節，任命他為單州團練使。

七月份，趙匡胤班師回京。

不久，原後周的淮南節度使李重進在揚州起兵反對宋朝。李重進是周太祖郭威的外甥，當年與趙匡胤是同僚，都是禁軍的高級將領。趙匡胤稱帝後，封他為中書令，命他到青州駐防。李重進一直擔心趙匡胤不會放過他，決心有機會就起兵。

當李筠起兵時，李重進派心腹翟守珣祕密去潞州聯合李筠。沒想到翟守珣從前與趙匡胤有交情，他暗中改道去了開封，把李重進要聯合李筠一起造反的事一五一十全報告了趙匡胤。趙匡胤當下問翟守珣：「我想賜給李重進鐵券，永保他的特權，你看，他能相信我嗎？」

翟守珣肯定地答道：「李重進絕對不會歸順。」

趙匡胤重賞了翟守珣，並叫他立即返回揚州，不要暴露來過開封這件事，千方百計勸止李重進聯合李筠，以免自己分兵兩處。翟守詢回去後，勸說李重進暫緩與李筠聯合，先持觀望態度。李重進中了他的計，停止與李筠聯合的行動。

不久，趙匡胤派人給李重進送來鐵券，李重進很高興，居然打算隨同使臣一起進京謝恩。可是他身邊的謀士們竭力阻止他進京。他又改變了主意，不僅未進京而且把使臣扣押起來。同時，派人去南唐求援，決心起兵反宋。

南唐國主把李重進求援起兵的消息通報了宋朝。趙匡胤聽後，立即派石守信、王審琦、李處耘、宋偓等人率軍分路攻打李重進。

十月份，趙匡胤親率大軍又討伐李重進。十一月份，打下廣陵。在廣陵即將陷落時，李重進的部下想把扣押的宋朝使臣殺掉，李重進不同意。他說：「我大勢已去，準備全家自殺，何必殺那個使臣，沒有什麼用處！」

當天，李重進全家自焚，宋朝的使臣也被殺死了。

趙匡胤進城後，把李重進的同黨殺了數百名，揚州被平定了。

至此，趙匡胤才鬆了一口氣，自年初稱帝以來，動蕩不定的局勢才有了轉機。

統觀趙匡胤黃袍加身的前前後後，說他費盡心力，經過精心謀劃，以郭威為樣板，透過兵變篡取皇位當是不虛的了。

海陵王刺殺金熙宗

海陵王完顏亮和金熙宗完顏亶都是金朝開國之君金太祖完顏阿骨打的孫子。海陵王的父親宗幹與金熙宗的父親宗峻是親兄弟。海陵王比金熙宗年齡大，為庶出，而金熙宗則是金太祖的嫡孫。

海陵王與金熙宗自幼就生活在一起，感情很好，兩人漢文化的造詣都很深，在金朝皇族子弟中，他倆是佼佼者。自從金熙宗繼位當皇帝以後，海陵王便和他有了矛盾。完顏亮認為自己雖不是嫡出，但畢竟是金太祖的長孫，完全有資格繼承皇位。可是，比自已年紀小的完顏亶卻坐上了皇帝寶座，自己只能北面稱臣，這口氣實在難以下嚥。於是，他打定主意，如有機會一定把皇位奪過來。

金熙宗完顏亶當皇帝後，鑒於國內外的形勢，採取了改革的方略。他不因循女真族奴隸制度，大膽地學習漢族的封建制度，加速女真社會的封建化。首先，他在政治上打擊、削弱守舊勢力，就連皇族人士也不例外。其次，他強調文治，堅定地推行統一的路線。另外，他還注重發展生產，繁榮經濟。在改革的進行過程中，金熙宗不是急於求成，而是採取漸進的辦法。他對漢化的態度是堅定不移的，而對改革女真舊制卻是「漸祈胥效」，一點一點有步驟地進行，務求實效。因此，金熙宗的改革比較成功。

當然，金熙宗的改革也遇到了不少阻力，甚至遭到了來自皇族內部的激烈反抗。面對阻力和反抗，金熙宗毫不退讓，採取果斷措施排除干擾和破壞。這樣，在朝廷之上，便形成了以金熙宗為首的改革集團控制大權的局面。在這個改革集團中，宗幹、宗弼是掌實權的關鍵人物。

完顏亮是宗幹的二兒子，生母大氏出身於有較高封建文化傳統的貴族之家。因此，完顏亮自幼便受到封建的漢文化之薰陶，長成之後，具有較高的封建文化素養。在父母的教誨下，完顏亮被培養成一位革新人物。因此在政治上，完顏亮與金熙宗的路線是一致的。

完顏亮雖然有當皇帝的野心，但是他也深知馬上向熙宗奪權是不現實的。於是他採取了以退為進的策略。首先，透過積極支持改革，取得金熙宗的信任；然後，暗中聯絡各種反對金熙宗的勢力，為將來自己奪權準備力量。

完顏亮為討得金熙宗歡心，無所不用其極。比如：一次在金熙宗面前談論起當年金太祖創業的種種艱難，完顏亮竟然說著說著淚流滿面，泣不成聲了。博得了金熙宗的好感，認為他是個忠臣。完顏亮憑著父親的地位、個人的心計，很快便發跡了。在皇統七年（一一四七年）十一月，年僅二十五歲的完顏亮便當上了尚書左丞，不久又晉升為平章政事，地位僅次於丞相。他一旦大權在握，立即重用親信，把他們安插在重要部門。完顏亮的兩面派手法，蒙蔽了金熙宗，使得金熙宗對他的信用遠遠超過了對他的戒備，

繼改革集團的實權人物宗幹死去之後，皇統八年（一一四八年）十月，改革集團的另一實權人物宗弼也死了。因此，各派政治力量的暫時平衡消失，矛盾鬥爭公開化。革新集團則分成了兩大勢力。一股以皇帝為首，一股以皇后為首。皇權與后權的矛盾，實質是為了爭奪國家的最高領導權。完顏亮出於個人的考慮他站到了皇后這方。同時，他還聯合反對改革的秉德、宗憲等人，以擴大自己的實力。

在海陵王過生日時，金熙宗派自己的衛士長大興國給海陵王送禮物。皇后裴滿氏也備了一份禮

物，讓大興國揹去。不料，被金熙宗知道了，立即派人把大興國追回來，還狠狠地用棒子揍了一頓。

海陵王得知此事後，內心很害怕，認為皇帝這個舉動是要收拾自己的信號。於是，加緊準備篡位。事有湊巧，皇統九年（一一四九年）四月份，翰林學士張鈞奉命起草詔書，裡面有辱罵金熙宗的話，被金熙宗發現，一怒之下將張鈞殺死，經追查，張鈞是受海陵王指使才這樣幹的。因此，金熙宗把海陵王貶出京城，到洛陽任職。海陵王赴任路過中京（今內蒙寧城西大明城）時，與中京留守蕭裕密謀，兩人約定，一旦海陵王起兵反對金熙宗，蕭裕便積極配合，以河南的軍隊為基幹，先出兵平定河東、河北，然後率軍北上。同時，海陵王還指示蕭裕積極活動，串連各部軍隊頭頭，擴大力量。兩人商定後，海陵王才起身。

海陵王尚未抵達洛陽，金熙宗下令將他調回京城，擔任平章政事。因此，海陵王企圖在洛陽起兵的計畫沒能實施。

海陵王心中有鬼，回京後雖說提升了官職，但他卻疑慮重重，越發感到處境危險。他為了壯大自己的力量，加速政變，把蕭裕調進京城，出任兵部侍郎。當時，金熙宗因為皇后裴滿氏干政，越鬧越兇，甚至嚴重影響了冊立太子這件大事，所以心情很煩躁，經常借酒澆愁。酒醉後，常常無故殺人、打人，皇族、大臣、貼身侍衛、宮女也不能倖免。

八月份，丞相秉德、唐古辯等人研究決定把遼陽、渤海地方的一些民戶遷往燕南地區，金熙宗也批准了。侍從高壽星等人也在遷徙之列，他不願遷移，便去哀求皇后。皇后故意用此事激怒金熙宗。金熙宗盛怒之下，把秉德、唐古辯打了一頓棒子，還把郎中薩哈殺死，批准高壽星等人不必遷徙。

金熙宗殺罰過甚，自然引起一些人不滿，而金熙宗對不滿於己的人，更加嚴懲不貸。朝臣人人自危，不滿情緒也隨之增長。海陵王不失時機地利用普遍存在的不滿情緒和恐懼心理，加緊策劃政變，並為自己當皇帝公開大造輿論。

當秉德和唐古辯遭棒打之後，二人十分氣惱，便與大理卿烏帶密謀推翻金熙宗，另立新皇帝。烏帶將此事告訴了海陵王，海陵王立即去聯絡秉德與唐古辯。海陵王還毫不隱晦地對唐古辯說：「你們廢黜完顏亶以後，要立新皇帝，可是非我莫屬了！」

海陵王與秉德、唐古辯日夜謀劃，引起了護衛將軍特思懷疑。特思把他們的異常活動報告了皇后裴滿氏。皇后感到事情嚴重，立即報告了金熙宗。金熙宗當時把唐古辯召來，怒沖沖地問：「你與完顏亮成天密謀什麼？你們想把我怎麼樣？」

唐古辯自然支吾搪塞，結果金熙宗也沒問出個子丑寅卯，就把唐古辯打了一通棒子，轟了出去。海陵王聽到這個消息後，又怕又氣。怕的是自己的陰謀一旦曝光，難免一死；氣的是特思打小報告，險些壞了自己的大事。他決心將特思除掉。

說來也巧，時隔不久，河南有個叫孫進的士兵造反，自稱是皇上的弟弟按察大王。金熙宗的弟弟只有常勝、查拉，於是海陵王向金熙宗誣告常勝、查拉造反，並提出叫特思負責審訊。常勝、查拉根本沒有謀反，特思自然也審不出個名堂來。對此，海陵王向金熙宗進讒言，攻擊特思包庇反叛之人。結果，特思等人被殺。海陵王坐收一石二鳥之利，既除掉了仇人特思，又除掉了將來可能與自己爭奪皇位的兩個王爺。

海陵王為了順利搞政變，又透過一個低級官吏李老僧結交了大興國，以隨時掌握宮中動態。另外，海陵王還串通了皇宮中護衛十人長圖克坦額埒楚克、布薩呼圖二人。前者是親戚，後者是父親宗幹的老部下，透過宗幹的提拔才當上護衛十人長的。海陵王答應他們，自己當皇帝後把女兒嫁給圖克坦額埒楚克，讓布薩呼圖當丞相。二人表示一定效力，就是死了也不後悔。海陵王還把禮部侍郎高懷貞拉進自己的小集團，因為他鬼點子多，是個不可多得的軍師。海陵王把他提升為丞相，他也不負重望，為海陵王制定出一整套刺殺金熙宗的計畫。

在海陵王正緊鑼密鼓地進行政變準備之時，朝廷又發生了一件十分重大的事件，震動了全國，也加速了海陵王政變的實現。十一月份，金熙宗盛怒之下把皇后裴滿氏殺了，同時，還殺了三個妃子。這件事，本來是皇帝與皇后長期矛盾衝突的必然結果。可是，在海陵王看來，皇后一死，自己的末日也就到了。因為自己是屬於皇后這一派的。於是，在十二月九日，海陵王悍然發動了一場宮廷政變。

十二月九日夜，大興國按預定計畫，在金熙宗就寢之後，他假傳聖旨召海陵王、秉德、唐古辯等人入宮。因為他是衛隊長，又掌管宮殿的鑰匙，他假傳聖旨沒有任何人懷疑。海陵王一行人順利進了宮。大興國又乘金熙宗睡著之後，將金熙宗平時睡覺時放在床頭的佩刀偷偷地藏到床下。

圖克坦額埒楚克和布薩呼圖在大興國的安排下，他倆同時值夜班，守在皇帝寢宮門外。

當海陵王、秉德、唐古辯等人來到寢宮門外時，金熙宗被他們的腳步聲驚醒。金熙宗喝問：「什麼人在外邊走動？」

海陵王等人一下子驚呆了，連大氣也不敢出。就在這千鈞一髮的時刻，布薩呼圖說：「事已至此，不幹不行了！」說罷，他一腳將房門踹開，一頭衝了進去。海陵王等人也隨之衝了進去。圖克坦額埒楚克手疾眼快，沒等金熙宗下床，搶上去便是一刀。金熙宗雖然被砍了一刀，仍伸手去床頭取佩刀，可是刀卻不見了，為情急所迫，一翻身跳到了地上。這時，布薩呼圖上去又是一刀，將金熙宗砍倒在地。海陵王不敢怠慢，朝倒在地上的金熙宗狠狠砍了一刀，只聽噗的一聲，一股鮮血濺了他一臉一身。金熙宗抽搐一陣，便氣絕身亡了。

這幾個「刺客」雖然都是身經百戰的人，可是刺殺皇帝還是有生以來頭一遭。在搖曳的燭光下，他們臉色發青，呆呆地看著金熙宗的屍首，一言不發。這沉默猶如千斤重擔，壓在了他們的心頭。

秉德首先說了話。他說：「皇帝是死了，立哪個為新君，我心裡可沒有數。」

其他人仍沉默無語。

突然，布薩呼圖一把將海陵王按到「龍床」上坐下，側過身瞪大兩眼說道：「沒什麼猶豫不決的，這皇位除了海陵王，別人也坐不得！」

說罷，他首先跪了下去，叩起頭來。其他幾個人也跟著他叩起頭來，隨著他一起喊萬歲。

第二天，海陵王又下令將左丞相宗賢及曹國王宗敏這兩個實權人物殺了。之後，才正式登基稱帝。

海陵王稱帝後，大封「功臣」。秉德被封為左丞相、晉爵蕭王；唐古辯為右丞相；烏達為平章政事；大興國為廣寧尹；圖克坦額埒楚克被封為太原尹、晉為王爵，其子珠蘇爾成為駙馬都尉，娶了榮國公主；布薩呼圖被封為太尉，晉爵為王；李老僧被封為同知廣寧尹事；蕭裕被封為祕書監；高懷貞負責修起居注。其他心腹也都加官晉爵。

海陵王稱帝後，仍然推行金熙宗的改革路線，使金朝及女真族的政治、經濟、文化均前進了一大步。在政治上，他加強統一封建中央集權制，加強君權，改革政府機構，便於政令統一；在經濟上，繼續實行「計口授田制」，重視農耕，興修水利，發展手工業和商業；在文化上，繼續提倡漢文化，改革女真族舊習，對於從思想意識上消除民族對立，促進實現民族融合有積極作用。為了保證改革順利實現，海陵王還把首都遷到燕京，使政治中心南移，更利於推行文治，加強和漢族地主的結合。可以說，從金熙宗時開始的全面改革，到海陵王即位以後已取得了決定性的勝利。

海陵王為了維護自己的地位，對守舊勢力和危及自己權力的人，毫不留情，大加殺戮。即位一年，僅皇族就被他殺了一百五十餘人，致使金太宗一系絕根。秉德、唐古辯、蕭裕、烏帶等「功臣」也因懷貳心而被誅殺。

海陵王為了鞏固奪來的政權，竟然不惜製造冤案。冤殺宗本就是一例。宗本是金太宗完顏晟的兒子，在熙宗朝被封為原王，海陵王篡位後，封他為太傅，領三省事，表面上看似乎對他很重用。可是，海陵王內心對宗本視為仇敵，務必除之而後快。海陵王遠在稱帝之前，對金太宗的子孫們便充滿了忌恨與畏懼。因為他的父親宗幹，當年謀殺金太宗的長子宗磐。海陵王無時無刻不擔心太宗的子孫起而復仇。他稱帝後，對位高權重的宗本更加猜忌。他指使心腹蕭裕揑造事實，誣陷宗本。

蕭裕為置宗本於死地，便誣稱宗本與秉德聯合造反。海陵王「聞報」後，立即布置人馬，設下毒計刺殺宗本。他傳旨叫宗本等人到球場擊球，預先命令衛士們等宗本一到，就將其殺死。布置妥當以後，海陵王提前登上殿樓，以便目睹宗本被刺的場面。屆時，宗本應詔前來，一進球場便被宮廷衛士們給殺害了。

蕭裕在宗本被害的同時，在自己的衙門內加緊製造「證據」。他命人用酒把宗本的門客尚書令史蕭玉灌醉，然後，他口述，由別人筆錄了一份「證詞」，只等蕭玉酒醒後簽字畫押。

蕭玉酒醒後，見自己躺在蕭裕的弟弟蕭祚家中，再定睛一看，身邊站滿了手執利刃的兵士，虎視眈眈，殺氣騰騰。蕭玉嚇得脖子後直冒涼氣。這時，蕭裕不疾不徐地踱進房中，朝兵士們一揮手，把他們趕出了房門。蕭玉如同見了救星一般，連連給蕭裕叩頭。蕭裕冷笑了一聲，說道：「蕭令史，你好清閑哪！醉了一整天，你可知道，你的主子宗本上午被皇上處死了？」

蕭玉一聽，嚇得聲音都變了，結結巴巴地說：「小的不知，小的有罪！」

蕭裕足足有一袋煙的工夫，直盯著蕭玉，一聲不吭。蕭玉跪在地上，一把鼻涕一把淚，渾身抖個不住。蕭裕開口了：「蕭玉，要死要活，可全在你自己了！」

蕭玉一聽，不由得放聲大哭起來。

蕭裕俯下身，貼到他的耳邊說：「你要想活命，就得揭發你的主子謀反！」

蕭玉惶惑地抬頭看了一眼蕭裕，不知如何是好。

蕭裕接著說：「這也不難，證詞我都給你預備好了，你只要畫個押就行了！」

說罷，把一疊寫滿字的紙摔到地上。

蕭玉急急忙忙用顫抖的手捧起這疊紙，從頭往下看——

關於宗本串通秉德謀反一事，臣揭發如下：在秉德被貶出任領行台尚書事時，他出京前去拜會宗本。宗美、唐古辯均在場，臣也在場。他倆人約定裡應外合，發動政變。秉德曾對宗本說：「如果事成之後，由太傅當皇帝，我這顆心才能放到肚子裡。」唐古辯曾對宗本說過：「內侍張彥精通相面，他說太傅是天子相。」宗本說：「我哥哥任東京（今遼寧遼陽市）留守，怎麼能輪到我當皇上呢！」宗美對宗本說：「太傅您是太宗的主家之子，只有您合適。」宗本在他們走後，對我說：「大事只能在近日內於圍場中解決。」他還對我說：「我的大兒子錫里庫是個大貴之相，所以我一直也沒讓他見皇上。」宗本在我離開的時候，還賞給我一件袍子，一匹戰馬。以上謀反事件屬實。臣忠於皇上，大膽揭發，決無半句虛言。

蕭玉看完了「證詞」，便癱軟在地。蕭裕站起身，和蕭玉說：「這些條款你可要記住了，到時候可不能說錯。你洗洗臉，定定神，回頭我就帶你去見皇上。你可小心點，是死是活全憑你自己了。」說罷，便甩開大步出房去了。

第二天，海陵王宣布宗本、宗美等人謀反，罪不容誅，同時，把蕭玉的證詞也批給朝臣們看。接著又下令大殺宗本的親人，幾天時間，宗本的親人就被殺死七十多名，金太宗的後人從此便絕戶了。

海陵王在當皇帝之前，曾對他的心腹們說：「將來我有一天當皇帝，一定讓天下的美女都給我當老婆。」他還真是「說到做到」，即位以後，便肆無忌憚地廣納后妃，不擇手段地尋歡作樂。凡是被他相中的女人，不管已嫁未嫁，無論長幼尊卑，一律掠進宮中，就連堂姊妹、外甥女也不例外。

例如：海陵王即位的第三天，就把垂涎已久的阿里庫強娶入宮，封為昭妃。阿里庫本是宗磐之子阿古岱的妻子，是駙馬都尉穆里延的女兒。阿古岱被殺之後，阿里庫再嫁給皇族囊嘉特。囊嘉特死後，海陵王打算娶阿里庫，可是其父穆里延不同意，海陵王只得作罷，但是他一刻也沒有忘懷。他篡位第三天，便發出旨意命阿里庫入宮。他不僅強娶了阿里庫，而且把阿里庫的女兒重節也姦污了。

海陵王在當宰相時，為了博得好名聲，竭力克制欲念，家中妻妾不過三四人。他當上皇帝以後，縱欲無厭，僅天德三年（一一五一年）五月，他就下令把前此處死的皇族、貴戚、大臣的妻子全送進後宮。對此，就連他的心腹蕭裕都覺得欠妥，進行勸諫。可是他絲毫不為所動，反而對蕭裕說：「這些女人，大多數是我的表姐妹，長得都很俏麗。」於是，宗本的兒子蘇爾圖之妻、宗固的兒子呼喇勒之妻、秉德的弟弟嘉哩之妻數十人，便都成了他的妃嬪。海陵王除了皇后以外，有十二位妃子，昭儀、充媛各九名，婕妤、美人、才人各三名，殿值以下宮女則不計其數了。

海陵王荒淫透頂，蹂躪婦女無所不用其極。比如：天德四年（一一五二年）七月，海陵王指使自己的老情婦烏帶的妻子唐古定格將烏帶害死，然後把她納入後宮。隔年十二月，又把守寡的嬸子阿蘭強行娶進宮來，封為昭妃。更令人不齒的是，海陵王還把他的堂姊妹們留在宮裡，不准嫁人，與他一塊兒淫樂。在寢宮裡鋪上地毯，讓這些女人們赤身露體，互相追逐。他自己於光天化日之下，眾目睽睽之中，與這些女人交媾。同時，還令樂隊奏樂以助興。更為慘無人道的是，宮中有個叫辟懶的女官，被海陵王看上了，就把她的丈夫派往外地任職，並叫辟懶供他淫樂。可是，當時辟懶已經懷孕，海陵王為了發洩獸欲，竟然叫辟懶喝下大量麝香水，又親手搓揉她的腹部，終於把她腹中的胎兒打掉。海陵王在所有荒淫的君主中，可謂「名列前茅」。

海陵王自幼攻讀史書，很想當全中國的正統皇帝。他即位當皇帝後，更日夜企盼統一中國。他有個市井無賴出身的寵臣，名叫張仲軻，最能逢迎阿諛，不止一次地迎合他統一全中國的願望，進言道：「咱們金朝疆域雖然很大，但是現在天下有四個皇帝，南邊有宋朝，東邊有高麗國，西邊有夏朝，皇上如果能把這三個朝廷消滅，使天下一統，那才叫偉大呢！」此話大大助長了海陵王用兵南宋的野心。

正隆四年（一一五九年）冬天，海陵王派翰林學士施宜生出使南宋。施宜生南下時帶了畫工隨行，到了南宋首都臨安（今杭州）以後，命畫工畫了一幅臨安圖，臨摹佳山秀水，回朝後獻給了海陵王。海陵王為臨安的風光所打動，提起筆來在畫上題了一首詩：「萬里車書一混同，江南豈有別疆封？提兵百萬西湖側，立馬吳山第一峰。」道出了自己要以秦始皇為榜樣，統一天下的雄心。接著，便從軍事上積極準備伐宋。

可是，海陵王伐宋的主張卻遭到許多大臣的反對。海陵王採用高壓政策，誅殺了不少持不同意見的大臣，引起統治集團內部的分裂。海陵王的嫡母皇太后徒丹氏是貴族中反對伐宋的代表人物。她公開對大臣們說：「咱們國家世世代代居住在上京，突然遷都到燕京，又遷都到汴京。現在又要興兵過淮河、長江，攻打南宋，國家怎麼受得了啊！」海陵王認為皇太后這是動員大臣們起來反對自己。不久，海陵王又接到侍候皇太后的奴婢高福娘的報告，說皇太后單獨接見布薩思恭，密談很長時間。據此，海陵王認為太后聯絡握有兵權的布薩思恭搞政變。於是，派人去殺太后。

奉命前去的大懷忠等人一見到太后，就叫太后跪下接聖旨。太后當時正在玩葉子牌，一聽叫她跪下，不由得愣住了。這時，一個叫虎特默的人從太后身後一拳將其打倒在地，其他幾個人一擁而上，活活地把太后勒死了。陪太后解悶的幾個人也當場被殺死。

事後，海陵王命令將太后的屍體在宮中火化，把骨灰扔到井裡去，不准留下一點痕跡。反對攻打南宋的大臣見此情景，再也不敢說半個不字了。有些人雖然嘴上不說，可是反對海陵王的決心卻更加堅定，甚至有人已在暗中謀劃要幹掉他。

正隆六年（一一六一年）九月二十一日，海陵王親率大軍南下攻打南宋，命令兵部尚書完顏元宜為神武軍都總管領兵從行。完顏元宜本名叫耶律阿里，是契丹族人。他的父親是遼朝的官員，在金太祖追擊遼朝天祚皇帝時，投降了金朝，因此被賜姓完顏，封官儀同三司。完顏元宜自幼能騎善射，在金太宗時任侍衛，歷任牧使、武庫署令、符寶郎等官。海陵王篡位後，完顏元宜被封為兵部尚書。

在南征途中，完顏元宜多次打敗宋軍，並因軍功得到海陵王的封賞。但是，完顏元宜內心並不贊成南侵，對海陵王鎮壓契丹各部的叛亂，也心懷不滿，他下決心有機會就幹掉海陵王。

當金兵渡過長江時，忽然傳來金太祖的孫子曹國公完顏雍在東京（今遼陽）稱帝的消息。南征的將士有不少人打算逃回江北來投靠完顏雍，完顏元宜見海陵王的後院起火，軍心渙散，公開反對海陵王的時機到了。於是，他串連了一部分將領，在兒子王祥的配合下，在十一月二十七日黎明，乘海陵王的衛隊換班之時，發動了一場軍事政變。

當完顏元宜率領政變軍隊摸到海陵王的大帳前之時，一聲吶喊衝了上去。海陵王聽到帳外衝殺之聲，以為是南宋軍來偷襲，急忙披衣起身。突然，一陣冷箭射進了帳內。海陵王拿起一支箭在燭光下一看，不由倒吸一口涼氣，驚慌地喊道：「這箭是金國的呀！不好，部隊譁變了！」

他身邊的衛士說：「皇上，情況危急，出去躲一躲吧！」

海陵王沮喪地說：「到哪裡去呀？」

嗖的一聲，一支冷箭從帳外射進，正好射在海陵王身上。海陵王一聲慘叫，倒在地上。這時，延安少尹納哈塔鄂勒博從帳外衝了進來，一步竄到海陵王身邊，掄起刀來朝海陵王狠狠砍去。這一刀砍進了骨頭裡，使勁拔也拔不出來。海陵王在地上翻滾，鮮血四溢。納哈塔鄂勒博扔了刀，猛撲到海陵王身上，兩隻手扼住他的喉嚨，海陵王的喉頭就被掐碎了。海陵王身體猛一抽搐，便再也不動了。

海陵王透過刺殺皇帝而登上了皇帝寶座，又因為被人刺殺而丟掉了皇帝寶座，這大概也是歷史的邏輯吧！

對於海陵王的歷史評價，以前對他篡位、荒淫、殘暴談得比較多，而對他主張革新，堅持革新及他的新政對金代社會及女真族發展所起的作用，論的較少，有的史書甚至缺而不論。

海陵王與金熙宗的矛盾純屬統治集團內部圍繞最高權力的鬥爭，沒有什麼正義與否的問題。而海陵王在取得帝位之後，堅持全面革新，使得金朝國力有所加強，女真族有所前進，這是符合歷史發展趨勢的。至於他的荒淫、殘忍乃是統治階級本性的畸形表現，起到了禍國殃民的作用。

綜觀海陵王的一生，有功也有罪，攻其一端或美化一面，都是不符實際的。對他功罪的評說，不能離開社會進步這個大前提。就其對金朝及女真社會的貢獻而言，可否說他功大於罪呢？

元朝的皇帝們

元朝自從元世祖忽必烈於西元一二六〇年三月自稱大汗以來，直到元順帝妥懽貼睦爾敗走大漠以北，幾乎沒有一代沒有發生過帝位之爭。尤其從元成宗繼位到元順帝繼位的三十九年間（一二九五年至一三三三年）竟然換了十個皇帝，創下了爭奪帝位的內鬨紀錄。

本來，蒙古汗國的傳統是公推大汗，成吉思汗就是經各部族公推而上的尊號。而元太宗窩闊台繼位大汗則是成吉思汗的遺囑了，只因成吉思汗威望空前，眾望所歸，所以部眾沒有異議。而輪到元定宗貴由繼大汗位時，已發生了爭端。等元定宗一死，繼位之爭更激化了。元太宗及成吉思汗小兒子拖雷的後代都想當皇帝。爭鬥的結果，拖雷的兒子蒙哥在拔都（成吉思汗的長孫）與兀良哈台的支持下，登上了帝座，史稱元憲宗。元憲宗死後，他的弟弟忽必烈急忙從攻打南宋的前線撤兵北歸，在開平（今內蒙多倫以北的石別蘇木）自稱大汗，宣布繼位。而他的小弟弟阿里不哥堅決反對，並在和林（今蒙古的哈爾和林）地方自立為汗。忽必烈親自率領軍隊打垮了阿里不哥，穩定了大局。可是，不久太宗窩闊台的孫子海都又在巴爾喀什湖東南搞起叛亂，雖被忽必烈派去的軍隊打敗，但海都在忽必烈撤軍後又起而復叛，並在一二八七年聯合鎮守遼東的皇族乃顏起兵。忽必烈於當年率軍親征，消滅了叛亂。兩年後，海都又起兵攻到和林地方。此後，海都旋退旋進，一直很倡狂。

元世祖忽必烈於西元一二七一年建立元朝後，鑒於蒙古汗國為爭奪汗位而屢動刀兵的狀況，便效法漢族由嫡長子繼承皇位的制度，立兒子真金為太子，想以此避免爭奪皇位的鬥爭。

不料，真金太子短命，忽必烈在位時，他就死了。忽必烈未及再立太子，於至元三十一年（一二九四年）辭世，中央權力出現了空位。有爭權奪勢「傳統」的元朝諸王多有垂涎皇位的，爭皇位的鬥爭眼看就要爆發。重臣伯顏遵照忽必烈的遺囑，擁立真金太子的三兒子鐵穆耳繼位，史稱元成宗。這才避免了諸王爭權的鬥爭。

元成宗在位十三年而死，太子德壽又先於成宗而亡，皇位又出現空缺，一場爭皇位的鬥爭又發生了。早在成宗病重期間，皇后卜魯罕就插手朝政並策劃奪權了。在大德九年（一三〇五年）十月，皇后以皇帝的名義，下詔令成宗的侄兒愛育黎拔力八達與其母親弘吉剌氏離開京城到懷州居住。目的在於排除爭權的對手。成宗一死，皇后卜魯罕在左丞相阿忽台等權臣的支持下，臨朝聽政。同時，將安西王阿難答召入京城輔政，意欲立他為皇帝。阿難答是元世祖忽必烈的孫子，他的父親是元世祖的三兒子忙哥剌。皇后及阿忽台的這一舉動，遭到一部分朝臣的反對，御史中丞何瑋甚至公開對阿忽台說：「死不可怕，怕的是不合乎道義，為道義而死，死而無懼！」

右丞相哈剌哈孫也持反對態度，他把各衙門的官印全部收繳上來，鎖在府庫之內，同時還宣稱自己有病，不接待官吏，日夜守在宮門，皇后傳下來的旨意全被他扣住，不往下發。阿忽台等人想害死他，又不敢貿然採取行動。皇后的篡位計畫碰到了巨大障礙。

這時，鎮守漠北的懷寧王海山（元成宗的大侄兒）派部下康里脫脫進京辦事。哈剌哈孫召見康里脫脫，並把京城的爭權情況全告訴他，最後命他立即星夜趕回漠北，向海山報告，請海山進京。同時，哈剌哈孫還派人到懷州，請愛育黎拔力八達返京。愛育黎拔力八達接信後，遲疑不決，他的老師李孟勸他：「庶子不能繼承皇位，這是世祖留下的規矩，現在皇帝宴駕，懷寧王又遠在萬里，殿下應盡快返回京城，以安定人心。」

在老師的力主之下，愛育黎拔力八達決定與母親一道兼程趕往京城。於是派李孟先走一步，先期至京城找哈剌哈孫聯繫。李孟抵達哈剌哈孫的住處時，恰巧碰上皇后派來問候病情的使者，李孟急中生智，立刻朝哈剌哈孫作個揖，然後便不慌不忙地給哈剌哈孫摸脈，哈剌哈孫的心腹們也隨機應變，近前向「醫生」詢問右丞相的病情。李孟的這番表演居然瞞過了使者。

使者離去後，哈剌哈孫躍身坐了起來，把京城近日的情況詳細告訴了李孟，並叫他速去向愛育黎拔力八達報告：「安西王阿難答已到京，不久就要即帝位了，快請殿下早做安排，事情已到火燒眉毛的程度了！」

李孟趕回愛育黎拔力八達的處所，詳細匯報後，並催促盡快至京。愛育黎拔力八達聽後，派人把算卦的找來，占卜以後再決定。李孟把算卦的人找來，單獨對他說：「現在殿下有一件非常重大的事情要叫你算一卦，不管怎樣，你都說算得的是個大吉的卦！」

算卦的人按照李孟的吩咐辦了，結果得的自然是個大吉大利的卦。李孟對愛育黎拔力八達說：「卦是天意，與人心又相同，這就叫大同！」

愛育黎拔力八達很高興，當即下令啟程。

愛育黎拔力八達與母親到京後，就進宮弔喪，然後離開宮廷住到自己的家中。安西王阿難答急忙與心腹商議對策，結果決定在三月初三日以祝壽為由，發動政變，將政敵鏟除。這一消息很快被哈剌哈孫得知，連夜派人通知了愛育黎拔力八達，並傳達自己的主張：「懷寧王海山離京甚遠，短時間內不可能至京，時間不允許了，遲了恐怕發生不測，應搶先下手。」

愛育黎拔力八達接報後，立即找支持自己的大臣、貴族們商量，這些人都支持他先發制人。於是，決定在三月初一日動手。

三月初一那天，愛育黎拔力八達如同平日一樣，帶著幾名衛士進宮，見到安西王阿難答就說：「懷寧王海山派人來請安西王議事。」

安西王阿難答毫無戒備，按照愛育黎拔力八達說的地點、時間，準時到達。萬萬沒料到，一進門便被捉了起來。一經審訊，阿難答便全部招供了。愛育黎拔力八達下令將阿難答押往上都（內蒙多倫附近），同時派兵搜捕阿忽台、八都馬辛、賽典赤伯顏等策劃發動政變的人，立即處死。

阿難答政變陰謀被粉碎後，一些貴族出面勸愛育黎拔力八達即皇帝位。愛育黎拔力八達對勸進的眾王說：「你們何出此言呢？阿忽台等奸臣勾結宮中的人，亂我朝綱，所以我殺了他們，我並不是奢望當皇帝呀！懷寧王是我的哥哥，應由他繼位。我已經派使者捧著玉璽去北方迎接他了。」

愛育黎拔力八達任命李孟為參知政事，處理日常政務。自己與哈剌哈孫住在宮內，日夜防範，不敢鬆懈，惟恐再發生變故。

五月，懷寧王海山到達上都。在此之前，海山一聽到元成宗逝世的消息，便從阿爾泰山趕到和林。他身邊的一些貴族都勸他立即繼位當皇帝，海山婉辭了，並說：「我母親和弟弟愛育黎拔力八達全在大都，我應與他們見面後，再與諸王商議這繼位的大事。」

當海山離京日近之時，他的庶母弘吉剌聽信了方士們的讒言，不想讓海山當皇帝，而要讓自己的親生兒子愛育黎拔力八達登極。海山在上都聽到了這個消息，便吩咐康里脫脫進京去觀察形勢。自己將軍隊分成三路，暫停前進。

康里脫脫火速趕到京城，面見皇妃弘吉剌，把來意說明。弘吉剌解釋道：「有方士說過海山太子在位時間不會長這話，我詢問方士沒有別的意思，都是為海山太子著想呀！如今，篡位的奸臣都已除掉了，海山太子應該盡快進京即位當皇帝。你所說的傳言，是壞人挑撥我與太子的關係，太子雖不是我生的，我們畢竟是母子啊！你快快去見太子，把誤會解釋清楚，催促太子盡快來京即位！」

雖然弘吉剌曾一度聽信了方士的讒言，說海山在位不會長，但她並沒有想廢掉海山，不過是想與海山商議讓位給愛育黎拔力八達。因此，在康里脫脫進京之前，弘吉剌已派使者去迎接海山進京，並責成使者向海山傳達京中的情況，說明愛育黎拔力八達現在只是監國，眾大臣已推舉海山繼位，請海山早日至京。使者到達上都後，便向海山傳達了弘吉剌的上述決定。不久，康里脫脫也返回了上都。康里脫脫如實地傳達了弘吉剌的話，海山聽後，誤會全消，心中十分高興。

海山繼位後，稱元武宗，封弘吉剌氏為皇太后、哈剌哈孫為太傅，其他粉碎政變有功人員也一一加官晉爵。對於策劃政變的卜魯罕皇后及安西王阿難答處以死刑。

海山當皇帝不到十天，便按照登極前與弘吉剌、愛育黎拔力八達的約定，立愛育黎拔力八達為太子，在海山死後由他繼位，而愛育黎拔力八達繼位後則要立海山的兒子和世㻋為太子，死後由和世㻋繼位。

這個約定，在當時不失為化解爭奪帝位矛盾的一個良方，對於加固海山與弘吉剌、愛育黎拔力八達的聯盟起到了決定性作用，對於穩定局勢大有好處。

可是，由於愛育黎拔力八達繼位後，改變了當年的約定，沒有立和世㻋為太子，而立自己的親兒子碩德八剌為太子。這一違約行為，引起了元武宗舊臣的不滿，圍繞帝位繼承問題又爆發了一系列鬥爭，致使元朝國力日趨衰落。

愛育黎拔力八達當皇帝三年之後，在延祐二年（一三一五年）要立太子。按照從前與海山的約定，應由海山的兒子和世㻋當太子，這時，弘吉剌太后的心腹重臣右丞相鐵木迭兒提議立愛育黎拔力八達的兒子碩德八剌為太子。這個提議正合太后與皇帝的心意，於是，和世㻋沒當上太子，被封為周王，到雲南去鎮守邊疆，其實是被趕出了京城。

延祐三年（一三一六年）十一月，和世㻋到了陝西延安，他的一些老部下及元武宗的一些舊臣紛紛前來拜見他。這些舊臣對和世㻋沒當太子十分不滿，有人當眾提議給朝廷施加壓力，說：「天下是武宗皇帝的天下，大王離京去雲南，是奸臣們搞的鬼，不符皇帝的心意。我們應透過行省向皇帝報告，明確表示反對奸臣搞鬼，離間皇室骨肉。如果不除奸臣，後果將不堪設想。」

可是，因為提議者不久遭暗殺，給朝廷施加壓力的事情也就耽擱了。和世㻋繼續西行，到達阿爾泰山定居。爭太子的風波才平息下來。

延祐七年（一三二〇年）元仁宗愛育黎拔力八達去世，由太子碩德八剌繼位，史稱元英宗。元英宗對權臣鐵木迭兒的專權惡行很不以為然，日益疏遠他。鐵木迭兒為保全自己，稱病閉門不出，後來抑鬱而死。在他死後一年，元英宗下令追奪他的官爵，毀了他墓前的石碑，並抄了他的家產。

元英宗與鐵木迭兒的鬥爭，純屬統治階級內部的派系鬥爭，當然不止涉及到一二個人。鐵木迭兒掌大權多年，又有皇太后弘吉剌氏為後台，仁宗皇帝尚且要讓他三分，可見其勢力之大了，黨羽之眾就更不必言了。如今，鐵木迭兒被追究，他的黨羽們自然人人自危。為了擺脫困境，以御史大夫鐵失為首的殘餘勢力開始謀劃政變。

元英宗至治三年（一三二三年）八月，即懲治鐵木迭兒三個月之後，元英宗就在上都附近的南坡被刺殺了。原來，元英宗在上都時，曾一度夜裡失眠，就下令僧人做佛事，祈禱平安。右丞相拜住為節省開支，勸說元英宗免做佛事。而以御史大夫鐵失為首的鐵木迭兒之餘黨，暗地裡指使和尚們請求繼續做佛事，並散布流言，國家將有大災難，要做佛事、宣布大赦才能平安。鐵失等人的本意是想求個大赦的機會，自己就可以不再被追究了。可是，右丞相拜住為節省國庫開支，堅決駁回了和尚們的請求，並嚴厲申斥他們：「你們這些和尚為了得到些金錢和布帛，一個勁要做佛事，全然不顧國家的困難。現在又提出大赦，難道你們還要庇護那些罪人嗎？」

鐵失等人聽了這番話，深感不妙，認為皇帝一回到京城，他們的末日也就到了。於是，他們加緊策劃政變，最後決定在皇帝回京途中，把皇帝殺掉。

當元英宗一行離開上都回京，一天夜裡住在南坡店時，鐵失勾結知樞密院事也先帖木兒、藩王按梯不花等人，搞了一場政變。以鐵失率領的阿速衛兵為基本力量，鐵失父子與前平章政事赤斤鐵木兒親自動手，首先刺殺了右丞相拜住。然後，鐵失便衝進元英宗住的帳篷，親手殺死了元英宗。

政變成功之後，按梯不花與也先帖木兒等人經商議，決定擁立與自己關係密切的晉王也孫鐵木兒當皇帝。於是，二人捧著從元英宗身上奪來的玉璽匆匆北上，趕往晉王封地去迎接新君。

九月，晉王也孫鐵木兒在龍居河（今怯綠連河）稱帝，封也先帖木兒為右丞相、鐵失為知樞密院事，並大赦天下。也孫鐵木兒的親信藩王買奴暗中進言：「陛下是靠搞政變弒君的人當上皇帝，這個名聲可不好。如今之計，陛下應把那些刺殺英宗皇帝的叛亂分子殺死，宣布他們的罪狀，這才能博得好名聲，天下才會歸心陛下！」

也孫鐵木兒對此話深以為然，他一邊派使臣趕赴京城以他的名義祭祀天地、宗廟、社稷，使自己繼位合法化；一邊下令以叛逆罪將身邊的也先帖木兒等處死。遠在京城的鐵失、赤斤鐵木兒等叛逆者也一一被捕處死，並抄沒家產。也孫鐵木兒於十一月抵達京城後，又大肆搜捕參與政變之人，並全部處死。至此，鐵木迭兒的餘黨全部被消滅了。

也孫鐵木兒下詔明年改元為泰定，歷史稱其為泰定帝。泰定帝繼位元伊始，部分朝臣擁立和世琜的呼聲再起，不過，尚未釀成大的事變。泰定帝在位五年，死時年僅三十六歲。泰定五年（一三二八年）七月，泰定帝剛剛去世，爭奪帝位的鬥爭又爆發了。

這場爭帝位的鬥爭是由燕帖木兒為首的十七人掀起的。八月初四日，朝廷文武百官齊集興聖宮，從前曾任元武宗侍衛現任同簽樞密院事的燕帖木兒率領阿剌鐵木兒、孛倫赤等十七人，拔出佩刀，對眾官員高聲說道：「武宗皇帝有兩個兒子，大兒子和世㻋在漠北，小兒子圖帖睦爾在江南，他們才是正統，本應由他們繼承皇位。現在，有沒有人不同意的？誰膽敢反對，就宰了他！」

眾官員先是一驚，莫敢置可否，接著便一哄而散了。燕帖木兒指揮同夥把平章政事烏伯都剌、伯顏察兒等政敵綁了起來，又把這兩人的親信也都抓了起來，關進監獄。燕帖木兒與安西王阿剌忒納失里一起守衛宮廷，任命前湖廣行省左丞相別不花為中書左丞相，詹事塔失海牙為中書平章，凡是重要崗位都安排了適當人選，朝政沒有出現混亂狀況。同時，又調動軍隊把守各處要塞，屯駐京城，所以秩序井然。因為和世㻋遠在漠北，短時間不能抵達京城，燕帖木兒毅然決定派人去江陵迎接圖帖睦爾進京主持朝政，以免發生其他變故。同時，廣為傳布懷王圖帖睦爾已經到了京城的消息，藉以安定人心。不久，燕帖木兒又散布周王和世㻋正率領人馬進京。人們聽後，都表示擁護。因此之故，局勢比較平穩。

懷王圖帖睦爾很快便抵達京城，住進了宮內。這時，梁王王禪、右丞相塔失鐵木兒、倒剌沙等一批文官武將起兵反對圖帖睦爾和燕帖木兒，他們於九月份在上都擁立泰定帝九歲的兒子阿速吉八繼位當皇帝，並改年號為天順。燕帖木兒親自到居庸關督戰，打敗了上都的軍隊。九月初八日，燕帖木兒在京城請懷王圖帖睦爾繼位稱帝。懷王因為哥哥和世㻋遠在漠北，自己不想稱帝。燕帖木兒對懷王說：「現在正是人心向背的緊要關頭，上都的叛逆者仍在蠢蠢欲動，一旦失去機會，將追悔莫及了！」

懷王說：「如果萬不得已急需我稱帝，那也得把我的心意公布天下，我不想跟哥哥爭帝位，我想把帝位留給哥哥。」

九月十三日，圖帖睦爾即位稱帝，同時發布詔令，肯定了英宗以前歷代君主以公天下之心，依次傳位；否定了泰定帝也孫鐵木兒的篡位活動；聲討鐵失、也先帖木兒弒君的罪惡以及倒剌沙、烏伯都剌的叛逆行為。最後，聲明自己本想等哥哥進京後，由哥哥繼承皇位，可是轉瞬過去了三個月，哥哥尚未抵達京城，奸臣為私利擁立泰定帝幼子，百姓人心惶惶，為了安定人心，平定天下，自己在眾賢臣的勸諫之下，不得已先稱帝，一旦哥哥至京，自己立刻把皇位讓出，以遂初衷。

懷王稱帝後，封燕帖木兒為太平王，並派他率軍出征從上都攻來的軍隊。燕帖木兒接連打敗由王禪指揮的上都軍隊。後來，齊王月魯帖木兒、蒙古元帥別不花率兵包圍了上都，倒剌沙拿著皇帝的玉璽出城投降，王禪棄城逃跑，小皇帝阿速吉八不知去向。遼東、山西等地叛軍也接連被肅清。十一月十六日，把泰定帝皇后趕出宮廷，遷往東安州（今湖南東安）居住。二十二日派使臣去漠北迎接和世㻋。二十五日，將倒剌沙、王禪、馬某沙、紐澤、撒的迷失、也先帖木兒等人斬首示眾。此後，圖帖睦爾又接二連三派出官員去迎接和世㻋，並請他稱帝。

和世㻋在弟弟的一再敦請之下，於第二年正月二十八日，在從漠北去京城的途中和林地方稱帝。三月初四日，圖帖睦爾派燕帖木兒帶著皇帝的玉璽離京去迎接哥哥。四月初六日，和世㻋在途中駐地接見了燕帖木兒，並封他為太師。同時，還任命了一批大臣。十天以後，和世㻋又宣布冊立弟弟圖帖睦爾為太子。

八月初一日，和世㻋行至一個叫王忽察都的地方。第二天，接見由京趕來的弟弟圖帖睦爾。弟兄相見，百感交集。和世㻋下令擺下盛宴慶祝。初六那天，和世㻋突然死亡。初九日，圖帖睦爾返回上都，並在上都宣布繼位當皇帝。這已是他第二次稱帝了。

至此，一般時人認為帝位之爭總可以平息了。其實不然，雖然圖帖睦爾坐穩了皇帝寶座，沒有競爭者了，可是圍繞太子問題，宮廷內又爆發了一場血淋淋的爭鬥。

就在圖帖睦爾第二次稱帝的第二年四月，他的皇后把和世㻋的妻子八不沙殺死了。目的是為了讓自己的兒子阿剌忒納答剌將來繼位當皇帝。如果不將八不沙除掉，是不可能達到此目的的。因為八不沙的兒子妥懽貼睦爾本是太子，圖帖睦爾死後，應由妥懽貼睦爾繼位，輪不到阿剌忒納答剌當皇帝。八不沙被害一個月之後，皇帝圖帖睦爾便宣布廢黜太子妥懽貼睦爾。原因是和世㻋活著的時候經常提到妥懽貼睦爾不是自己的兒子。而這個說法是由妥懽貼睦爾其乳母的丈夫提供的，可見基本上是不實之辭。無父無母的妥懽貼睦爾只能聽任擺布，被貶到江南。圖帖睦爾還下令將此事載入祕史之中。

半年以後，阿剌忒納答剌被立為太子。圖帖睦爾和皇后都鬆了一口氣，將來不愁兒子當皇帝了。可是事與願違，隔年正月，太子便死了。太子死後一年零八個月，皇帝圖帖睦爾也死了。皇后為了專權，下令由和世㻋的二兒子鄜王懿璘質班即位當皇帝。懿璘質班當時只有七歲，政事全由皇太后做主。不料，小皇帝即位一個月便死了。皇太后主張召回妥懽貼睦爾繼位。

燕帖木兒雖然不同意，但畢竟拗不過皇太后。於是，只得派人去廣西迎接妥懽貼睦爾回京繼位。當妥懽貼睦爾行至良鄉時，燕帖木兒親到良鄉迎候。一見到新皇帝，燕帖木兒便竭力表白因為自己極力主張擁立，新皇帝才能有今天。在進京的路上，燕帖木兒與新皇帝並馬而行，絮絮叨叨向新皇帝講述治國的大道理，還不時地用馬鞭子指指點點，全是一副教訓人的樣子。只有十三歲的妥懽貼睦爾被燕帖木兒的勢頭嚇得一句話也不敢說，只是默默地聽他訓戒。燕帖木兒一個人高談闊論，卻不見新皇帝置可否，他產生了誤解，以為新皇帝成竹在胸，對自己不感興趣。

燕帖木兒從個人的利害出發，回到京城後，遲遲不為新皇帝舉行登極典禮，盡量拖延。他惟恐新皇帝一登極，自己就靠邊站了。尤其使他不安的是，害怕新皇帝追究自己以往的過失及罪責。因為自從他執掌大權以來，一意孤行，肆無忌憚，荒淫奢侈。比如：他舉行一次宴會就要殺掉十三匹馬，他還把泰定帝也孫鐵木兒的皇后娶為夫人，此外還娶了四十多名宗室公主當小老婆，有的成親三天就被他打發回娘家。

燕帖木兒一邊緊緊抓住大權不放，一邊過著淫糜的生活，再加上沉重的心理負擔，所以很快便病入膏肓，終於便血而死。

燕帖木兒死後，新皇帝妥懽貼睦爾才得以即位，後改年號為至元，史稱元順帝。燕帖木兒雖死，但他家的勢力仍然很大，他的女兒伯牙吾被立為皇后，他的弟弟撒敦、兒子唐其勢等人仍然掌握大權，元順帝形同傀儡。

元順帝當然不安於當傀儡。在撒敦死後，元順帝任命右丞相伯顏為秦王，總領禁衛軍。唐其勢雖然繼叔父撒敦以後當上了左丞相，但是位在伯顏之下，而伯顏秉承元順帝意旨，處處限制唐其勢的權力。因此之故，唐其勢十分不滿，經常當眾發怨言：「這天下本來是我們父子打下來的，伯顏算什麼，居然位在我之上！」

伯顏出於穩定大局，建議元順帝免去自己右丞相的職務，由唐其勢出任右丞相。可是元順帝一口否決了。唐其勢對元順帝更加懷恨。於是，他勾結叔叔句容郡王答鄰答里、親王晃火帖木兒等人，密謀搞一場政變，企圖推翻元順帝，擁立晃火帖木兒為皇帝。

在至元元年（一三三五年）六月三十日，唐其勢與弟弟塔剌海在京城東郊部署軍隊，準備攻打皇宮。這個陰謀被郯王徹徹禿得知，便向皇帝揭發了。元順帝一邊命令右丞相伯顏調遣人馬鎮壓叛亂，一邊召句容郡王答鄰答里進宮。答鄰答里心中有鬼，居然違抗詔令，拒不進宮。唐其勢見情勢不妙，立即率兵衝擊皇宮。因為伯顏早有準備，唐其勢的突襲沒能奏效。雙方軍隊一接觸，唐其勢的人馬便被打垮，唐其勢也被活捉。元順帝喝令將唐其勢斬首，他雙手死死扣住殿上的欄杆不放，劊子手來拖他，直到把欄杆拉折，唐其勢才被拖下殿去。塔剌海在兵敗之後，逃進姐姐皇后伯牙吾的寢宮，藏到皇后坐的椅子下面。伯顏帶著兵士在宮中各處搜索叛軍，當搜到皇后宮中時，雖然皇后用衣服遮掩座椅，但是塔剌海還是被搜了出來。伯顏當著皇后的面，下令將塔剌海就地正法。兵士手起刀落，塔剌海人頭落地，頸血濺了皇后滿身。伯顏向皇后吼道：「哪裡有你這樣的皇后，兄弟搞叛亂，你居然還保護他們！來人呀，把她給我拿下！」

如狼似虎的兵士衝了上去，把皇后伯牙吾綁了起來。伯牙吾被押到元順帝面前，她淚眼婆娑向皇帝哀求：「陛下，陛下救救我呀！」

元順帝把袖子一甩，說：「你兄弟造反，我怎麼能救你！」

伯顏一揮手，喝令兵士把伯牙吾押出宮去。

與宮內廝殺的同時，駐在京城北邊的答鄰答里也與伯顏派去的軍隊交鋒了。答鄰答里兵敗逃到晃火帖木兒駐地，晃火帖木兒出戰，結果失敗自殺，答鄰答里被活捉了。

叛亂被鎮壓以後，伯顏把與叛亂有牽連的官吏全部處死，皇后伯牙吾也被毒死。

元順帝雖然坐穩了皇帝的寶座，但王朝卻因連年內亂而一蹶不振了。如果說，元武宗、元仁宗時期的皇位爭奪還侷限在宮廷政變的範圍，而在泰定帝以後的皇帝爭奪則波及到了全國，幾乎變成全國性的內戰。

元朝後期的皇位爭奪、權臣禍國成為危害社會的兩大毒瘤。而二者往往又互為因果，相煽相磨，使政治更黑暗，社會矛盾更激化，終於引發了農民大起義，埋葬了元朝。

元朝的皇位爭奪，當然是統治集團內部矛盾的反映，是圍繞財產與權力再分配問題而發生的，是統治階級本性決定的。但是，還必須指出，元朝皇位爭奪如此頻繁，也是與作為統治民族的蒙古族其帝位繼承制度緊密相關的。元朝開國前後，蒙古族關於帝位繼承一直是無序狀態，既不是立賢，又不是立嫡長子，全然憑著當權在位者的個人意志，沒有固定、行之有效的制度約束，自然就難免混亂了。在分析元朝滅亡的原因時，對此不能不納入視野。

建文帝當了和尚

一代雄主朱元璋靠元末農民大起義的力量，推翻了元帝國，又削平了各路義軍，建立起明王朝。他在位三十一年，勵精圖治，嚴懲貪官汙吏，不准后妃、太監、外戚干政，削奪武將兵權，任用文臣主管軍政。同時，發展社會生產，與民休息，減輕農民負擔。因此，明王朝中央集權制得以空前的鞏固，國力強大也達到史無前例的程度。

但是，朱元璋也有憂心之處。如何保住長治久安的局面，尤其在自己身後怎樣才能實現最高權力的順利交接，不發生爭權的內訌？每思及此，年逾花甲的朱元璋便寢食難安。

就在朱元璋六十五歲那年，一個最大的打擊降臨了。朱元璋的繼承人太子朱標病故。且不說白髮人送黑髮人這不堪負荷的心靈痛苦，更嚴重的是，仍然健在的二十四個皇子，一個個都像烏眼雞似的，緊緊盯著那頂皇冠。在西漢王朝，七個藩王造反，弄得皇帝窮於應付；在晉朝，八個藩王鬧事，搞得天下大亂。而自己身後卻留下二十四個藩王，一旦亂了起來，大明江山豈不要斷送了！朱元璋想到這裡，不由得當著眾大臣的面，竟然老淚橫流起來！

翰林學士劉三吾向朱元璋建言：「皇太子雖然不幸早逝，但是皇太孫英明過人，可以繼承皇位。只要今天陛下公告天下皇太孫在皇帝千秋萬歲後繼承皇位，天下也就太平無事了。請陛下不要憂慮了。」

朱元璋聽罷，感到皇太孫朱允炆年紀小了點，只有十歲，雖說聰明伶俐，但究竟是不是做皇帝的料，現在還看不出來。料，現在還看不出來。而自己的二十四個兒子中，卻有好幾個是雄才大略之人，尤其四兒子朱棣，為人處事很像自己，將來能很好地輔佐皇太孫嗎？如果不立皇太孫而立朱棣，自己的那些兒子們肯定通不過，難免不在自己死後鬧事。冊立皇太孫，也許能求得個平衡，自己的兒子們都死了心，也就不會鬧了。

朱元璋這麼一思忖，當即決定將朱允炆定為自己的繼承人，並向全國宣布。為了保證安定的局面，朱元璋還宣布，諸藩王只能管屬下的兵丁，而不准過問民政，對兒子們的權勢加以限制。

朱元璋在做了這些安排之後，認為自己身後的權力交接問題得以平安解決。一天，他對皇太孫朱允炆說：「我讓你的叔叔們到邊境上去鎮守，邊遠地區的少數民族就不敢鬧事了，可以保你太平無事！」

朱允炆雖說年紀不大，但自從被冊立為皇太孫之後，在親信大臣黃子澄、齊泰等人的輔導下，攻讀經史，研究政事，對國家大事多有自己的看法。當他聽了爺爺這番話以後，立即感到問題遠非像爺爺說的那樣，他早已感到，叔叔們對他並不服氣。於是，他脫口反問爺爺道：「邊疆上的少數民族有叔叔管他們，可保無事；可是，叔叔們如果鬧事，有誰能管呢？」

朱元璋聽了孫子這番話，真是喜憂參半。喜的是孫子很有頭腦，憂的是兒子們一旦「尾大不掉」也確是個棘手的難題。

如何確保太平的局面，不為爭奪皇冠而導致骨肉相殘，朱元璋直到臨死仍不放懷。洪武三十一年（一三九八年），朱元璋在病危時，立下遺囑，告誡臣子們：「皇太孫允炆，仁明孝友，天下歸心，宜登大位，中外文武臣僚同心輔佐，以福吾民。」最後，還特特告誡兒子們：「各自在封地弔喪，不得進京奔喪。諸王領地上的文武官員一律聽朝廷節制，只有諸王的衛兵除外，可以聽諸王指揮。」

朱元璋滿以為這樣一安排，就可以避免兒孫間刀兵相向了。他哪裡想到，他屍骨未寒，他的兒孫們為了爭皇冠就大打出手，人頭紛紛落地，鮮血汩汩成河了。

洪武三十一年（一三九八年）五月，朱元璋病故，皇太孫朱允炆即位當了皇帝、歷史上稱建文帝，又稱明惠帝。當朱元璋下葬時，建文帝依照遺囑指示分封在各地的叔叔們不要進京弔喪。對此，諸王十分不高興，認為這是小皇帝身邊的親信齊泰等人搞的鬼。封於開封的周王朱橚、封於大同的代王朱桂、封於荊州的湘王朱柏、封於青州的齊王朱榑、封於岷州的岷王朱楩和封於北平的燕王朱棣暗中串聯，散布不滿朝廷的言論。

諸王不滿朝廷的消息，很快就傳到了建文帝的耳中，他深感問題嚴重，於是把親信大臣齊泰、黃子澄找來商議對策。齊泰與黃子澄建議皇帝先發制人，把諸王的封地削除，進行懲治。建文帝聽後，命其二人拿出具體措施。由於朝中大臣意見不一致，有的主張對諸王立即下手削奪，有的主張從緩，有的主張不可動兵，有的主張先拿燕王問罪，有的主張先以周王開刀……，所以一時難以決策。

一天，散朝後，建文帝把黃子澄留下來，問他道：「先生你還記得當年東角門的那些話嗎？」

黃子澄答道：「為臣不敢忘。」

所謂當年東角門的那些話，指的是七年前，建文帝剛剛被指定為皇位繼承人時，有一天，朱允炆在宮內東角門找當時任侍讀太常卿的黃子澄談話，問他：「叔王們各擁重兵，仗恃輩分大，對我多有不遜，將來怎麼對付他們呢？」

從那時之後，黃子澄就研究對付藩王們的辦法。如今，建文帝舊話重提，意在督促黃子澄早早拿出個主意來。

黃子澄告別皇帝後，立即去找齊泰商議。齊泰說：「燕王握有重兵，平素又有大志，應當先拿他開刀。」

黃子澄說：「不。燕王早有準備，一下子難以制服他。應該先整掉周王，這如同削掉燕王的手足，搞掉周王再搞燕王就容易了。」

齊泰被黃子澄說服了。於是，削奪藩王的計畫就依照黃子澄的想法展開了。建文帝下令曹國公李景隆率軍隊到河南，以突襲的方式把周王朱橚全家逮送京城。然後，皇帝下令將周王廢為庶人，送往雲南安置。

接著，又以貪殘的罪名懲辦了代王朱桂，把他押送到四川安置；以破壞法紀的罪名廢掉了岷王朱楩；以偽造鈔票、擅自殺人的罪名逮捕湘王朱柏，湘王拒捕，全家自焚身死；以破壞禮法的罪名將齊王朱榑廢為庶人，關進京城監獄；與此同時，還將代王朱桂廢掉，關押在大同。

諸王被廢的消息，震撼了燕王朱棣。他深知，在諸王當中，自己的勢力最強，皇帝是決不會放過自己的，下一個就輪到自己了。於是，在建文元年（一三九九年）七月，打著清君側「靖難」的旗號，悍然起兵反對朝廷。從此，兵連禍結，連續三年的內戰開場了。

燕王朱棣頗有乃父之風，很受父親寵愛，在諸王之中，只有他的宮殿與皇宮一樣。他既有雄才大略又殘忍毒辣。太子朱標一死，他便以當然的皇位繼承人自居了。朱元璋也真有立他為太子的想法。只是因為以翰林劉三吾為首的大臣們力主冊立皇太孫朱允炆，朱棣才沒當上太子。

為此，朱棣一直耿耿於懷，只是懾於父親的權威，才沒敢過分放肆。可是，暗中卻一刻也沒停止過爭奪皇冠的活動。他手下猛將如雲，謀士如雨。有個叫道衍的和尚足智多謀，深得他的信任。道衍曾大言不慚地對朱棣說：「大王你如果重用我，我一定送給你五頂皇冠戴！」

朱棣被他這句話所打動，果然讓他日侍左右，成為言聽計從的「謀主」。道衍還把善於相面的袁珙推薦給朱棣。朱棣派人陪著袁珙到酒館裡飲酒，自己則化裝成衛兵的模樣，帶著九名衛兵也去酒館。朱棣一邁進酒館，袁珙便迎上前來行禮，並說：「王爺怎麼打扮成這個樣子呢？」

朱棣佯作不懂，說：「我們這些人都是王府的衛士啊！」

袁珙見朱棣如此說，便沒有再說什麼。

朱棣回到王府後，立即派人把袁珙召來。袁珙一見朱棣便行三跪九叩的大禮，口中連連說：「王爺殿下將來一定當皇上！」

朱棣擔心這話傳揚出去，要引起人們的猜疑，對自己奪權的計畫不利，於是馬上把臉一板，叱責袁珙信口胡說，罪大惡極，並叫衛士將袁珙押送出境。衛士們把袁珙一直押解到通州碼頭，強令袁珙上船。袁珙連驚帶嚇，渾身顫抖，步履蹣跚，一步一步蹭到艙中，不知自己將要受什麼折磨，看著站在岸邊的衛士們，心裡真是十五個吊桶打水，七上八下。

袁珙正驚異間，小船起錨了。在水上走了一陣，袁珙又被船家帶上了岸，領著他左轉右拐，走啊走啊，天黑時，袁珙猛一抬頭，不由得倒吸一口涼氣，自己被帶回燕王府的後門口了。

袁珙被帶進燕王的小書房，朱棣滿臉帶笑地站起身迎接他……，從此，袁珙也成了朱棣的親信。此後，朱棣以追捕逃兵為名，派心腹衛士到四面八方去祕密搜羅奇人異士，以壯大自己的班底，為奪皇位積極進行準備。

儘管朱棣的活動很詭祕，但也難免不走漏風聲。洪武三十一年（一三九八年）十一月，建文帝登極半年，河北、山東就有人向朝廷告密，說燕王圖謀不軌，齊王也蠢蠢欲動。建文帝聞報後，立即徵求黃子澄的意見，問他先對付燕王還是先對付齊王？

黃子澄答道：「長時間以來，燕王對外說自己患病了。可是，每天都抓緊練兵，而且還廣招奇人異士。現在，事情已暴露了，應該趁早對他下手，萬萬遲不得了！」

建文帝又找來齊泰，問：「現在，我打算對燕王採取行動，但是燕王善於用兵，北方的軍隊又以強悍著稱，有什麼辦法？」

齊泰答道：「目前，北部邊疆恰巧不太平，可以加強邊防為名，派軍隊駐守開平，同時命令燕王的軍隊全部開出塞外，先剪除他的羽翼，然後方可對他下手。」

建文帝採納了齊泰的建議，任命工部侍郎張昺為北平左布政使，任命謝貴為都指揮使，以便監視燕王。同時，加封魏國公徐輝祖為太子太傅，與李景隆一起統帥全國軍隊，以便用武力解決燕王。

從建文元年（一三九九年）開始，朝廷與燕王的關係日趨緊張了。新春伊始，燕王派其長史（總管王府事務的官吏）葛誠進京面見皇帝。建文帝單獨召見葛誠，並詢問燕王有什麼不滿朝廷的言行。葛誠據實把燕王準備反叛朝廷的種種不法行為全部報告了皇帝。建文帝聽後，對葛誠大加贊揚，並命他回燕王府以後，祕密監視燕王的一舉一動，隨時向朝廷報告。葛誠離京返回燕王府之後，燕王向他詳細詢問京中情況，葛誠心虛，應答時難免神態緊張，因此引起了燕王的疑心。此後，一些機密之事就不讓他參與了。建文帝埋伏在燕王身邊的這個「情報員」沒能發揮作用。

燕王為了試探皇帝的態度，於二月份親自進京朝見。他上朝時，大搖大擺地走在專供皇帝行走的「御道」上，登上金鑾殿的台階也不跪拜。當時，監察御史曾鳳韶彈劾燕王無禮，對皇帝不敬。建文帝卻故作大度地說：「燕王是我的親叔叔，不要追究了。」

退朝之後，戶部侍郎卓敬單獨晉見皇帝，向皇帝建議把燕王從北平遷往南昌，以防燕王憑借北平的地勢、物力、人力，肆無忌憚地一意孤行，將燕王安置在南昌就可以控制住他了。可是建文帝卻沒採納。

建文帝雖然對燕王沒有下手，但並沒有放鬆對燕王的監視。從三月份燕王離京返回北平後，朝廷接連派出大臣以分巡天下為名，實則是偵察燕王的行動。同時，還查辦了接受燕王重金的北平按察使陳瑛。派都督宋忠率領精兵三萬屯駐開平，並明令燕王屬下的軍隊也要聽宋忠指揮，名為加強邊疆防衛，實則是威懾燕王。派都督耿瓛、徐凱分別在山海關和臨清練兵，加強對燕王的監視。

建文帝的這番部署，使燕王深深感到危險在逼近。他為了爭取時間，採取了以退為進的策略，佯裝患了重病，不能視事，以此麻痺朝廷。為了緩解壓力，在四月份，燕王派自己的長子率領另外兩個兒子進京給明太祖朱元璋燒週年。

燕王的三個兒子到南京後，齊泰立即建議皇帝將此三人扣下，作為人質以挾制燕王。對此，黃子澄卻極力反對，主張將燕王的三個兒子如期送回，以免引起燕王的疑慮，打亂朝廷的部署。建文帝採納了黃子澄的意見，把燕王的三個兒子如期打發回去了。三個兒子一回到北平，燕王喜出望外地說：「我們父子今日能得團聚，實在是上天保佑啊！對當初派你們進京，我還真有些後悔不迭呢！」

朝廷與燕王互相試探，互相防範的態勢，到了六月份便急轉直下了。事情的起因是燕山護衛百戶倪諒給朝廷打報告，告發燕王的下屬軍官于諒、周鐸等違法。于諒、周鐸被捕押解進京，很快被處以極刑，皇帝還下詔斥責燕王。

這一事件發生後，燕王府對外宣稱燕王患了精神病。燕王一犯病便披頭散髮，破衣爛衫地在北平街頭巷尾大呼小叫，還不時地衝進酒館飯店裡搶東西吃，嘴裡嘟嘟囔囔不停地說瘋話，還經常躺在道旁路邊，成宿隔夜地不起來，蓬頭垢面，滿身汙穢，人們看了無不掩鼻而過。「燕王瘋了！」北平的上下人等無不異口同聲地傳布。

朝廷派來監視燕王的北平左布政使張昺與都指揮使謝貴，以探視燕王病情為由到王府觀察動靜。只見燕王不顧盛夏炎熱，圍著火爐取暖，渾身還直打冷顫，口裡還不住聲地說：「太冷了，太冷了！」

燕王見張昺、謝貴進來，勉強站了起來迎接，離開手杖就不能邁步。雖然沒犯瘋病，可是滿臉病容，憔悴不堪。

張昺、謝貴拜辭燕王之後，連夜修書向朝廷報告，燕王病勢危重。

報告剛送出，燕王長史葛誠祕密來見張昺、謝貴，說：「燕王根本沒有病，二位大人可千萬馬虎不得。」

張昺、謝貴不敢怠慢，立刻又把這一「情報」上報朝廷。

建文帝接連接到兩個內容完全相反的報告，心中半信半疑，委決不下。恰巧此時燕王派下屬的軍官鄧庸進京匯報，齊泰建議皇帝把鄧庸抓起來進行突審。結果，鄧庸招供說燕王裝病，暗中布置兵馬，近期即將舉兵反叛朝廷。

建文帝聞訊後，立即採取對策。齊泰下令派使臣去北平逮捕燕王的屬下官吏，並密令張昺、謝貴指揮逮捕燕王，指令他二人與葛誠等人保持密切聯繫。同時，還命令北平都指揮張信具體負責逮捕燕王事宜。

張信在接到命令後，很憂愁。他的母親問他因為什麼愁眉不展，整天不說一句話。張信把命他逮捕燕王的事情告訴了母親。張母大驚失色地對兒子說：「不可！我早就聽人們傳說燕王當坐天下，福大命大，你怎麼能抓住他？」

張信聽了母親的這番話，更加躊躇了。不久，朝廷派人督促他立即採取行動。張信很不高興地對來使說：「為什麼這樣急呢？」

等使臣離去，張信就去拜見燕王。可是，被擋了駕。張信回家換了一輛婦女坐的小車，一直把車趕到燕王府門，堅決要求面見燕王，並說有十萬火急的事情稟報。燕王這次接見了他。見面時，燕王仍然裝瘋賣傻，左右侍候的人說燕王中風了，不能說話。張信一頭跪在床下，說道，「王爺，請不要如此。有什麼難事，可以直截了當地告訴我！」

燕王瞅了他一眼，停了許久，才說了一句話：「我是真有病，不是假的啊！」

張信仍跪在地上，誠懇地說：「王爺不和我講真情實話。現在，皇帝下令小臣逮捕王爺，王爺聽命受綁吧！如果有什麼想法，可別瞞著我呀！」

燕王見張信語出至誠，急忙從床上跳下來，給張信叩頭，說：「您先生使我全家得以保全。」說罷，叫人把道衍和尚請來議事。

不久，道衍和尚就來了。與張信見過禮，三個人重新坐好。這時，突然來了一陣暴風雨，房檐上的瓦片掉到地上，摔個粉碎。燕王見此，滿臉不高興。道衍和尚站起身，向燕王道喜。燕王一聽就火了，破口大罵。「你這個混帳和尚，哪裡來的喜！」

道衍不疾不徐地說：「大王難道沒聽過『飛龍在天，從以風雨』這話嗎？瓦片掉下來，這是上天要給王爺換上金鑾殿啊！」

燕王一聽，轉怒為喜。這時，北平布政使衙門的小吏奈亨及北平按察使衙門的小吏李友直一起來見燕王，把朝廷下達逮捕燕王的命令抄件呈上。燕王當即將此二人留在王府中，並命令護衛張玉、朱能等人集合八百名衛士到王府守衛。

這時，張昺、謝貴開始行動了。派兵士把燕王府團團圍住，並用木柵將府門封住。然後，用箭把要逮捕的燕王屬下官員名單，射進了王府裡面，命令燕王立即把這些官員交出來。燕王與衛隊指揮張玉、朱能合計：「他們的人數多，兵丁布滿了全城。我們的兵很少，該如何是好？」

朱能說：「只要把張昺、謝貴殺了，其餘的人無頭頭，自然就散了。」

燕王說：「對，要智取。現在，這兩個奸臣提出名單抓人，咱將計就計，按照名單，把那些先抓起來，然後叫張昺、謝貴來取人，只要他倆一進大門，有個小卒就能把他倆抓住了！」

計議妥當之後，燕王便公開宣布自己的病好了，升殿接受眾官員祝賀。在身邊及大門兩側埋伏衛士，然後派人召張昺、謝貴進王府。張昺、謝貴沒有應召前來。燕王立刻派人拿著張昺、謝貴要逮捕的名單去通知二人進府提犯人。張昺、謝貴帶了許多衛士直奔王府而來。到大門之前，王府的門衛不准張昺、謝貴的衛隊進門，只准張、謝二人入內。

張昺、謝貴進府後，直奔堂上，只見燕王拄根拐杖坐在上首，正在與眾官員喝酒。一見張、謝二人，便請他倆入席。過了一會兒，侍者端上幾盤瓜，燕王指著瓜對大家說：「剛剛有人進獻新瓜，來，咱們一起嘗嘗。」

邊說邊拿起一塊瓜放進嘴裡，眾官員也紛紛拿瓜吃。突然，燕王把瓜摔到地上，高聲喝道：「如今平民百姓一家人還知道互相照顧，我身為皇叔，卻早晚連命都難保。皇帝如此對待我，還有什麼事情幹不出來的！」

衛士們一見燕王把瓜扔到地上，立即衝了上來，如老鷹抓小雞一般，把張昺、謝貴、葛誠等人抓住，押到堂下。燕王將手中拐杖一扔，挺身而起，對著張昺等人怒沖沖地說：「我哪裡有什麼病，全是被你們這些奸臣逼的！」

於是喝令將張昺等人拉下去砍了。被攔在大門外的張昺、謝貴的衛隊，等了許久也不見二人出來，就各自回去了。

很快，張昺、謝貴被害的消息傳了出來。包圍王府的軍隊聽後，也散了。北平都指揮彭二得知消息後，急忙上馬在街上來回急馳，集合散兵游勇。當下，收攏了千餘名士兵，彭二想率軍衝進王府。燕王派衛隊迎擊彭二，並將彭二殺死，彭二的部隊隨之潰散。

接著，燕王命令張玉等人率軍隊乘夜攻打北平九座城門，在黎明時分，攻占了八座城門，只剩下西直門尚未占領。燕王派指揮唐雲單人匹馬去到西直門，向守城士兵說：「你們不要自找苦吃了！如今皇上有旨，命王爺統領一方，你們要服從命令，快點下城去吧！誰不走可當心腦袋！」

守城兵士一聽，當時就散了。

就這樣，北平城落入了燕王手中。經過三天的安定，城中恢復了秩序。殘存的官兵在指揮官的率領下，退守居庸關和薊州。駐守開平的宋忠率領三萬人馬退保懷來。

七月份，燕王舉行誓師大會，宣稱進京清君側，誅除齊泰、黃子澄等奸臣。同時，廢除建文帝的年號，稱洪武三十二年。燕王還援引《祖訓》，說自己是太祖親子，有責任清除朝中的奸臣，自己仿效周公輔成王的故事，全然是為明朝的天下著想。緊接著，又給建文帝上奏章，為被廢諸王鳴不平，還倒打一耙，說張昺、謝貴等人迫害自己。

建文帝接到燕王這道奏章以後，立即下令削去燕王的屬籍，並組織部隊征剿燕王。燕王誓師之後，很快占領通州、薊州、遵化、密雲等地。接著又攻打懷來。宋忠在懷來積極備戰，他對眾將士說謊道：「你們的家屬在北平，全都被燕王的軍隊殺光了。北平城裡屍骨如山，血流成河。」

宋忠之所以如此，意在激怒眾將士與燕王拼命。燕王探聽到宋忠以謊言激怒軍隊的消息後，立即採取對策，把宋忠部下在北平的家屬都集中起來，命令這些人舉著旗幟走在自己部隊前頭。當兩軍相接時，宋忠的部下立刻認出了自己的親人，雙方遙相問候，宋忠的謊話被揭穿了，眾將士很不高興地互相說道：「宋都督不該欺騙咱們！」

不少人扔下武器就跑了。宋忠的殘餘部隊匆匆忙忙列成陣式，倉皇迎戰，結果大敗，燕王軍隊乘勢攻進城內。宋忠躲進廁所裡，終被搜出，不屈而死。懷來失守後，開平、龍門、上谷、雲中、永平等地望風而降，燕王勢力急劇膨脹。

對此，建文帝卻沒有予以足夠的重視。他整天與親信大臣方孝孺等研究改良社會的問題，認為北方的軍情不重要，燕王成不了大氣候。黃子澄認為北方的兵力強盛，如不及早制服，河北恐怕就難保了。最後，朝廷派長興侯耿炳文掛帥，李堅為左副將軍、寧忠為右副將軍，領兵北伐。接著，又派出十路大軍繼後並進，號稱百萬，限期直搗北平；又命令山東、河南、山西供應軍餉。眾將出發之日，建文帝召見他們，訓示道：「你們與燕王對陣，可不能給我留下個殺死叔父的罪名！」

話語雖然不長，但分量極重，大大限制了眾將的手腳。在未交鋒之前，朝廷軍隊的瞻前顧後與燕王軍隊的肆無忌憚相比，自然便落了下風。

八月上旬，朝廷的軍隊在真定、河間、莫州、雄縣等地布好了陣勢。燕王對各路軍情進行了分析，決定先攻打莫州、雄縣之敵。中秋節夜裡，燕王指揮部隊渡過白溝河，對眾將士進行戰前動員：「今天是中秋節，敵軍沒有防備，飲酒作樂，我軍定能一戰而勝！」

半夜時，燕王的軍隊到達雄縣。攻城部隊爬上了城牆，守軍尚不知道。經過一場巷戰，守軍九千人被全殲。

攻占雄縣後，燕王嚴密封鎖消息，連夜派出一千人馬渡過月樣橋，埋伏在水中，只等號炮響起便衝出來殺敵。然後，又派出幾名哨兵躲在前方的大道旁，監視莫州方向的敵人，一旦發現莫州的敵人進入埋伏圈，立即燃放號炮。

駐莫州的主將叫潘忠，他只知道燕王要攻打雄縣，根本不知道雄縣已被燕王占領，在八月十六日那天，潘忠率領部隊前來支援雄縣，結果中了埋伏，潘忠被燕王活捉，他的部下多數掉進河裡被水淹死。

燕王消滅了潘忠的部隊之後，立即直撲真定。真定守將是北伐部隊的統帥耿炳文，他把先頭部隊十三萬分為兩部分，分別駐紮在滹沱河南北岸，等後續部隊到齊後，便發起攻擊，萬萬沒料到燕王行動如此迅速，兩天內便消滅了朝廷兩支軍隊。燕王軍隊直撲真定的情況，耿炳文也渾然不知。

當燕王快接近真定時，耿炳文的部將張保跑來投降，並將耿炳文的部署全告訴了燕王：「耿炳文的三十萬軍隊現在只到達十三萬，分兩部駐紮在滹沱河南北兩岸。」

燕王厚賞了張保，並派他潛回真定作內應，叫他回去對耿炳文說，自己戰敗被俘，乘看守不備，偷匹馬跑了回來；還叫他回去後大肆渲染雄縣、莫州兵敗的情景，散布燕王的軍隊銳不可當，早晚就要攻占真定，以此擾亂軍心。

張保去後，燕王料定耿炳文一定調整部署，把河南的部隊調往河北，全力準備迎擊來敵。為了證實這一判斷，燕王親率三名騎兵到真定東門去瞭解情況。恰巧碰上了敵軍的運糧車隊，燕王與三名親兵抓了兩名俘虜，回到營地審訊，果然證實了燕王的判斷。

之後，燕王部署軍隊分兩路襲擊耿炳文。自己率小部隊攻打真定西南部，大部隊從正面攻擊真定。當耿炳文出城迎擊燕王大部隊的時候，燕王在真定西南連續攻破兩營守軍，形成了前後夾擊之勢。結果，耿炳文大敗逃往滹沱河東邊去了。燕王指揮大軍緊迫不捨，耿炳文連戰連敗，最後衝進真定城堅守。而他的部將李堅、寧忠、顧成、劉燧等全被燕王俘虜。燕王攻打真定三天，沒有得手，便退回北平了。朝廷與燕王第一次武裝衝突，以朝廷軍隊敗績而結束。

北伐軍隊吃了敗仗的消息傳到京城後，建文帝很生氣，他對大臣們說：「耿炳文是個老將，怎麼也吃了敗仗！下一步該怎麼辦？」

黃子澄說：「勝敗乃兵家常事，陛下不必憂慮。下一步召集天下兵馬，起碼可得五十萬，將北平包圍起來，四面攻打，燕王還愁捉不住嗎？」

建文帝問：「你說誰可出任統帥？」

黃子澄說：「李景隆可出任統帥。如果此番出兵命景隆統帥，燕王早就敗了。」

當下，建文帝下令以李景隆替代耿炳文，並賜給李景隆通天犀帶、斧鉞，准他可以先斬後奏。李景隆出發那天，建文帝還親自送到長江邊上，設宴餞行。

李景隆是建文帝的姑表兄，他的祖母是朱元璋的姐姐。在處治周王朱橚時，是他去開封辦理的，很得建文帝的信用。但是，他不懂軍事，出身貴族之家，目中無人，妄自尊大。因此部將不擁護他，甚至陽奉陰違。

當李景隆率領五十萬大軍來攻北平時，燕王笑著對部屬們說：「李九江（李景隆小名）是個花花公子，容易對付！」

說罷，燕王吩付兒子堅守北平，自已親率大軍直奔大寧而去。李景隆指揮部隊進攻北平，都督瞿能攻打張掖門，眼看就要攻下來了。李景隆怕瞿能搶了頭功，竟下令停止戰鬥。

燕王率部隊很快攻下了大寧，然後便回軍攻擊李景隆。李景隆屢戰屢敗，最後逃往德州，部下潰不成軍。

李景隆戰敗的消息被黃子澄封鎖起來，不讓建文帝知道。當建文帝問及北方戰況時，黃子澄卻說：「聽說李景隆打了幾仗都獲勝了。如今天寒地凍，兵士禁受不住，他暫時把部隊撤回德州，只等明年春天再進兵。」

同時，黃子澄還派人通知李景隆不要把戰敗的事報告皇帝。

建文帝被蒙在鼓裡，在十二月居然下旨意封李景隆為太子太師，並賜給許多金銀珠寶，以示嘉獎。

建文二年（一四〇〇年），朝廷與燕王的軍事衝突進入了第二年。春天，燕王占領了蔚州。緊接著便圍攻大同，目的在引誘李景隆來解圍，以便消耗其實力。李景隆果然出紫荊關來解大同之圍，燕王卻由居庸關返回了北平。李景隆想與燕王決戰，卻撲了個空。李景隆的士卒都是南方人，禁受不住北方的寒冷，途中凍餓而死者甚多，光凍掉手指的就占全體的十分之二、三，裝備、給養損失就更多了。這次解圍，使李景隆吃了個大虧。

李景隆返回德州後，急調各路兵馬齊集德州，共六十萬，號稱百萬，決定在四月份向燕王發起總攻。李景隆的各路兵馬在白溝河排好陣勢，燕王率軍進駐固安，雙方劍拔弩張。己未日前鋒開戰，開始時李景隆部隊獲勝，燕王的軍隊後撤。第二天，燕王親率大軍捲土重來，雙方惡戰，燕王衝鋒陷陣，一馬當先，坐騎被箭連連射中，先後換了三匹戰馬。戰鬥中突然旋風大作，燕王當機立斷命令士卒用火攻。李景隆部隊於是大敗，掉進河裡淹死的，被殺死的達十餘萬之眾，橫屍百餘里。李景隆單人匹馬逃回德州。燕王對俘虜不僅不難為他們，反而進行慰勞，並把所有的俘虜全部釋放。這樣一來，對瓦解朝廷的北伐軍發揮了十分巨大的作用。

三天後，燕王進逼德州。攻打了九天，李景隆就棄城逃往濟南去了。燕王乘勝追擊，很快又將濟南包圍。李景隆手下尚有十萬兵士，倉猝出戰，又受重創，李景隆一個人落荒而逃。濟南在山東參政鐵鉉的守衛下，燕王沒有得手，最後只得撤兵返回北平。朝廷軍隊在鐵鉉及左都督盛庸的指揮下，收復了德州。建文帝封鐵鉉為兵部尚書，封盛庸為歷城侯、大將軍，代替李景隆指揮北伐部隊。李景隆逃回南京後，朝臣以其兵敗誤國，要求處以極刑。由於建文帝的袒護，李景隆未受任何處分。

從九月份到十二月份，朝廷的北伐軍在盛庸指揮下，與燕王的軍隊打了幾次硬仗，雙方各有勝負。尤其在年底的東昌之戰中，燕王陷入重圍，部下死傷數萬。如果不是建文帝有言在先，不准將士殺害燕王，燕王早就死於刀槍之下了。燕王也知道建文帝明令將士不准傷害自己，所以他有恃無恐，衝鋒在前，撤退在後，因與他交鋒的將士不敢下死手，往往被他擊傷或殺死。

東昌戰役後，燕王退回北平，休整部隊。建文帝接到捷報後，大賞功臣。戰事暫時又告平息。

建文三年（一四〇一年）二月，燕王誓師南下。他以東昌之敗及白溝河之勝為例，總結經驗教訓，告誡全軍：「東昌之戰，剛和敵人接觸就退下來，所以前功盡棄；白溝河之戰正相反，敵人先撤退，所以我軍大獲全勝。可見，在戰鬥中，怕死的先死，不怕死的卻不死。從今天始，你們個個都要不怕死，不要輕敵，戰鬥時不要後退，有敢違令者，殺無赦！」

燕王率領大軍進駐保定。朝廷的二十萬兵馬在盛庸的號令下齊聚德州，另一支部隊在吳杰、平安的指揮下在真定集中，兩支部隊形成犄角之勢，正好將燕王的軍隊夾在中間。

三月初，燕王率軍東上，進至滹沱河，由陳家渡過河與駐守單家橋的朝廷士兵相距四十里紮營。不久，在夾河地方，與盛庸的大部隊遭遇。經過一整天的惡戰，雙方均有較大損傷。第二天黎明，燕王發現自己陷入了重圍，身邊眾將很緊張，主張立即突圍。燕王毫不恐慌，告訴眾將等太陽升高些再行動。紅日當空之時，燕王下令吹響號角，排列整齊，自己一馬當先，率領衛隊從容不迫地穿過敵營，向包圍圈外走去。朝廷的將士們眼睜睜看著燕王穿營而去，連一支箭也沒敢發。

燕王返回兵營後，對眾將說：「昨天我軍發動進攻的時間早了，所以沒能成功。今天，你們眾人擺好陣勢，我率領小部隊瞭望敵群，一旦發現敵人的薄弱環節，你們再隨我進擊，那時一定要奮勇爭先，兩軍相對，勇者勝！這是古代劉秀大破王尋的戰術。」

按照燕王的部署，經過一場血戰，盛庸的部隊果然被擊得潰不成軍。燕王指揮軍隊一直追到滹沱河邊。盛庸的士兵踐踏而死及溺水而死者不計其數，盛庸狼狽逃回德州。燕王收兵回營時，一身血污，滿面塵土，就連手下的大將都認不出他了。只在燕王開口說話後，眾將聽聲音，才知道這是燕王！

當盛庸與燕王接戰後，駐防真定的吳杰等人率軍出動，企圖與盛庸合兵一處。吳杰離開真定不到八十里，聽到盛庸戰敗的消息，急忙退回真定。燕王對眾將說：「吳杰如果堅守城池，乃是上策；如果不與我軍接觸，避而不戰，乃是中策；如果前來挑戰，則是下策了。我料他一定選擇下策，我軍可一戰將他消滅。」

為使吳杰前來挑戰，燕王巧施計謀，命令士卒四處征糧，但不准離開營地太遠，又命令貼身衛士化妝成難民，挑著擔子，背著孩子混進真定城裡，散布燕王軍隊四處征糧，軍營空虛的消息。吳杰聽到報告後，就決定偷襲燕王，親率部隊進至滹沱河邊，距燕王營地七十里紮營，只等第二天發起突襲。

燕王聞訊後，十分高興，在傍晚時候命令部隊渡河。眾將主張明天一早渡河，燕王說：「機不可失。一旦吳杰退回真定，城堅糧足，攻打可就難了。」

說罷，燕王一馬當先率軍過河。河水深而急，燕王就令騎兵從上游涉水，排成數列，用馬身阻擋水勢，下游河水流量立即減少，步兵和輜重車乘機渡過河去。大軍過河後，沿河急行二十里，在藁城與吳杰的部隊遭遇。燕王擔心吳杰逃跑，親率數十名騎兵逼近敵營露宿，以便隨時觀察動向。

第二天，吳杰偷襲不成，便指揮部隊在西南方列成方陣，等候燕王進擊。燕王對眾將說：「吳杰列成方陣，四面受敵。我派一旅精兵猛攻一角，一角被攻破，其他三方必然不攻自潰了。」

於是燕王命令部隊在三個方向拖住敵人，自己率領一支精銳部隊猛攻吳杰軍隊的東北角。兩軍衝殺，飛矢如雨，燕王的大旗扎滿了飛箭，猶如刺蝟一般。雙方激戰，只殺得白日無光。最後吳杰不支，敗逃回真定。這一戰，燕王的部隊殺死敵軍六萬多，俘虜不計其數。燕王把俘虜全部放回，派人把自己那面像刺蝟般的大旗送回北平，交給大兒子，並囑咐道：「好好保管這面戰旗，讓後人們永志不忘！」

藁城戰鬥結束後，燕王指揮部隊向順德、廣平等地進攻，接二連三占領許多地方，整個河北郡幾乎全為燕王所占了。

建文帝眼看官軍屢戰屢敗，燕王的勢力一天比一天強大，為爭取時間，變被動為主動，他開始了「和平」攻勢，對外宣稱把齊泰、黃子澄革職抄家，趕出京城，實際上是派二人祕密到京城以外的地方組建部隊，以備迎敵。

燕王聞訊後，立即來了個針鋒相對，以臣燕王朱棣的名義給建文帝上了一道奏章，大意是：奸臣齊泰、黃子澄迫害諸藩王，還想把我置於死地，因此不得已起兵自衛。朝廷大軍屢戰屢敗，我非但不敢高興，而且還心中悲傷。不久前聽說奸臣齊泰和黃子澄受到了應得的懲罰，我及全家人歡喜非常，猶如重新獲得生命一般。而我的部下將士們卻說，懲處奸臣恐怕不是真的，不過是引我們上鉤的辦法而已。若不然，為什麼吳杰、盛庸等人仍在統領軍隊，卻不見被召回京城呢？如今照樣是大軍壓境，看來雖說是把奸臣廢黜了，但是奸臣們所擬訂的計畫卻照舊執行。對此種議論，我也覺得有一定的道理，所以我不敢立即解散部隊。請陛下決斷，不要再被奸臣蒙蔽了。

建文帝接到這份奏章後，就和親信大臣方孝孺等研究對策。方孝孺等分析形勢，說：「如今燕王的軍隊屯駐大名府，正值多雨的夏季，時間一久，燕王的軍隊不戰自亂。現在當務之急是急令遼東的眾將率軍入山海關，攻打永平，同時令真定的眾將渡過蘆溝橋，直撲北平。燕王為了保住老巢，必定撤兵救北平。那時，朝廷的大部隊從後面掩襲，燕王肯定被活捉。現在可以給燕王回個信，用好言安撫，乘機調動各路大軍，以求一戰成功！」

建文帝聽後很高興，立即依計行事。命方孝孺起草詔書，宣布赦免燕王及部下眾人的罪過，命他們回歸原駐地，燕王恢復爵位，既往不咎。同時，派大理少卿薛岩捧著這道詔書前往燕王兵營宣讀。

燕王接到這份詔書後，特別生氣，問薛岩道：「你出發時，皇帝有什麼話說？」

薛岩從容答道：「陛下說如果早晨王爺您罷兵，前往南京孝陵（朱元璋的陵墓所在地）拜謁，傍晚皇帝就撤兵。」

燕王冷笑一聲，說：「這不是哄騙三歲小孩子嘛！」邊說還邊用手指著衛士們高聲說道：「這裡可都是大丈夫！」

眾將七嘴八舌地亂叫：「殺死薛岩！」「殺了他！」

燕王盯了一眼渾身打顫的薛岩，對眾將擺擺手說：「奸臣不過那麼幾個，薛岩是天子派來的使臣，你們不許胡說！」

然後，燕王便帶著面如土色，驚魂未定的薛岩去觀看部隊操練。數日後，才把薛岩打發走。臨行時，燕王對薛岩說：「你回去替我這個老臣對皇上說聲謝謝。我和皇上是至親骨肉，我的父親是皇上的爺爺，皇上的父親是我的親哥哥。我當上了藩王，富貴已極，還有什麼奢望呢！皇上本來很喜歡我，只是被奸臣蒙蔽了，才到了今天這種地步。我實在是不得已才起兵，只是為了保住性命罷了。如今，幸蒙皇上答應停戰，我和我的全家不勝感激。只是奸臣尚在，朝廷的大軍還沒撤走，我的部下將士心存疑慮，所以不敢立刻解散他們，懇請皇上處死奸臣，撤回大軍，我一定帶兒子去京城，聽候皇上發落！」

薛岩返回南京後，把經過先向方孝孺匯報，方孝孺未置可否。之後，向建文帝匯報，建文帝聽罷，對方孝孺說：「真如薛岩說的那樣，燕王很誠懇，錯在朝廷了。唉，齊泰、黃子澄壞了我的大事！」

方孝孺不以為然，立刻接著說：「薛岩是給燕王當說客啊！」

五月份，燕王派使者請求朝廷撤兵。建文帝想撤軍，並與方孝孺商議。方孝孺力主繼續進兵，反復陳述撤兵之害，斷言朝廷一旦撤兵，燕王肯定兵犯京城，那時就悔之已晚了。最後，建文帝被方孝孺說服，把燕王的使者扣押起來。

至此，雙方又刀兵相向了。

燕王派一支部隊化妝成朝廷的軍隊，偷襲濟寧，把朝廷軍隊儲備的糧草全部燒掉。接著又攻下濟州、沙河、沛縣，朝廷的軍隊居然一無所知。直到河上的數萬艘運糧船全被燒毀，朝廷的軍隊才發覺，可是為時已晚了。駐紮在德州的盛庸部隊斷了糧道，出戰又慘敗，一仗就損失了一萬多士兵。朝廷軍隊慘敗的消息，震驚了京城上下。

七月份，由真定出發襲擊北平的朝廷軍隊也慘遭失敗。至此，戰局急轉直下，德州及真定的朝廷主力部隊處境已十分困難了。

方孝孺為了挽回敗局，設下了一條離間計，企圖讓燕王與兒子們之間鬧內鬨，自相殘殺，朝廷收漁人之利。徵得建文帝同意，方孝孺開始行動了。

方孝孺以建文帝的名義給燕王的大兒子寫了一封信，勸他歸順朝廷，朝廷准他取代燕王。同時，把這個消息透露給燕王的親信太監黃儼。當時，黃儼協助燕王的大兒子守北平，他與燕王的三兒子朱高燧關係密切，早就存心把燕王的大兒子搞掉，以便朱高燧作燕王的繼承人。黃儼得知消息後，立即派人趕往燕王軍營，密報燕王。燕王得報後，立即把隨軍的二兒子朱高煦找來商議。朱高煦殘忍好勇，性格與父親相同，平日與哥哥不睦，心中一直盤算把哥哥整倒，自己取而代之，將來繼承王位。如今，父親問他哥哥能否造反，他喜出望外，立即毫不猶疑地回答：「大哥與皇上的關係一直很密切。」

朱高煦尚未說完，突然被值班的太監進帳稟報給打斷了。值班太監對燕王報告說：「大王子殿下派來使臣在帳外求見，說是有機密稟告。」

燕王立命由北平來的使臣進見。使臣進帳後，跪在地上說：「啟稟王爺，王子殿下命小臣呈送密信，請王爺過目。」

說罷，使臣雙手高舉一封密封的信件。燕王拿過信件，一眼便看出那是建文帝發來的密件，再仔細察看，發現原封未動。燕王拆開封筒，仔細閱讀，原來是皇上策反自己大兒子的密信，大兒子連信封都沒拆，就給自己送來了。燕王衝口而道：「哎呀！好險，我幾乎錯殺了我那好兒子！」

方孝孺的離間計化作了泡影。於是，命令盛庸調動駐大同的兵馬攻占保定附近各縣，威脅北平。燕王得知北平形勢緊急，立即從大名府撤兵馳援保定。八月份，打敗了由大同開來的朝廷軍隊。十月份，又打垮了真定的朝廷守軍。然後，燕王率軍返回北平。同時，又派軍隊打敗了從遼東進山海關的朝廷軍隊。

此時，燕王起兵已是第三個年頭了。活動的範圍僅限於河北。雖說與朝廷軍隊戰鬥時，多次獲勝，但自己的軍隊損失也很大，從總體上看，自己的勢力仍不如朝廷，處於劣勢。針對這種局面，燕王回到北平後，開始籌思改變戰略。

恰巧，建文帝身邊的太監們這時給燕王送來了情報，說南京城內空虛，如果派精銳部隊晝夜兼程偷襲南京，包準一戰成功。原來，建文帝宮中許多太監早就被燕王收買，開戰後，一直替燕王刺探情報，隨時送給燕王。這些太監因為建文帝信任儒臣方孝孺等人，多方限制權貴及太監干政，所以暗中串連，密謀推翻建文帝，擁立燕王。而燕王為了從內部搞垮建文帝，也一直在打宮中太監們的主意，並透過自己身邊的親信太監與皇宮中不滿建文帝的太監們保持聯繫，還答應他們，自己事成之後，一定重賞他們、信賴他們。因此之故，建文帝身邊的多數太監早就成了燕王的內奸。

燕王接到太監們的情報後，當機立斷，不再奪取其他城池，派主力部隊直撲南京。十二月份，燕王率軍離開北平南下。

從建文四年（一四〇二年）春天到夏季，五個多月的時間裡，燕王率軍馳騁在河北、山東、江蘇境內，採用「遊擊」戰術，或圍點打援，或破城不守，專以消滅朝廷軍隊的有生力量為目的。尤其在四月份，消滅了勇將平安統帥的朝廷大軍之後，於五月份又消滅了主帥盛庸的主力部隊，燕王的軍隊已過了淮河即將飲馬長江了。

燕王在攻占盱眙之後，召集眾將開會，研究下一步的攻擊方向。有人主張先攻占風陽，然後直撲滁州、和州，搶渡長江，同時另派一支部隊西占廬州、安慶，控制長江天險；還有人主張先鞏固淮安、揚州根據地，攻取高郵、泰州後，再強渡長江。最後，燕王決定，捨風陽、淮安於不顧，直撲揚州、儀真，然後強渡長江攻打南京。

燕王占領揚州和儀真之後，南京城內亂了營，朝廷大臣紛紛找藉口離開京城，以圖自保，原本空虛的南京更加空虛了。建文帝也如坐針氈，一邊派人四處調兵支援京城，一邊下罪已詔向燕王放出求和信號。就連方孝孺也一改過去的強硬態度，建議皇帝以割地為條件向燕王求和，爭取時間以待援兵。建文帝派燕王的堂姐慶城郡主為代表，去燕王軍中議和。

燕王首先尖銳地指出，朝廷割地求和乃是奸臣們的緩兵之計；接著便裝出十分誠懇的樣子說：「我此番南下，決不是為了爭地盤。皇父封給我的地盤尚且保不住，又怎麼會想到割地呢！此番南下的目的只有一個，清除天子身邊的奸臣，拜謁父皇的陵寢，取消諸王的罪名，然後，自己就返回北平。」

郡主對燕王的這番話沒法表態，只好告辭。燕王在送別時，對郡主說：「請轉告皇上，我與皇上親密無間，我沒有別的意思，只求皇上別再受奸臣的蒙蔽了。另外，請姐姐轉告弟弟妹妹們，我幾乎被整死，全賴祖宗在天之靈的保佑，我才能到這裡，大家見面的日子不遠了！」

建文帝求和沒能實現。六月初一日，燕王在浦口被守衛京城的盛庸打敗。燕王的信心動搖了，想與朝廷議和。這時，朱高煦率領援軍趕到，燕王喜出望外，立即打消了議和的念頭，馬上檢閱部隊，鼓舞士氣。他在閱兵時，用手拍著二兒子的後背說：「好好幹，你大哥體弱多病，你好自為之！」老奸巨猾的燕王，對自己的親兒子也要手腕。朱高煦聽了父親這句話，興奮不已，滿以為自己取代哥哥的日子到了。於是，他拼命與敵人廝殺。

朝廷的軍隊再次受挫，許多朝中大臣為了個人的身家性命，紛紛暗裡明裡與燕王聯繫，表示效忠投靠，有的還替燕王攻打南京獻計獻策，一時間，京城裡掀起了一個投降的高潮。

六月初三日，燕王命令部隊發起渡江總攻。長江之上，旌旗蔽日，萬船競發，鼓聲震天。盛庸率戰船迎戰，被打得大敗，朝廷兵將紛紛倒戈投降燕王，盛庸單人匹馬落荒而逃。鎮江要塞也掛上了白旗，防守長江的水軍全部投降了。

建文帝得知長江防線被突破，官兵全部投降的敗訊，焦急異常，坐立不安。方孝孺主張堅守南京，下令將城外百姓、軍隊全部撤進城裡，將房屋拆掉，把木料堆在城外以禦敵。城外軍民冒著酷暑拆屋運木料，因饑渴而死者不絕於路。老百姓為了逃避運料拆屋之苦，索性放火把自家的房屋燒掉。剎時間，四個城門外變成了一片火海。方孝孺又建議皇帝派諸王分守城門，並派李景隆等三位大臣前去燕王營中議和。結果遭到燕王拒絕。建文帝見大勢已去，想離開京城，有的大臣勸皇帝去浙江。方孝孺堅持守城待援，一旦城破，皇帝可以西去四川。朝中諸大臣各執一詞，莫衷一事，而建文帝也亂了方寸，唯有流淚而已。

六月初十日，燕王大軍逼近南京。有的城門無人把守，有的守城將士開門投降，燕王的軍隊很輕易地進了京城。這時，城中的大臣們爭先恐後地來向燕王報到，建文帝身邊只剩下寥寥可數的幾個人了。幾近瘋狂的建文帝命令把后妃們居住的宮殿門戶鎖上，放火焚燒宮殿，自己帶上三個兒子，化裝逃出皇宮。在皇宮大門，碰上了燕王的軍隊，建文帝扔下兒子們，自己乘亂溜了。

就在這一天，燕王發出通緝令，追捕黃子澄、齊泰、陳迪、方孝孺……等二十九名奸臣。同時，還發出懸賞令，凡文武官員軍民人等，能捉住一名奸臣可升官三級；能捉住一名逃跑的官吏，可升官二級。此令一出，京城內外立即掀起了捉奸臣抓逃官的熱潮，有的人甚至借機報私仇，誣陷仇家是逃亡的官吏。

在大搜捕的威懾下，有一些「奸臣」和逃亡的官吏紛紛前來自首，燕王對這些自首的人免於追咎，官復原職。同時，又增發了第二批通緝的奸臣名單，計五十餘人。

六月十三日，宮殿的廢墟仍冒著縷縷輕煙，投降的眾大臣就請燕王登極了。燕王假惺惺地一再拒絕，眾降臣認真地一再勸進，燕王最後終於「勉強答應」當皇帝，眾降臣自然是照例雀躍歡呼了一陣。

燕王登極後，改年號為永樂，下令凡是被建文帝改變的制度，全部恢復到從前的樣子；凡是被建文帝罷黜的官吏，全部恢復從前的官職；凡是建文帝重用的官吏，全部從重治罪。同時派出不少官吏分赴各地偵察建文帝的下落。

燕王用十分殘酷的手段懲治建文帝的心腹重臣。首當其衝的便是方孝孺。方孝孺被俘後，燕王本想籠絡他，透過他吸引天下的讀書人。不料，方孝孺硬是不降，非但不降，還當面斥責燕王篡權。燕王見軟的不行，便把臉一翻，高聲喝道：「方孝孺你不怕死，難道還不怕夷九族嘛！」

方孝孺大義凜然地說：「別說殺九族，就是殺十族又能把我怎麼樣！」

燕王忍耐到了極限，下令用刀把方孝孺的嘴割開，從兩個嘴角一直割到兩個耳根。然後，又把方孝孺關進大牢．同時下令逮捕方孝孺的家人、親屬、朋友、學生。每抓到一個人，就帶到方孝孺面前，強迫他看，以此來折磨他。凡是能抓到的都抓了來，然後將這些人全部殺死，最後才把方孝孺粉身碎骨。受方孝孺株連而死者竟達八百七十三人之多，倖免一死被流放的則難以計數了。

當年在濟南大敗燕王的鐵鉉也慘遭毒手。燕王下令先把鐵鉉的耳朵、鼻子割下來，然後又把他身上的肉割下一片燒熟，塞進他嘴裡，並問他：「香不香？」

鐵鉉厲聲答道：「忠臣孝子的肉怎能不香！」

燕王聽後更加惱怒，下令將鐵鉉剁成肉泥。鐵鉉破口大罵，直到氣絕。燕王餘怒未息，竟慘無人道地命人將鐵鉉的屍身用油炸。

燕王在馬年登極後，在南京大肆屠戮拒不投降的官吏及其家屬，手段之殘虐，令人慘不忍睹，據不完全統計，近三千人，歷史上稱「壬午殉難」。

建文帝倉皇出逃後，在太平門神樂觀躲了幾天，身邊聚集了二十二個官吏。建文帝為了安全起見，化裝成和尚，身邊只留下三個人，兩個裝扮成和尚，一個裝扮成道士，其他人也都裝扮成平民百姓。建文帝帶著三個人上路，其他人在途中遙相策應，由松陵進入滇南，又西上重慶，又東到天台，轉赴祥符，後來躲到廣西。東躲西藏，浪跡海內，數次被識破真相，險些落網。

開始的時候，建文帝還幻想復辟，可是時間一久，追隨的群臣或死或去，而當上永樂皇帝的燕王，統治日益鞏固，建文帝復辟的幻想也就破滅了。最後，他弄假成真，心甘情願地當起和尚，只求安度餘生而已。

永樂皇帝直到咽氣，也沒有放鬆搜捕建文帝的行動，甚至派人去海外查覓建文帝的行蹤。鄭和下西洋時，便有一項任務是查找建文帝。

建文帝逃亡三十九年以後，一天，與他同住在貴州的一個老和尚偶然發現他寫的兩首詩，詩中有「遙想禁城今夜月，六宮猶望翠華臨」、「款段久忘飛鳳輦，袈裟新換袞龍袍」等句子，於是猜到了他就是逃亡的建文帝。那個老和尚不聲不響地離開了建文帝，到州裡去找知州，說自己是建文帝。知州聽後大吃一驚，立即上報巡撫，同時把假冒建文帝的老和尚及建文帝本人抓起來，等待朝廷的旨意。

不久，明英宗（燕王的曾孫）就下令將兩個和尚解送京城北京。九月份建文帝被押送至京，朝廷命令御史進行審訊。那個假冒建文帝的老和尚稱：「自己九十多歲了，不久就要離開人世，想埋在祖父的墓旁，因此到官府自首。」

御史追問道：「建文帝生於洪武十年，距今天正統五年，是六十四年，你怎麼說你九十多歲了？

可見你是假的！」

老和尚被問得張口結舌，無言以對，在御史的逼問下，最後只得招供，承認自己是假冒的。結果，這個老和尚被判了死刑，建文帝本人則被判充軍邊疆。建文帝為了不讓自己老死邊疆，狠下心來，向御史說明自己的真實身分。負責審案的御史如墜五里霧中，剛剛處治個假建文帝，怎麼又冒出來一個！但是，因為案情重大，當即就向英宗皇帝匯報了。

英宗皇帝聞報後，也深感蹊蹺，難道這個和尚就不怕死？為什麼敢承認自己是建文帝？於是，就派當年曾侍候過建文帝的老太監吳亮前去辨認。

建文帝一見到吳亮，就說：「你不是吳亮嗎？」

吳亮故意說：「我不是吳亮。」

建文帝搖搖手，百感交集地說：「當年，我在宮中時，有一次你侍候我吃飯，那次吃的菜中有一道是燒子鵝，我看你饞涎欲滴的樣子好玩，就故意把一片鵝肉扔到地上叫你吃。當時，你立刻爬到地上，像一隻狗那樣用舌頭舐肉吃，逗得我哈哈大笑。怎麼，今天你居然說你不是吳亮呢？」

吳亮聽到這裡，不由得跪在地上，嚎啕大哭起來。吳亮邊哭邊爬到建文帝腳邊，把建文帝左腳上的僧鞋脫了下來，仔細地端詳腳趾頭。突然，他眼睛一亮，看見了他早就熟悉的腳趾頭上的那個黑痣。吳亮捧著建文帝的腳，老淚橫流，痛哭失聲……

建文帝的身分被確認了。明英宗下令把建文帝接進宮內，安排在西宮居住。宮中上下人等稱呼建文帝為「老佛」。直到建文帝病死，外間的人再也沒見過這位皇帝的面。

燕王朱棣和侄兒建文帝朱允炆這場你死我活的鬥爭，進行了三年，為了爭皇冠，叔侄刀兵相向，真不知有多少人頭落地。那麼，這場鬥爭，是否如朱棣說的那樣，「是我們的家事」呢？當然不是。

這場爭皇冠鬥爭，有著廣大深遠的政治背景。不但是叔侄之鬥，而且還是南北方兩個地主集團的利益之爭。建文帝代表南方地主集團，朱棣代表北方。兩個集團鬥爭的焦點是「改革祖制」還是「恢復祖制」。具體說，建文帝要改變朱元璋壓制江南地主階級知識分子的政策，改變重用武人為重用文人；建文帝要改變朱元璋的嚴刑峻法，推行仁政；建文帝要改變蘇州、松江一帶地方的重賦，實行江浙均賦；建文帝要限制僧道的田產，改變佞佛的風氣。而以朱棣為首的北方地主集團為保護既得利益，全面反對建文帝的新政。而一旦建文帝提出削藩政策，雙方的鬥爭立刻就白熱化，再無調和的餘地了。經過三年的兇殺惡戰，建文帝澈底失敗，南方地主集團及其知識分子雖付出了血的代價，但結果還是失敗了。

燕王朱棣從侄兒手中奪過來皇冠，當了二十二年皇帝，大力扶植北方地主集團，打擊南方地主集團，並把首都從南京遷到北京。朱棣在位期間，大力加強中央集權制，鞏固邊疆，對於維護統一有著積極意義。他還注重興修水利，如永樂九年（一四一一年）疏浚了早已淤塞的會通河，使三百多里的漕運暢通，對發展經濟有促進作用。他還注重發展農業生產，推行屯田制度；發展手工業、商業，繁榮社會經濟。他還派鄭和七次下西洋，加強中外聯繫，為明朝走向世界開闢了道路。他還命文臣編纂《永樂大典》，對保存古代文化遺產作出巨大貢獻，也是文化史上的一樁盛事。

對於朱棣與朱允炆的內鬨，既要指出朱棣殘酷、反動的一面，但也不能據此全盤否定他在歷史上的作用。對於朱允炆力圖推行新政，當然應予肯定，但也不能不指出他的柔懦，政治上的不成熟，不僅葬送了自己，給國家和人民也帶來了災難。

康熙皇帝廢太子

清朝的康熙皇帝是中國封建社會中，屈指可數的明君。他當了六十一年皇帝，有三十五個兒子，連同孫子和曾孫共一百五十餘人。他開創了中國封建社會最後的一個盛世局面。如果按照儒家修身齊家治國平天下的標準來衡量他，可稱得起是一位聖人了。歷史賦予他那麼多的機遇，他也充分地把握住機遇，從這個意義上說，他是個幸運的人。可是，歷史也把一個個難題甩給了他。面對諸多政治、經濟、軍事難題，康熙皇帝都認真對待，甚至可以不動聲色地圓滿解決。但在家庭中，尤其對眾多的兒子們，這位英明的君主有時卻手足無措，甚至當著大臣們的面淚流滿面，痛不欲生。

康熙皇帝的大兒子名叫允禔，生於康熙十一年（一六七二年）。儘管允禔排行老大，又儀表堂堂，才華出眾，但因為他不是皇后生的，是惠妃那拉氏所生，所以沒資格當太子。康熙皇帝的二兒子名叫允礽，比允禔小兩歲，因為是皇后所生，按嫡長子繼承的傳統制度，在他一歲時，就被立為太子。

康熙皇帝特別注重對太子的教育培養。太子懂事後，康熙皇帝就親自給他講授《四書》、《五經》。六歲時，就入學讀書。教師都是康熙親自挑選的有名大儒，如張英、李光地、熊賜履、湯斌等人。太子稍稍長大時，康熙就親自向他傳授治國安邦的大道理，並以祖宗們創業為例，告以「守成當若何，用兵當若何。又教以經史，凡往古成敗，人心向背，事事精詳指示。」為了讓太子開眼界，康熙外出巡視時，還常常把太子帶在身邊。天資聰穎的允礽，在康熙的精心培養下，八歲時就能左右開弓射箭，騎馬飛馳，熟練地背誦《四書》，不僅會滿文，還會漢文。由於滿漢文化的薰陶，太子成長為文武雙全的人才。康熙皇帝對他十分寵愛，在太子二十歲時，康熙就命太子代自己處理朝政，以鍛煉他執政的能力。從太子二十二歲時起，康熙離開京城時，就命太子留守，全權處理國政。太子處理朝政很得體，「舉朝皆稱皇太子之善」。對此，康熙很高興，深感自己後繼有人了。

太子允礽有三十三個弟弟，其中十一個夭折，在存活的二十二個弟弟中，沒有一個是太子的同母弟弟，看來，允礽沒有競爭的對手了。

可是，事實卻遠非如此。

隨著眾皇子年齡的增長，康熙皇帝的宮中也漸漸出現了爭權奪位的矛盾，而且還越演越烈。最後，導致太子被廢，兄弟相殺。

眾皇子為了爭權奪位，紛紛拉幫結夥。在結黨營私的過程中，太子允礽由於地位特殊，自然占據優勢，靠攏在太子周圍的大多是權臣，其首要人物是索額圖。他是太子的舅老爺，太子的母親孝誠仁皇后是他的親侄女。索額圖深得康熙皇帝的信任，官至領侍衛內大臣。皇子允禔也拉攏了一批大臣，其中最有影響的是大學士明珠，他是允禔的舅舅。其他年齡較大的皇子如允禛、允禩等等也都各有一夥親信，為之奔走。

康熙皇帝最初是全力維護太子的，為了震懾眾皇子，他拿允禔的黨羽開刀，於康熙二十七年（一六八八年）將大學士明珠罷官，狠狠打擊了允禔身邊的一夥。當時，只有允禔對太子的威脅大，康熙皇帝此舉，解除了圍繞太子地位而發生的矛盾。太子黨在皇帝的支持下，沒費什麼周折便獲得了決定性的勝利。

太子允礽被這次勝利沖昏了頭腦，索額圖等人利用手中的權力，竭力抬高太子的地位，甚至明文規定太子使用的服飾、儀仗與皇帝相同，眾大臣、親王在元旦、冬至、太子生日時，朝見太子要行二跪六叩頭大禮，僅比朝見皇帝的三跪九叩頭少一跪三叩。太子在眾黨羽的煽惑下，權勢欲膨脹，最後發展到不安於當太子，急於當皇帝了。

太子的言行引起了康熙皇帝的警覺，父子之間，圍繞最高權力的矛盾開始滋生、擴大了。

太子與康熙皇帝的第一次衝突，發生在康熙二十九年（一六九〇年）七月。當時，康熙率軍親征噶爾丹，在烏蘭布通大戰前夕，康熙生了病，想念太子，下令留守京城的太子盡快前來。太子允礽趕到行宮之後，面對患病的父皇毫無焦急、難過的表情，仍與平日一樣。康熙皇帝對此很氣惱，認為太子不忠不孝，當即就把太子打發回京了。此時，在康熙心中，便產生了太子不可重用的念頭。事實證明，二十年後康熙廢太子就是以此為發端的。此後，康熙對太子的不滿與日俱增了。

康熙三十七年（一六九八年）三月，康熙皇帝對成年的皇子們分別加封爵位，長子允禔為多羅直郡王、三子允祉為多羅誠郡王、四子允禛、五子允祺、七子允祐、八子允禩為多羅貝勒。這些晉爵的皇子均參與國政，權勢日增，太子的威脅也就增多了，太子不僅與父皇的矛盾加深，而且與兄弟的矛盾也在激化。太子處於被圍攻的不利境地。

可是，太子允礽仍肆無忌憚，不知收斂。康熙皇帝於康熙四十二年（一七〇三年）五月，將太子黨的首領索額圖以「結黨妄行」的罪名罷官拘禁。康熙四十六年（一七〇七年），允礽跟隨康熙南巡，所經之處向地方官大肆勒索，稍不遂意便恣意凌辱，江寧知府陳鵬年就險些被處死。對此，康熙皇帝認為太子殘暴不仁，之後必然敗壞國家，戕害百姓。此時，康熙皇帝已決心廢掉太子了。

眾皇子發現太子已經失寵，更加肆意攻擊他。有的皇子大造太子的謠言，並透過各種途徑讓康熙皇帝知曉；有的皇子請喇嘛用巫術詛咒太子，企圖讓太子早日喪命；有的皇子多方網羅刺客，竟然想把太子刺死……

太子允礽在內外交困的泥淖中越陷越深，各方面的矛盾越來越尖銳，終於被擠上了絕境。康熙四十七年（一七〇八年）太子允礽被廢黜了。

這一年的夏天，康熙皇帝到塞外巡視，命太子隨行。在外出期間，父子之間平日積累的矛盾終於爆發。太子允礽深感自己處境危險，每逢夜靜更深之時，允礽就來到康熙住的帳篷附近轉遊，時不時地還偷偷靠近帳篷，扒著帳篷的縫隙往裡窺視，觀察康熙的動靜。康熙因身在塞外，所以特別提高警惕，惟恐有人暗殺自己，加意防範。太子允礽這些反常的舉動自然被康熙即時掌握了。康熙認為允礽是要伺機謀殺自己，搶奪皇位。

另外，隨行的十八皇子允祄突患重病，多方治療，病勢卻日益惡化，康熙皇帝心如火焚。可是，太子允礽卻無動於衷，康熙對太子的表現十分氣惱，認為允礽毫無手足之情，便把太子喚來加以訓斥，太子允礽非但拒不認錯，反而出言不遜，怒形於色。太子的這種反應實出康熙意外，康熙不僅氣憤難當，而且憂心忡忡，深感將來後果可怕，自己健在時太子尚且如此，一旦自己百年之後，太子繼位當上皇帝又該怎樣呢？想到這裡，康熙皇帝不寒而慄，不願再想下去了。

康熙正值心煩意亂之時，偏偏又聽說一些隨行的小皇子們凌辱大臣，就連皇帝的貼身侍衛也不放過，甚至對隨行的諸王也不放在眼中，橫加污辱。康熙聽後氣憤異常。一些敵視太子的人又乘機進行中傷，向康熙進讒言，說太子允礽比小皇子們有過之而無不及，小皇子種種不法行為全是跟太子學的。

綜合各方面的情況，康熙皇帝堅定地認為太子允礽實在是不堪造就，如不及早將其廢黜，不用說自己百年之後，國家將要出現危機，就在目前，自己也難免不被暗害。康熙皇帝每思及此，歷史上發生過的一幕幕子弒父、臣弒君的慘景便浮現眼前……。康熙皇帝終於下了決心，在九月四日返京途中於布爾哈蘇台突然召開隨行諸王及副都統以上大臣會議，以迅雷不及掩耳之勢，宣布太子不守祖宗法制，不遵祖宗教訓，一意孤行，殘害官民，無情無義，不仁不孝，荒淫暴戾，結黨營私，前此已圖謀不軌被制止，如今竟敢探聽皇帝起居動作，居心叵測，允礽已不堪太子重任，應予廢黜，加以監禁。同時還把太子的親信格爾芬、阿爾吉善等六人當場處死，將杜默臣等四人充軍盛京。康熙皇帝宣布完廢黜太子的諭旨之後，痛苦得泣不成聲，一頭栽倒地上。

康熙皇帝回到京城後，心情極端不佳，他對眾皇子說：「你們要體諒父皇，不要再惹事生非了！」

可是，事與願違。眾皇子眼見太子位子出現空缺，一個個都紅了眼，恨不得把兄弟們都打倒，巴不得自己一躍而為太子。謀求太子位子最急切的莫過長子允禔了。他滿以為太子允礽一倒，其他弟弟們決不是自己的對手，自己除了不是皇后生的這一點而外，其他條件無不具備，太子是非己莫屬了。康熙皇帝對允禔的野心洞若觀火，他為了避免事端，公開宣稱自己從來就沒有立允禔為太子的想法，而且允禔性情急躁、愚頑，根本不符合太子標準。

康熙皇帝的這番話，澈底粉碎了允禔的太子夢。可是，允禔並不就此止步。他見自己當太子無希望了，就轉而支持八皇子允禩爭當太子。為了澈底排除障礙，允禔竟公然向康熙皇帝建言，如果父皇想殺掉允礽，不必親自下手。言外之意甚明，自己可以充當殺手。同時，還向皇帝報告，京內有個著名的相面人，名叫張明德，他曾經給允禩相過面，說允禩日後必然大貴。康熙皇帝看過允禔的奏章後，異常吃驚，萬萬沒想到允禔竟墮落到這般程度，居然要親手殺死自己的弟弟，而且與允禩勾結一起，不擇手段地爭太子。

對此，康熙皇帝以祭天的形式，在祭文中明言：「臣雖有眾子，遠不及臣」，明確表態不再立太子，以此打消眾皇子爭太子的念頭。同時，又不只一次地訓戒允禔，說他不明君臣大義，不念父子之情。另外，還下令追查張明德給皇子相面的事情。

據三皇子允祉揭發，允禔與一個會巫術的人來往密切。經審訊，查出了允禔曾利用巫術蠱害太子，由於人贓俱獲，允禔只得認罪。結果允禔被革去王爵，幽禁起來。在審訊張明德時，發現他還曾要謀害允礽，而允禩與張明德有牽連，也參與謀害太子活動，結果張明德被凌遲處死，允禩被關押。

經過這番折騰，康熙皇帝認為允礽的悖亂行為是中了邪術的緣故，被廢黜是冤屈了。於是，康熙皇帝在懲治了允禔後，立即召見允礽，並把他從幽禁的地方遷到咸安宮居住、休養。康熙皇帝還對允礽說，以前的事就別提了。同時，把允禩也釋放了。善於猜度皇帝心理的朝臣當即就祕密上奏章，提出應恢復允礽的太子稱號。康熙皇帝接到奏章後，告訴大臣們，不要妄加猜測，不要向允礽獻殷勤，至於立誰為太子，自己心中有定見，朝臣不許干預。

接著，在六天之後，即十一月十四日那天，康熙皇帝下令滿朝文武大臣舉薦太子，除允禔外，其他皇子都在舉薦之列，還明確表示，只要眾意所歸，自己就予以同意。

朝臣們聽到這道諭旨，立即紛紛行動起來，尤其平日與皇子們關係密切的人更是活躍，到處遊說，惟恐自己擁戴的皇子不入選。在眾皇子之中，八皇子允禩的勢力僅次於允禔，他的黨羽廣布朝廷，大學士馬齊、領侍衛內大臣鄂倫岱、理藩院尚書阿靈阿、戶部尚書王鴻緒、工部右侍郎揆敘等都是允禩的心腹。這些人到處活動，有的找上門去明談，有的在朝房中把「八阿哥」三個字寫在手心上偷偷給旁邊的大臣看，一時之間，擁戴八阿哥允禩當太子的呼聲壓倒了一切。

康熙針對這種情況，立即制止眾臣的舉薦活動，再次表態說，立太子事關重大，眾臣還要好好議一議。最後乾脆指明，不宜立允禩，並提出三條理由：第一，允禩沒有從政經驗；第二，曾謀害過太子，近日曾受過懲罰；第三，他的生母出身卑微。

緊接著，在十一月十六日，康熙皇帝宣布釋放允礽，並當面告誡允礽今後要改惡向善，不許打擊報復曾揭發過自己的群臣，要認真讀書，修養德性，要尊重大臣，愛護弟兄。康熙皇帝此舉無異於宣告復立允礽為太子。因此，眾朝臣在次日便紛紛上奏章請復立允礽為太子。可是，出乎眾臣意料，康熙皇帝並沒有立即將這些奏章批復，而是壓了下來。直到第二年的三月，康熙皇帝認為時機已成熟，才下諭旨重新冊立允礽為太子。至此，鬧了半年的廢太子、立太子的大事才告結束。

康熙皇帝在復立允礽為太子後，於康熙四十八年（一七〇九年）三月十日加封諸皇子，允祉、允禛、允祺被晉封為親王，允祐、允䄉晉封為郡王，允禟、允祹、允禵被封為貝子，企圖以此維繫一度破裂的太子與諸皇子的關係，進而促進朝廷的安定。

可是，事情的發展並未如此遂人心願，康熙皇帝的願望再一次落空。皇帝與太子、太子與眾皇子圍繞國家最高權力的爭奪仍在或明或暗，時張時弛地進行著，終於又來了一次大爆發。太子允礽再次被廢黜，康熙皇帝又遭受空前一次情感打擊，終至大病纏身，眾皇子之間的矛盾日益激化，延續到康熙死後，直弄到骨肉相殘殺的地步。

隨著太子的復出，太子黨也重新集攏起來。而各皇子拉幫結夥，培植個人黨羽的活動也在緊湊地進行。政治輪盤越轉越快了。這種黨羽林立的局面與康熙皇帝所推行的「國家惟有一主」的統一格局，形成尖銳對立。太子允礽已三十五歲了，可是康熙皇帝才五十六歲，在可望及的將來，太子仍無望繼位當皇帝。太子允礽更時刻擔心再出變故，恨不得立刻登極方遂心願。因此之故，太子常發怨言：「古今天下，豈有四十年太子乎？」

對此，康熙皇帝當然不能等閑視之，在皇權面前，雖父子矛盾也是不可調和的。康熙皇帝為了扼制太子搶班奪權，首先把矛頭對準了太子黨。康熙五十年（一七一一年）十月二十七日，康熙皇帝在暢春園召見諸王及文武百官，質問眾臣為何不顧皇恩而趨附太子，結黨營私。當場把懷疑屬於太子黨的都統鄂善、兵部尚書耿額、刑部尚書齊世武、副都統悟禮、步軍統領托合齊逮捕，交由衙門審訊。被捕的眾官矢口否認結黨，而康熙皇帝也拿不出充分的證據來，案子拖了半年，最後，以貪汙的罪名把上述諸人革職，幾名嚴重者被判死刑。太子允礽的勢力遭受了一次毀滅性的打擊。太子允礽的地位又開始動搖了。

皇帝與太子的這種微妙關係，使得朝廷之上的大臣們左右為難。如果不取悅皇帝，則難逃一死；如果不取悅於太子，將來太子繼位後，難免不遭打擊。所以在朝臣中，流傳「兩處總是一死」的言論，人人自危，朝廷又深陷不安之中。太子與皇帝的矛盾猶如滑坡之巨石，轟然而下，不可阻止。眾大臣於兩難中，只好如賭徒一般，把籌碼押在一頭。因此，太子與皇帝的矛盾終於到了不可收拾的地步了。康熙皇帝再次決定廢黜太子。

康熙五十一年（一七一二年）九月三十日，康熙皇帝巡視塞外返京，下車伊始，就向諸皇子宣布：「太子允礽自復立以來，狂疾未除，大失人心，祖宗弘業斷不可託付此人。朕已奏聞皇太后，著將允礽拘執看守。」

第二天，康熙皇帝親自用朱筆寫了詔書，宣布太子允礽的罪狀，計有「行事乖戾」、「狂易之疾，仍然未除」、「是非莫辨，大失人心」、「秉性兇殘，與惡劣小人結黨」，並說今天看來，已毫無改正的希望。按自己當年復立允礽時所說的「善則為皇太子，否則復行禁錮」的話，現決定將太子允礽廢黜，進行拘禁，希望群臣全心全意擁護，不要萌生其他想法。如果有人膽敢為允礽辯護，立即正法。

康熙皇帝第二次廢黜太子，不僅對朝政產生了深遠的影響，震驚了全國，而且對他本人也是一次嚴重的打擊，以致病倒在床。但是康熙皇帝畢竟是一位英明的皇帝，他從兩次廢立太子的事件中，結合歷史、總結出經驗教訓，以示群臣。他在上諭中寫道：「宋仁宗三十年未立太子，我太祖皇帝並未預立皇太子，太宗皇帝亦未預立皇太子。漢唐以來，太子幼沖，尚保無事；若太子年長，其左右群小結黨營私，鮮有能無事者。」「今眾皇子學問、見識，不後於人，但年俱長成，已經分封，其屬人員未有不各庇護其主者，即使立之，能保將來無事乎？」

康熙皇帝為了統治的安定，決意不再冊立太子，這就從根本上避免了太子與皇帝的矛盾。康熙皇帝的這一決策從一方面看，不能說沒有道理，沒有對立面，自然就沒有鬥爭了。可是，他畢竟受歷史與階級的侷限，不可能認知矛盾是客觀存在，是不可超越的。尤其在封建帝王家中，爭奪皇權的鬥爭更是不可避免的。何況，他有二十多個接班人呢！建立在血統論基礎上的封建繼承制度，註定了與爭權奪勢相始終，這是不以人的意志為轉移的。

康熙皇帝決定不再冊立太子，但是並沒有減輕皇位繼承的壓力，更沒有消弭爭奪皇權的矛盾。首先向康熙皇帝施加壓力的是八兒子允禩。允禩雖然在爭當太子的過程中受了挫折，甚至挨了處罰，但他爭當太子的欲望非但沒有消歇，伴著太子允礽的第二次被廢黜，允禩爭當太子的野心卻空前膨脹起來，大有太子非己莫屬之感。他加緊活動，集聚黨羽，大造當太子的輿論。

康熙對允禩的這些活動，十分氣憤，於康熙五十三年（一七一四年）十一月，對眾皇子說：「允禩仍然想當太子，與亂臣賊子結黨，圖謀不軌，以為我年老體衰，來日無多，他滿以為曾有人薦舉他當太子，我死以後就沒人敢和他爭了，可以毫不費力地當皇帝了。我再也不認他這個兒子了。我擔心你們中間有人給允禩捧場，甚乃興兵作亂，逼我讓位給他。如果真的這樣，我只有含笑而死。允禩因為沒當上太子，恨我恨到骨子裡，他的黨羽也是如此！允礽悖逆，不得人心；可允禩則相反，他刁買人心，為人險惡遠遠超過允礽。」

儘管如此，允禩仍毫不收斂，反而擴大聯繫面，使得許多皇子如允禟、允䄉、允禵都靠攏自己，甘為己用。

康熙雖然不再立太子，但是並不意味著對繼位者就不考慮了。他嚴密關注眾皇子，期望發現有類似自己的，以便在自己死後由其繼承皇位。

鑒於這種形勢，眾皇子更加活躍起來，為爭當太子而各顯其能。廢太子允礽積極活動，希圖復出。康熙五十四年（一七一五年）四月，準噶爾部發生策妄阿拉布坦叛亂，康熙皇帝下令吏部尚書富寧安率兵征討。允礽認為時機已到，透過醫生給正紅旗滿洲都統普奇捎去一封用礬水寫的密信，囑托普奇在皇帝面前保舉他任大將軍，出征西北，以此為契機達到恢復太子地位的目的。結果，這件事被人揭發，普奇與傳信的醫生都被判了刑，允礽的復位希望成了一場空。

康熙的三兒子允祉以博學著稱，曾受命負責撰修《律歷淵源》及《古今圖書集成》，身邊集聚了一大批有真才實學的名人，無論在國內外，均有很高的聲望。在康熙五十六年（一七一七年）冬天，康熙皇帝患病期間，允祉與允禛、允祹、允祿兄弟四人受命協理朝政。一時間，允祉有可能成為太子的說法著實流行了一陣。關於允祉爭當太子的事情缺乏詳細的記載。但從康熙皇帝死後，允禛繼位當皇帝後曾斥責允祉在允礽被廢後「希冀儲位」、「以儲君自命」的話來看，允祉也曾爭奪過太子的寶座，只不過不像允禩那麼赤裸裸罷了。

四皇子允禛為人有心計，有手腕，因此他爭奪太子寶座的活動就更有準備、更有實效。他密切注視形勢的發展，決不冒昧胡來。他首先千方百計博得康熙的喜歡。他知道康熙推崇仁孝，他就事事以仁者的面貌出現。比如：允礽在第一次被廢黜之後，其他皇子都紛紛落井下石，惟獨允禛肯於仗義執言，並力主替廢太子傳話給康熙皇帝。對此，深得康熙的嘉許，認為允禛「能體朕意，愛朕之心，殷情懇切，可謂誠孝」。而對其他皇子，允禛常在康熙面前說好話。對允禩也注意聯絡感情，而不是採取針鋒相對的態度。

允禛在博得父皇及兄弟們好感的同時，毫不放鬆培植個人勢力的活動。他特意聯絡百官，對康熙的心腹重臣更是曲意籠絡，就是對那些地位低下的官吏，他也不放過，事事博得眾官的好感，有意無意地替他造輿論。在這方面，允禛的確棋高一籌，勝過了允禩等人。

另外，允禛在密鑼緊鼓地參加爭當太子的活動同時，卻裝出一副看破紅塵的樣子，醉心佛門，講經注經，與高僧往來，還參禪說法，甚至自稱「天下第一閑人」，以此麻痺政敵。

允禛的兩面派手法不僅騙過了康熙皇帝，也瞞過了眾兄弟。在隱蔽的活動中，他一步一步地接近了皇位。

十四皇子允禵後來居上，他最得康熙皇帝的寵愛。在康熙五十七年（一七一八年）三月，允禵被破格由貝子升為王爵，並出任撫遠大將軍率軍出征西北。此後，允禵常駐西寧，手握重兵，招賢納士，以未來的太子自居。而朝野上下也有許多人認為康熙皇帝之所以如此重用允禵，乃是要立他為太子的信號。

總觀允礽在第二次被廢黜之後，在爭當太子的鬥爭中，允禩的勢力雖大，但皇帝已明確表示不立他；允祉雖也有優勢，但實力較差；允禛有實力、有謀略但採取了隱蔽的形式；允禵有實力、有影響，一般認為最有獲勝的可能。至於其他皇子則不在話下了。從發展上來看，繼承康熙皇帝的皇冠，最有可能的是允禎和允禵。不過，在康熙帝生前，允禎和允禵只是暗爭而沒有明鬥罷了。

允禎和允禵是一母所生，但這對同胞兄弟在爭太子的鬥爭中卻始終勢不兩立。最初允禵跟著允禩，反對允禎。後來，隨著允禵羽翼豐滿，允禩受挫，允禵自樹一幟，自立一黨，從幫助允禩爭太子的配角一變而為爭當太子的主角。康熙皇帝雖然十分寵愛允禵，但並沒有明確表示立他為太子，而在彌留之際卻留下傳位於四阿哥（允禎）的遺詔。允禎順理成章地繼承帝位，稱雍正皇帝。允禎稱帝後，儘管對與自己爭皇冠的弟弟們恨之入骨，務必除之而後快，但是老謀深算的允禎非但沒有立即動手誅除異己，反而採取了隱忍策略，將資深的兄弟們晉升為王，授予大權。如允禩被封為廉親王、總理事務大臣、理藩院尚書、辦理工部事；允禵被封為郡王。

允禩、允禵卻不甘心北面稱臣。這樣一來，康熙生前爭太子的鬥爭非但沒有因為允禎繼位而止息，反而更加尖銳、殘酷，狂潮迭起，人頭紛紛落地。

允禎深知隱忍策略只是權宜之計，所以他在對政敵加官晉爵的同時，又進行分化瓦解，以求各個擊破。就在任命允禩為總理事務大臣這一人之下萬人之上的高官當天，就下令召允禵立即回京奔喪，命輔國公延信晝夜兼程馳赴甘州軍營管理大將軍印務，命川陝總督年羹堯協理軍務，在延信未抵達軍營之前，由平郡王訥爾蘇署理大將軍事。明眼人一看便知，允禎的這個措施，就是以迅雷不及掩耳之勢奪了允禵的兵權，削了大將軍的職務。允禵當然更明白其中的利害，但礙於奔父喪的名義，不能不應召進京。鬥爭一開始，允禵就丟了一分。

離開軍營的允禵，一進入京城，就陷入了允禎布下的網羅。哥兒倆一見面，允禵怒火中燒但還得按君臣名分行事，允禎內心得意，表面上還裝出仁兄的模樣。允禵勉強給允禎叩過頭之後，就遠遠地站住了，並不趨前祝賀兄長登基，更毫無親近的表示。允禵為了打破僵局，離座前迎數步，可是允禵仍不予理會，毫無反應，御前侍衛拉錫為了打個圓場，急忙拉允禵趨前迎拜允禛。這個尷尬場面總算過去了。

可是，允禵卻不罷休。朝見過允禛以後，下殿來就指著拉錫的鼻子大罵，後來又找到允禛告拉錫，說：「拉錫這個奴才，對我十分無禮，居然敢當著皇上的面拉扯我。如果我有不是，就請皇上處分我；如果我沒有不是，就請皇上將拉錫正法，以嚴肅國家的法度！」

允禛對這個挑戰，毫不客氣，當即以允禵心高氣傲的罪名，將他的王爵削掉，降為貝子。隔年，允禛又降旨訓斥允禵，並在安葬完康熙皇帝的靈柩之後，允禛又下令叫允禵留在馬蘭峪看守康熙的陵寢，其實是把他軟禁起來了。允禵的後半生一直在幽禁中生活，直到乾隆二十年（一七五五年）病死。

允禛在收拾了允禵之後，立即動手整治允禟和允䄉。允禛派允禟去西寧，名為軍營需要，實為發配邊疆。允禟自然不願前往，百般推諉。但允禛嚴令督責，允糖不得已只得於雍正元年（一七二三年）離京去青海，在到達西大通（今青海省大通縣東南）後，被允禛的心腹大臣年羹堯軟禁在城中。隔年，允禛又以允禟在邊疆違犯軍法的罪名，將他的貝子革去。

允禛在雍正元年（一七二三年）命令允䄉護送死在京城的蒙古活佛哲布尊丹巴的遺體去喀爾喀蒙古地區。允䄉幾經推辭不得，最後只得被迫離京去蒙古，但他行至張家口時就不肯再往前去了。允禛以抗旨的罪名將允䄉革去郡王爵位，調回京城永遠監禁，並將他的家產查抄。

允禛在打倒了允禵、允禟、允䄉之後，開始與允禩算總帳。在雍正二年（一七二四年）七月，允禛發表了自己寫的《朋黨論》，以反對結黨營私為名，向允禩進攻。八月，允禛召集宗室諸王，公開譴責允禩、允禟、允䄉及允禵，說他們結成朋黨，圖謀不軌，公開點了允禵的名。十一月，允禛又斥責允禵刁買人心，攻擊皇上。同時又宣布歸附允禵，與他結黨的人是叛國犯，要從重懲處。十二月，便以叛國的罪名追究已死七年的允禵與黨揆敘的罪責，命令在揆敘的墓前立個石碑，上面赫然刻著「不忠不孝柔奸陰險揆敘之墓」，以示懲罰。隔年，又以各種罪名，懲處了允禵集團中許多人。

經過兩年多時間的準備，從輿論上、組織上搞臭、搞散允禵集團，在雍正四年（一七二六年）正月初五那天，允禛發出上諭，歷數允禵「無祖宗君上」、「自絕於天，自絕於祖宗，自絕於朕」是「不忠不孝大奸大惡之人」等等罪名，還指出「三年以來，朕百凡容忍寬免，諄諄訓誡，猶冀其悛改前愆……。允禵詭譎陰邪，日益加甚！」最後，宣布削除允禵宗籍，不承認他的皇族身分，降為民王，予以幽禁；將允禵的妻子革去福晉的名分，休回娘家，嚴加看守。與允禵有牽連的幾個皇族也遭到削爵監禁的處分。

至此，與允禛爭奪太子儲位及爭奪皇位的首腦人物均被允禛制服了。但是，爭權鬥爭並沒有完全平息。允禵、允禩的餘黨及不滿允禛的人們仍在垂死掙扎，給國家的安定帶來了威脅。比如：有個叫蔡懷璽的人，在雍正三年（一七二五年）四月跑到馬蘭峪軟禁允禩的處所，要求見允禩。允禩擔心招惹是非，沒有接見。蔡懷璽就寫了「二七便為主，貴人守宗山」、「以九王（指允禟）之母為太后」的字條，扔進允禩的院內，他還到處講說：「十四爺（指允禩）的命大，將來要做皇帝。」又如，天津有個叫郭允進的人，書寫傳單，宣稱「十月作亂（指允禛繼位），八佛（指允禵）被囚，軍民怨新主（指允禛）」到處散發，還號召人們起來反抗。而允禩及允禵的親信，更是不遺餘力散布攻擊允禛的言論，如太監何國柱散布雍正皇帝的母親是為了允禩的事而自殺的，太監馬起雲說雍正皇帝的母親是為了允禟的事撞死的；還有的人散布雍正皇帝「逼凌弟輩」、「報復私怨」等等。

鑒於此，雍正皇帝加速了對允禩等人的處理。雍正四年（一七二六年）五月，允禵向全國公布允禩、允禟、允禟、允䄉的罪狀及處理決定。允禟被圈禁在保定，所住的三間小房外邊加築高牆，前門封閉，設轉桶送飲食，外設眾兵嚴加把守。允禟囚居小屋之內，帶著鐐銬，屋小牆高、門窗密閉，在盛夏之時常常昏厥，不堪折磨，於八月份死去。允禟由京郊遷押至京城內景山壽皇殿，以便嚴加監控。在殿內高懸康熙皇帝的畫像，命允禟面對父皇畫像，日夜進行懺悔，受盡精神折磨。九月份，允禩死於囚禁之處。

反對允禛的允禩、允禟集團徹底被粉碎了。從康熙朝爭奪太子儲位，到雍正朝爭奪皇帝寶座，延續了四十餘年的爭權鬥爭，至此才宣告結束。

康熙皇帝無時無刻不在宣揚忠孝仁義。可是他的兒子們為了爭奪最高權力，無論在他生前或者死後，沒有一個去履行忠孝仁義。這決不是康熙皇帝個人的悲劇。縱觀中國封建社會的歷史，在帝王家中，經常發生爭奪皇位的鬥爭，而每次鬥爭無不散發著濃重的血腥味，在高揚的忠孝仁義大旗上，沾滿了父子兄弟的血，為了獲得最高權力，皇帝及其兒孫們任何傷天害理的事都能幹得出來，任何兇殘狡猾卑鄙的手段都能使出來。這不是個人的罪孽，是封建統治階級的本性使然。

歷代皇朝風雲實錄①：血濺龍袍

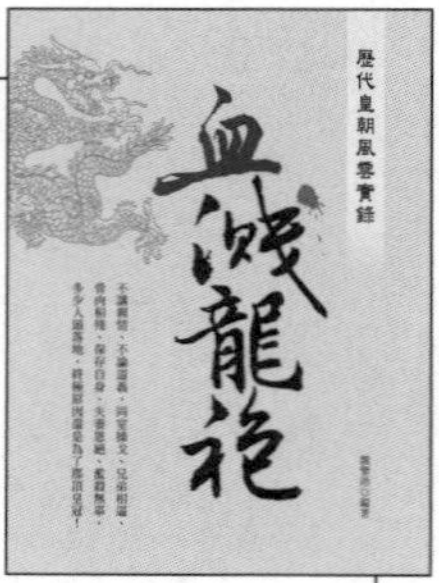

作　　者	魏鑒勛
發 行 人	林敬彬
主　　編	楊安瑜
編　　輯	王艾維
內頁編排	王艾維
封面設計	王艾維
編輯協力	陳于雯・曾國堯
出　　版	大旗出版社
發　　行	大都會文化事業有限公司 11051 台北市信義區基隆路一段 432 號 4 樓之 9 讀者服務專線：（02）27235216 讀者服務傳真：（02）27235220 電子郵件信箱：metro@ms21.hinet.net 網　　　址：www.metrobook.com.tw
郵政劃撥	14050529 大都會文化事業有限公司
出版日期	2015 年 7 月初版一刷
定　　價	280 元
I S B N	978-986-6234-82-8
書　　號	History-65

◎本書由遼寧人民出版社授權繁體字版之出版發行。
◎本書如有缺頁、破損、裝訂錯誤，請寄回本公司更換。

Cover Photography:imagemore/19788020,19788048.

國家圖書館出版品預行編目 (CIP) 資料

歷代皇朝風雲實錄①：血濺龍袍 / 魏鑒勛 編著.
-- 初版 . -- 臺北市 : 大旗出版 : 大都會文化發行 , 2015.07
288 面 ; 17×23 公分

ISBN 978-986-6234-82-8（平裝）
1. 帝王 2. 傳記 3. 中國

782.27　　　　104010034